高校后勤服务与管理探究

宋环 著

辽宁人民出版社

ⓒ宋环 2023

图书在版编目（CIP）数据

高校后勤服务与管理探究／宋环著．—沈阳：辽宁人民出版社，2023.7
ISBN 978-7-205-10795-6

Ⅰ．①高… Ⅱ．①宋… Ⅲ．①高等学校—后勤管理—研究—中国 Ⅳ．①G647.4

中国国家版本馆 CIP 数据核字（2023）第 126549 号

出版发行：辽宁人民出版社
地址：沈阳市和平区十一纬路 25 号　邮编：110003
电话：024-23284321（邮　购）　024-23284324（发行部）
传真：024-23284191（发行部）　024-23284304（办公室）
http：//www.lnpph.com.cn

印　　　刷：	辽宁鼎籍数码科技有限公司
幅面尺寸：	185mm×260mm
印　　　张：	11.5
字　　　数：	240 千字
出版时间：	2023 年 7 月第 1 版
印刷时间：	2023 年 7 月第 1 次印刷
责任编辑：	董　喃
封面设计：	晓　梁
版式设计：	王　莹
责任校对：	吴艳杰
书　　　号：	ISBN 978-7-205-10795-6
定　　　价：	68.00 元

前 言

　　高校后勤管理服务因涉及师生员工衣食住行等切身利益，历来是高校热点的工作，受关注程度及师生期望值很高。21世纪以来，我国高校启动大规模后勤社会化改革，从国情、校情实际出发，按照市场法则和教育规律，将后勤工作与高校规范分离，实行企业化管理，真正实现社会化，建立符合我国高校特点的后勤服务体系。高校后勤从"向学校要效益"变为"向市场挣效益"，从"学校养后勤"到"学校买服务"。高校后勤管理服务为适应市场生存发展，从文化建设、服务细节、质量标准、管理规范等多方面进行了努力探索，取得了显著成绩，高校后勤管理服务能力和水平得到明显提升。

　　高校后勤保障作为我国高等教育事业发展的重要组成部分，不仅是高校师生教育教学、科学研究等活动顺利开展的重要前提和保障，更是支撑高校全方位稳定发展的坚强后盾。本书从高校后勤服务与管理探究方向，简要介绍了高校后勤服务基本知识、高校后勤服务体系建设、高校后勤服务育人探索等相关内容。另外介绍了高校后勤管理，还对高校学生公寓与饮食管理、高校后勤管理信息化建设实践做了一定的介绍。本书所有内容均为实际管理经验的总结，具有一定的实用价值，并且对于规范高校后勤管理工作有一定的指导作用。

　　本书在撰写过程中，借鉴和参考了一些专著与学术论文，在此对作者也表示诚挚的感谢。由于时间和种种客观条件的限制，书中难免存在缺陷与不足，对此希望广大读者与专家学者予以谅解，并提出自己的宝贵意见。

目 录

- 前 言 ··· 1
- 第一章 高校后勤服务基本知识 ·· 1
  - 第一节 高校后勤服务概述 ·· 1
  - 第二节 高等学校后勤服务的基本原则 ···································· 5
  - 第三节 高等学校后勤服务的基本内容 ···································· 8
  - 第四节 高等学校后勤服务的项目管理 ···································· 11
  - 第五节 高等学校后勤服务的基本环节 ···································· 19
- 第二章 高校后勤服务体系建设 ··· 37
  - 第一节 高校后勤服务体系 ·· 37
  - 第二节 高校食堂信息化建设 ·· 42
  - 第三节 劳动教育融入高校后勤服务的实现路径 ······················ 46
- 第三章 高校后勤服务育人探索 ··· 52
  - 第一节 高校后勤服务育人基本概念 ······································· 52
  - 第二节 新时代高校后勤服务育人的界定与意义 ······················ 56
  - 第三节 后勤服务育人共同体的构建 ······································· 65
- 第四章 高校后勤管理 ·· 78
  - 第一节 高校后勤管理基本理论 ··· 78
  - 第二节 高校后勤管理体系 ·· 84
  - 第三节 高校后勤管理模式 ·· 88

第四节 高校后勤管理原理与方法 ……………………………………… 93

▶第五章 高校学生公寓与饮食管理 112

第一节 高校学生公寓管理及服务 ……………………………………… 112
第二节 高校学生饮食管理服务与管理 ………………………………… 128

▶第六章 高校后勤管理信息化建设实践 149

第一节 高校后勤管理服务平台建设实践 ……………………………… 149
第二节 职工住房管理信息系统建设实践 ……………………………… 154
第三节 校园节能监控平台建设实践 …………………………………… 160
第四节 校园泵站安全管理系统建设实践 ……………………………… 167

▶参考文献 175

第一章 高校后勤服务基本知识

第一节 高校后勤服务概述

一、高等学校后勤服务概念

我国的高校后勤服务是与高校相伴而生的。历史上，高校后勤服务作为高校教学科研活动的保障工作，主要是根据高校的教学科研活动需要，以承担教职工、学生的生活保障和学校房屋及配套设施设备的维修养护管理及环境卫生管理为主要内容。传统的高校后勤服务作为高校后勤工作的内容，由高校后勤管理部门承担。其弊端是管理部门也是服务单位，管理与服务一体，行政管理重于服务，没有完整的后勤服务体系及服务产品。

现代高校后勤服务，是将高校后勤工作中具有服务性质的内容分离出来，委托给专业的服务组织，按照服务产品的市场需求进行运作，为高校教职工和学生提供生活保障，为高校的教学科研活动提供后勤保障。显然，传统意义上的高校后勤服务与现代的高校后勤服务，无论就其内容，还是就其形式，都有着根本的区别。当代高校后勤服务是一种专业化、企业化的服务，它从高校后勤管理体系的束缚中解放出来，按照市场规律运作，自我发展成为高校后勤完整的服务体系，为高校及其教职工和学生提供符合需要的服务产品。高校后勤服务体系的核心是围绕高校的教学科研活动，为学校提供专业化的优质后勤保障服务。后勤服务的内容是与高校教学科研活动相关的校园房屋建筑的维修养护、公共设施设备维修养护、校园卫生清洁服务、水电保障服务、学生公寓管理服务、热力及开水供应服务及教职工生活区物业服务等。

所以，现代高校后勤服务可以做如下定义：高校后勤服务是高校后勤服务组织受高校委托，对高校房屋建筑及附属设备、校园公共设施设备与相关场地进行维修、养护管理，维护教学区和生活区的环境卫生和秩序，为教职工和学生提供生活保障服务的活动。

二、高等学校后勤服务的性质

高校后勤服务是与高校教学科研活动相关联的综合性的服务活动，它是根据市场提供服务、学校自主选择、政府宏观调控、行业自律管理、职能部门监管的新型高校后勤保障

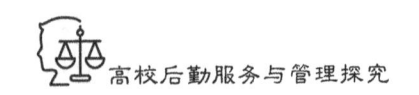

体系的要求，适应高校教学科研活动的需要，按照市场规律运作，提供专业化、规范化的服务。高校后勤服务是服务性质行业，属于第三产业。

高校后勤服务是市场经济发展过程中出现的新兴服务产业。在这个行业中，后勤服务的主体已经不再是过去的高校后勤管理的行政事务部门，而是社会化专业服务组织。它是符合社会发展规律，应我国高等教育发展需要而产生的新型的服务组织，是社会分工进一步细化这个大环境下的产物。这个组织可能是由原来的高校后勤管理服务机构转化而来，可能是社会相关经营性质的企业转型而来，也可能是完全按照市场化运营规律组织起来的经济组织。其投资主体可以是国家，也可以是个人，还可以是高校和其他经济组织共同组成的，这些并不影响这个组织的经营服务活动。

目前，国家没有在高校后勤服务市场准入方面做出特定的条件限制，随着高校后勤服务这一新兴服务行业的逐步发展和规范，将来在高校后勤服务市场的准入方面将会有严格的资质条件限制。但是，这一限制的主要目的是为了规范高校后勤服务行为，提高服务质量，而不是出于主体资格、市场行业垄断方面的考虑。

三、高等学校后勤服务的基本特征

高校后勤作为社会新兴的服务业，它有明显区别于其他经营活动的本质特征，这些特殊的性质使其与其他经营活动有所区别。不能正确认识高校后勤服务的本质特征，就不能做到规范经营行为，实施专业化、规范化的服务。高校后勤服务主要有以下几个特征：

（一）教育属性是高校后勤服务的根本属性

高校后勤服务具有教育属性，是因为它从属于高校教学科研活动，是高校工作的组成部分。高校后勤服务包括校园房屋建筑的维修养护、公共设施设备维修养护、校园卫生清洁服务、水电保障服务、学生公寓管理服务、热力及饮用水供应服务、教职工生活区物业服务等内容，是高校教学科研活动的必要条件和组成部分。

高校后勤服务的教育属性具有间接性。高校后勤服务是辅助教学科研活动的综合性服务，属于教学科研活动的一个相对独立的环节，就其性质依然是在教学科研活动的范畴之内。开展教学科研活动离不开后勤服务的综合保障，后勤服务离不开服务对象而独立存在，两者是相互依存的关系。高校后勤服务从高校后勤行政事务管理中剥离，委托给专业的服务组织操作，并没有改变高校后勤服务的性质，其所具有的教育属性并没有发生质的变化。高校后勤服务的教育属性不同于教学科研活动直接地表现出来，而是通过保障教学科研活动间接地表现出来。

高校后勤服务的教育属性具有规范性。高校后勤服务的服务对象是高校的教职工和学生，后勤服务行为规范对高校学生的行为方式具有规范作用。高校学习阶段是学生人生观、价值观形成的重要时期，行为方式的培养在这个时期对学生具有重要的影响。高校后勤服务按照高校的学生管理制度，通过为学生在校期间的集体生活提供规范的服务，影响学生的生活习惯和行为方式，配合高校对学生的思想品德教育，实现高校培养学生综合素质的目标。当然，在管理服务操作过程中，操作者规范化的服务行为对学生良好的生活习惯和行为方式的养成也具有一定的示范作用。

分析高校后勤服务的属性，要仔细辨析高校后勤服务和高校后勤服务组织两个概念，不能将它们混淆。前者是一种服务活动，后者是一个经济组织。高校后勤服务的教育属性是就服务活动的性质而言，它并不排斥社会其他性质服务组织的参与。在高校后勤服务活动中，参与者可以是高校后勤服务机构专门服务组织，也可以是社会服务企业。一个组织参与到高校后勤服务活动中来，就是参与到教育活动中来，教育属性是高校后勤服务活动的本质属性。

高校管理体制改革，将高校后勤服务从高校后勤管理中剥离出来，使高校后勤服务按照市场规律运作，这是适应高等教育的发展、优化高等教育资源、提高高校办学效益的必然要求。后勤服务的市场化，并没有失去后勤服务的教育属性，只是突出了后勤的服务性，将后勤的服务性释放出来，以便于后勤服务专业化的发展，更好地作用于教学科研工作，为教学科研工作提供有力的支撑。

（二）服务是高校后勤服务的重要属性

高校后勤服务的作用，是通过专业高效的服务来保障高校教学和科研工作的顺利进行。

按照经营理论，经济组织的最终目的是追求利润的最大化，赢利是它的最终目标。但是，经营与服务两者并不矛盾，是相辅相成的关系。其一，服务型经济组织的经营利润是通过服务的方式而获取的，经营利润来自市场，市场来自服务。没有高效优质的服务就没有经营市场，没有市场经营利润就无从谈起。其二，当代高等教育机构的发展需要专业化、规范化的后勤服务保障，潜在的市场需求为专业的高校后勤服务组织提供了广阔的市场空间。牢牢地把握市场经营规律，努力提高后勤服务的专业化水平，通过优质服务在高校后勤服务市场中获得发展是高校后勤服务组织的立足根本。

实现立足于高校后勤服务的根本，实现组织的经营目的，高校后勤服务组织必须强调"为高校教学科研服务，为学生和教职工服务"的宗旨，这也是高校后勤服务在高校后勤这个特定服务对象中的必然要求。

（三）高校后勤服务突出行政主导作用

高校根据教学科研工作的需要，在特定的发展阶段有特殊的后勤服务要求。委托哪些服务内容，采取什么样的服务形式，都要最终取决于高校教学科研活动的需要。

后勤服务作为教学科研活动的一个重要保障，适时采取不同的保障措施，是高校实现预期教学科研工作目标的重要条件之一。

高校作为后勤服务的委托方，根据教学科研活动的需要，决定后勤保障服务的委托内容，也决定后勤保障服务的具体形式。在后勤服务中，高校有权制定和修改后勤服务具体事项的管理制度，有权对后勤服务行为进行监督。必要时，高校有权根据教学科研活动的要求，要求后勤服务组织改变不适当的服务方式，有权对后勤服务重大事项行使介入权进行干预。高校的上述权利，是出于委托关系中委托方的权利。因此，在高校后勤服务中，高校后勤服务表现出高校处于主导地位的特征。

（四）高校后勤服务种类多，系统性强，内容丰富

高校后勤服务内容包括教学区综合服务、学生餐饮服务，学生公寓管理服务，住宅区物业管理服务，供水供电保障服务及供热、空调、洗浴和开水供应服务等项目。与其他服务行业相比，服务内容种类繁多。这些内容都是教学科研工作保障不可缺少的，是高校后勤保障的组成部分，各个组成部分构成一个完整的服务保障系统。

高校后勤服务的上述内容，使高校后勤服务规模较大，服务项目繁多，内容也相当丰富，操作也比较复杂。例如，仅在高校物业服务项目中，就包括学校住宅区物业服务、写字楼物业服务、公寓物业服务等多种类型。这些服务的内容和操作方法都会涉及物业管理的规范。

在高校后勤服务这个特定环境中，高校物业服务具有从属性，它从属于高校后勤的总要求，只是在所运行的小环境中具有相对的独立性。在高校后勤服务的大环境中，物业服务必须作为高校后勤服务体系中的一个组成部分、一个环节而存在，并根据高校的特殊性质调整服务的内容和操作方式，从而才能实现物业服务的社会效益和经济效益，实现高校物业服务的预期目标。

（五）高校后勤服务专业化要求高

高校后勤服务的内容及高校后勤服务管理对象的构成，决定了它的专业化要求高的特点。

其一，在这个规模庞大而复杂的系统中实施规范的服务，必须要有足够数量的经营管理人才，否则很难协调、运作这个系统。其二，种类繁多的房屋建筑、供水、供电、热力、空调、洗浴和开水等设施设备，要求必须具备相应专业技术水平的技术管理人员。其三，在高校后勤服务操作中，每个项目、每个环节都必须统一协调动作，才能发挥专业化后勤保障服务的作用。其四，高校后勤服务组织必须要有完善的管理制度，规范的操作程序，才能发挥出高校后勤服务的最大效能。

（六）高校后勤服务安全管理要求高

高校后勤服务安全管理要求高，主要有两个方面的因素。

其一，学生进入高校学习期间，高校对学生的安全负有一定的管理责任。高校有义务为在校学生提供安全的学习、生活环境，保证学生的人身、财产安全。高校将后勤服务委托给服务组织，服务组织就要根据委托要求，承担相应的安全管理责任。例如，学生公寓的安全管理服务，要注意落实各项安全管理措施，防止发生各类安全事故。其二，高校是青年学生集中的场所，青年学生喜好运动、充满活力，在业余文化体育活动中容易发生人

身伤害事故。在后勤服务操作中，应当注意学生的这个特点，充分考虑到学生的人身安全问题。例如，对设施设备的维修、养护管理要把使用安全作为一项重要内容，要加强对设备器材的使用安全管理。对用电设备、教室设备和公寓家具要提高其安全性、牢固性和耐用性，要加强公共场所的体育健身、文化休闲设施设备的使用安全管理。在维修养护中，对教室桌椅、公寓家具等用具的修缮要注意尽量避免使用尖锐、凸出的养护材料等。

（七）高校后勤服务时段

高校的教学工作具有时段性的特点。每天的教学时间固定，每年的寒暑假期固定。高校后勤服务应当根据教学工作的这个特点，合理安排项目服务计划，做好高校教学科研活动的后勤保障。例如，根据教学楼宇的使用时间，安排好清洁卫生作业和维修作业。根据寒暑假期间安排公寓房屋设施及附属设备、供热设备、空调设备、洗浴及开水房设施设备的维修、养护等。

第二节 高等学校后勤服务的基本原则

高校后勤服务的基本原则，是指高校后勤服务的指导思想及服务的基本准则，贯穿于高校后勤服务的全部过程，是高校后勤服务的出发点。

一、坚持"三服务、两育人"的原则

高校后勤服务的宗旨，是"为教学服务、为科研服务、为师生员工服务和服务育人、管理育人"。后勤服务要始终坚持这个宗旨，要将坚持"三服务、两育人"作为后勤服务的原则，用这个原则指导各项工作。

"为教学服务，为科研服务，为师生员工服务"，是高校后勤服务的基本任务，也是高校对后勤服务的基本要求。在高校后勤服务中，要坚持为高校教学科研服务、为师生员工服务，就是要根据教学科研活动和教职工、学生生活的需要，将服务作为首要任务。按照服务标准，提高后勤服务的质量，为高校教学科研工作和教职工、学生提供满意的服务产品。

"服务育人、管理育人"是高校后勤服务所追求的目标，也是高校对后勤服务的更高要求。能够承担并按照委托完成后勤保障服务基本任务，只是满足了高校后勤服务的基本要求，还不能满足高校后勤服务的需求。高校后勤服务不仅要根据委托要求做好各项后勤服务保障，还要在服务中通过规范的管理和行为示范来实现管理育人和服务育人的目标。

"管理育人、服务育人"是高校后勤服务的特色，也是高校后勤服务区别于其他服务的标志。高校后勤服务中，后勤服务组织不仅要求能够承担后勤项目服务，还要符合高校后勤"两育人"的要求。要不断提高后勤服务组织的素质，通过专业化的管理手段为高校教学科研和教职工及学生提供优质的服务，通过规范的管理和优质的服务实现管理育人和

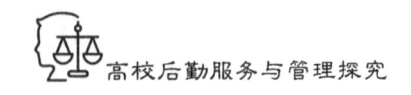

服务育人的目标。

二、服务高于利润原则

服务高于利润原则有两层含义：第一，要求后勤服务坚持"三服务、两育人"的服务宗旨，一切从服务出发，把服务作为首要任务。第二，要求在后勤服务中坚持质量第一的思想，提高服务质量意识，为教学科研和师生员工提供优质的服务产品。

后勤服务组织的根本任务是为教学科研活动提供后勤保障服务，服务是高校后勤服务的重要属性。坚持"三服务、两育人"的服务宗旨，一切从服务出发，把服务作为首要任务。就是在高校后勤服务中，牢固树立服务意识，一切工作都要立足于教学科研的需要、立足于教职工和学生的需要。要将教学科研和教职工及学生的需要放在首要位置，将经营服务的利益放在次要位置；每一个服务项目的决策要首先考虑到教学科研和教职工及学生是否受益，其次才考虑经营服务的收益。当一个服务项目教学科研或教职工和学生需要，但可能没有经营服务收益，也要采取必要的方法组织实施，以满足教学科研和教职工及学生的需求。

坚持质量第一，提高服务质量意识，为教学科研和师生员工提供优质的服务产品。

后勤服务质量具有特殊的意义，它具有区别于社会一般服务产品质量的显著特点，即高校后勤服务质量的优劣不仅影响后勤服务组织的声誉，而且还影响高校的声誉，直接影响高校的办学效益。因此，要把后勤服务的质量与高校的教学科研工作联系起来，充分认识后勤服务质量的特殊意义。在服务活动中，合理使用委托经费，将有限的资金用于服务质量的提高上来，在服务的每一个环节上、每一个操作过程中都要真正落实质量管理制度，为教学科研和师生员工提供优质的服务产品。

三、服务创新原则

后勤服务行业是高校后勤体制改革中产生的新型服务行业。在高校后勤服务行业的各发展阶段，要不断总结经验、丰富服务内容，在后勤服务的理论和实践中不断地创新，这样才能使高校后勤服务行业得到迅速的发展。

高校后勤服务创新包括几个方面的内容：

（一）后勤服务模式的创新

在适应高等教育发展的时期，要探索符合高校教学科研活动需要的后勤保障服务模式，努力实践高质量、低成本的后勤保障服务方法，为高校教学科研活动提供强大的后勤支持。

（二）后勤服务内容的创新

在后勤服务从高校剥离走向市场化的过程中，要充分认识高校后勤保障的特殊性，研究高校后勤保障的规律性。树立后勤服务为高校的改革服务、为高校的发展服务的思想理念，将教学科研活动的各项保障性工作内容吸纳到后勤保障服务中来，丰富服务内容，加大保障服务的力度，给高校的发展以强有力的支持。

（三）后勤服务管理创新

后勤服务组织从原来的高校行政事业体制中剥离出来，实行企业化管理。在这个过程中，应当按照现代企业制度的要求建立规范的组织内部管理制度。要创造符合高等教育保障服务体系要求的组织管理新结构、新形式。在一定意义上讲，从高校剥离出来按照现代企业制度建立新型后勤服务组织的过程，就是当前高校后勤服务组织的创新过程，每一个方法、步骤都含有一定的创新内容。

（四）后勤服务经营方式的创新

创新是组织发展的动力，是组织的市场适应能力最充分的表现。尤其在高校后勤服务市场发展时期，有的高校后勤服务组织将发展的利润增长点从高校后勤服务市场转移到社会服务的市场，将高校后勤服务主业定位为非营利性保障型服务，就是高校后勤服务经营方式创新的有益尝试。

四、和谐互动式服务原则

和谐互动式服务，是指在高校后勤保障服务过程中，与服务对象建立良好的沟通机制，服务关系双方共同营造和谐互动的服务环境。

高校后勤服务的对象包括接受服务的高校、接受服务的教职工和学生。建立与委托方定期的服务情况通报制度，根据委托方的实际需要调整服务的方式和方法，是履行好服务合同的保证。无论是在委托关系上，还是在服务实际操作过程中，高校后勤服务还涉及第三方服务对象，即教职工和学生。创造和谐互动的服务环境，还要充分了解教职工和学生对后勤服务的需求，不断地丰富服务内容和提高服务质量，这样才能充分取得教职工和学生对后勤服务工作的理解和支持，使他们参与到后勤服务中来。

在高校后勤服务活动中，有的高校后勤服务组织实行由高校、教职工和学生及后勤服务组织三方共同参与开展的互动式后勤服务，取得了很好的效果，营造了良好的服务氛围，为创造高校后勤服务的和谐环境取得了很好的经验。

五、市场产业化利润原则

经营服务组织是以获取经济利益为目的的经济组织，高校后勤服务组织也不例外，也要在提供服务产品时获取经济利益。高校后勤服务市场需求低成本、高质量的服务产品，虽然经营策略上依靠规模效益可以获取一定的利润，但是仅仅将获取利润放在后勤服务的经营上，难以使组织得到长期稳定的发展。

所以，后勤服务组织在立足经营主业的同时，还要不断地拓宽经营项目，开拓其他产品经营市场，依托自身的科技和管理人才优势实现兼营产品的产业化。依靠多元化的产业

获取长期稳定的经济收益，使组织得到不断发展。

第三节　高等学校后勤服务的基本内容

一、高等学校后勤服务内容的划分

高校后勤服务的内容极为丰富，按照专业划分可以分为许多种类。通常为了实施后勤服务项目管理的方便，有以下几种划分方法：

（一）按照后勤服务对象划分

按照后勤服务对象划分，后勤服务可以划分为教学园区服务和生活园区服务两大类。

1. 教学园区服务

（1）办公场所服务。

（2）教学场所服务。

（3）实验场所服务。

（4）图书馆服务。

（5）文化体育场馆服务。

（6）交通服务。

（7）园林绿化管理服务。

（8）水电运行保障服务。

（9）供暖及空调服务等。

2. 生活园区服务

（1）学生公寓管理服务。

（2）教职工生活区物业服务。

（3）学生饮食服务。

（4）洗浴、开水房管理服务。

（5）供暖服务等。

（二）按照服务性质划分

按照高校后勤服务的经营性质划分，可以分为保障型服务和经营型服务两大类。

这种划分方法是近几年高校后勤体制改革中新出现的划分方法，在后勤服务管理中更具有实际意义。按照这种划分方法，可以将后勤一些经营型的项目从服务项目中分离出来，采取不同的委托方式进行委托，使后勤服务项目的内容更加清晰，便于后勤服务的专业化发展，便于高校对后勤服务的规范委托和管理。

1. 保障型服务

（1）办公场所服务。

(2) 教学场所服务。

(3) 实验实习场所服务。

(4) 图书馆服务。

(5) 文化体育场馆服务。

(6) 交通服务。

(7) 学生公寓管理服务。

(8) 学生餐饮服务。

(9) 园林绿化管理服务。

(10) 水电运行保障服务。

2. 经营型服务

(1) 商品零售经营。

(2) 幼儿园管理。

(3) 生活区物业服务。

(4) 家政服务。

按照后勤服务的经营性质划分高校后勤服务内容，并将相应的服务内容划分到后勤保障范围。对直接保障教学科研活动的服务项目，按照非营利性的保障型服务项目进行管理，将所得利润用于改善后勤服务的基本条件，不作为后勤服务组织的营利进行内部分配。而营利性经营型项目的服务，所得利润一部分作为组织的公积金积累，一部分按照组织章程的规定进行内部分配。这种服务内容划分和后勤服务项目管理的实践，是近年高校后勤体制改革中一种创新的做法。

(三) 按照后勤服务方式划分

按照后勤服务的方式划分，是借鉴当代物业管理理论的划分方法，这种划分将高校后勤服务划分为常规性服务、专项服务和特约服务。

1. 常规性后勤服务

是指高校后勤通常应当提供的服务内容，也是后勤最基本的服务内容。常规性后勤服务的目的是为教学科研活动和教职工、学生生活提供后勤保障服务，是高校后勤服务的基本要求。

常规性后勤服务包括以下内容：

(1) 校园环境卫生清洁服务。

(2) 校园园林绿化管理服务。

(3) 校园公共设施设备维护服务。

(4) 校园车辆管理服务。

(5) 教学办公楼宇管理服务。

(6) 水电运行保障服务。

(7) 供暖及空调管理服务。

(8) 洗浴及开水房管理服务。

(9) 学生公寓管理服务。

(10) 生活区物业服务。

(11) 餐饮服务。

2. 专项后勤服务

是指为提高学生和教职工的学习工作和生活条件，满足其中一些学生和教职工的需要而提供的服务。专项后勤服务的目的，是为学生和教职工的学习工作和生活提供方便，满足后勤服务对象的日常需求。专项后勤服务具有高校后勤分工历史延续性的特点，在传统的高校内部管理中，属于后勤事务性管理。按照高校后勤体制改革的要求，历史上高校后勤分工经营或服务的内容，仍然划归为高校后勤服务组织经营或管理。

专项后勤服务包括以下内容：

(1) 商品经营。

(2) 幼儿园管理。

(3) 办公事务服务。

(4) 票务代理。

(5) 宾馆、招待所服务。

3. 特约后勤服务

是指为满足高校的特殊需求和教职工及学生的个别需求，接受其委托而提供的服务。特约后勤服务不是后勤服务组织必须开展的经营服务内容，它是在高校体制改革中，将教学科研活动之外不便于直接管理的事务委托给后勤服务组织管理。这部分特约服务内容的委托不具有普遍性，根据高校各自的实际情况而定。

特约后勤服务包括以下内容：

(1) 教材采购。

(2) 交通通勤服务。

(3) 会务接待服务。

后勤服务内容的划分，是根据后勤服务应当包含的内容所做理论上的划分。在高校后勤服务的实际操作中，还要根据委托高校的实际情况进行确定。例如，有的高校将后勤服务按照服务实体的经营性质进行划分，在后勤服务组织内部分为服务型实体、经营型实体、饮食服务实体。服务型的实体专门为高校提供后勤保障服务；经营型的实体专门承担后勤服务组织的市场经营项目；饮食服务实体专门承担学生餐饮供应服务。在所划分的三个经营服务实体中，分别按照教学科研保障内容实行利润返还；按照学生食堂的经营补贴政策实行成本化的管理；按照市场化经营项目实行经营利润分配的方法。这种按照后勤服务实体划分服务内容的方法，是对后勤服务及其管理的一种很有意义的探索，对高校后勤服务行业的发展具有重要的影响。

二、高等学校后勤服务的方式

在高校后勤服务中，服务方式分作委托服务和委托经营两种。

（一）委托服务的方式

委托服务的方式通常存在于保障型后勤服务项目中。保障型后勤服务是后勤服务最基本的内容，也是后勤服务通常应当提供的服务内容。这部分服务内容一般要求后勤服务组织按照委托要求提供服务，高校向后勤服务组织支付相应的服务费用。

委托服务的保障型后勤服务项目，应当将委托服务的内容、质量标准、服务期限、服务费用以及委托双方的权利义务等，用合同的形式进行约定。

（二）委托经营的方式

委托经营的方式通常存在于经营型的后勤服务中。经营型后勤服务有的是高校后勤历史延续下来的经营项目，有的是高校体制改革从教学科研工作中分离出来的项目。对于这部分服务内容，要求后勤服务组织按照高校的委托独立经营、自负盈亏，所得经营利润按照约定的分配比例上缴高校，或者后勤服务组织按照约定的金额向高校上缴经营费用。

第四节 高等学校后勤服务的项目管理

高校后勤服务的项目管理，是指按照后勤服务的专业化要求，根据服务的内容和作业方法，将同一专业性质的服务划分为一个相对独立的项目，实施规范化的管理。

现代高校后勤服务是一种专业化的服务，是按照委托服务标准和行业规范生产符合高校教学科研活动和师生员工需要的服务产品的过程。在服务产品的生产过程中，为了保证产品的质量能够符合市场的需求，并不断开发满足潜在需求的产品，就要实施后勤服务专业化、规范化的管理。只有实施专业化、规范化的服务项目管理，才能彻底摒弃传统的后勤服务经验型的管理，才能实现高校后勤服务行业的自我完善和发展。

一、后勤服务专业化管理

（一）后勤服务专业化管理的概念

专业的概念通常有两方面的含义，一是指高等教育机构按照学科分工把学业分成的门类；二是指产业部门根据产品生产的不同过程分成的各业务部分。高校后勤服务是生产服务产品的产业部门，在服务产品的生产过程中存在很多业务部分。诸如学生公寓管理服务、水电运行保障服务、绿化美化管理服务等。按照产业部门根据产品生产过程划分业务部分的方法，将高校后勤服务产品生产过程不同的业务部分划分出来，形成具有共同的生产技术要求的各个业务项目进行管理，这就是后勤服务专业化管理。

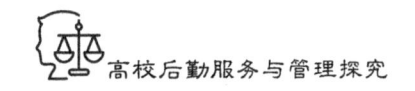

（二）后勤服务专业化的划分方法

高校后勤服务的内容包括学校教学区综合服务、学生餐饮服务、学生公寓管理服务、学校住宅区物业管理服务、供水供电保障服务及供热、空调、洗浴和开水供应服务等项目，与其他服务行业相比较，服务内容种类繁多，规模庞大而复杂。对这个后勤服务系统进行专业的划分，实施服务产品过程的管理，是一项非常困难的工作。因为，高校后勤服务项目中的同一个项目又细分为很多的子项目，在子项目中有很多具有相同的操作内容，却又有不同的服务标准要求。那么，怎样进行后勤服务的专业划分才是科学的，关键还要看这个项目的专业技术种类、操作方法及服务标准是否具有同一性。

高校后勤服务专业划分的常用方法有：

1. 按照专业技术种类划分

按照专业技术种类划分的方法，可以将后勤服务分为管理类和专业技术类两大类。

（1）管理类

管理类的项目包括：环境管理服务、卫生清洁服务、安全管理服务、消防管理服务、校园车辆管理服务、教学办公楼宇管理服务、学生公寓管理服务、生活区物业管理服务、幼儿园管理服务、学生餐饮服务、商品零售服务等。

（2）技术类

技术类的项目包括：园艺绿化管理服务、水电运行管理服务、供暖及空调管理服务、房屋附属设施设备维修养护服务、校园公共设施设备维修养护服务等。

2. 按照高校园区功能划分

按照高校园区功能划分的方法，可以将高校后勤服务分为教学园区服务和生活园区服务两大类。

（1）教学园区服务

教学园区服务的项目包括：校园环境管理服务、校园卫生清洁服务、校园车辆管理服务、校园公共设施设备管理服务、教学办公楼宇管理服务、供暖及空调管理服务、水电运行管理服务、园艺绿化管理服务等。

（2）生活园区服务

生活园区服务的项目包括：学生公寓管理服务、供暖管理服务、洗浴管理服务、开水房管理服务、住宅区物业管理服务、学生餐饮服务、商业零售服务、幼儿园管理服务等。

3. 按照项目管理划分

是按照专业划分的方法，将服务项目中的相关小项目合并进行管理，以提高服务效率的项目管理方法。按照项目管理要求划分，分为以下几种：

（1）校园综合服务项目

是将高校教学园区相关小项目合并，按照项目管理的要求进行综合管理。校园综合服务项目通常包括：校园卫生清洁服务、校园车辆停泊秩序管理服务、校园公共设施设备管理服务、教学办公楼宇管理服务等。由于各高校校园建设情况、后勤服务内容的不同，校园综合服务项目存在细微的差别。

（2）水电运行管理服务项目

是按照专业技术种类划分的方法，将高校供水、供电及相关内容管理服务合并成一个项目，按照项目管理的要求进行管理。水电运行管理项目通常包括：供水设备管理、供电设备管理、配电室运行管理、水电稽查管理、水电费收缴管理、水电工程管理等。

（3）供暖、空调、洗浴及开水房管理服务项目

是按照专业技术种类划分的方法，将高校供暖管理服务、空调管理服务、洗浴服务及学生开水供应服务几个项目合并成一个项目，按照项目管理的要求进行管理。

供暖、空调、洗浴及开水房管理服务项目包括：

①供暖管理服务：锅炉房设备管理、供暖管网维护、采暖设备维修、养护、供暖运行服务，供暖费用收缴等。

②空调管理服务：空调机房管理、空调系统维护、空调服务等。

③洗浴服务：锅炉房设备管理、洗浴设备维护、浴池用具管理、洗浴秩序管理、洗浴收费管理等。

④开水房服务：开水房设备管理、开水供应服务。

（4）园艺绿化管理服务项目

是按照专业技术种类划分的方法，将高校园艺管理服务、绿化管理服务及相关的花卉供应、苗圃管理等项目合并，按照项目管理的要求进行管理。

园艺绿化管理服务项目包括：游园景观建造及管理、绿化养护管理、花房管理、花卉摆放、苗木培育管理及绿化施工等。

（5）学生公寓管理服务项目

是将高校的学生公寓管理服务内容作为一个完整的服务项目，按照项目管理的要求实施管理。

学生公寓管理服务项目包括：新生入住接待服务、调宿、退宿及留宿管理服务、公寓安全管理服务、公寓环境卫生管理服务、公寓公共设施设备管理服务、公寓家具用品管理服务、公寓经营项目管理服务、文化体育活动组织等。

（6）住宅物业服务项目

是根据物业管理规范的要求，将高校住宅区物业服务作为一个完整的服务项目，根据高校委托要求，按照项目管理的要求进行管理。

住宅物业服务项目包括：房屋及附属设备维修养护、物业公共设施设备维修养护、物业环境卫生服务、物业公共秩序维护、物业绿化养护服务、物业经营管理，北方地区还有供暖服务等。

（7）学生餐饮服务项目

是将学生餐饮服务及其相关服务内容作为一个完整的服务项目，根据高校的委托要求，按照项目管理的要求进行管理。学生餐饮服务项目包括：学生饮食供应服务、接待餐厅管理服务等。

（8）商品零售服务项目

是将商品零售及其相关的经营服务内容作为一个完整的经营项目，根据高校委托经营的要求，按照项目管理的要求进行统一经营管理。商品零售服务项目包括：校内超市经营、生活区商业网点经营等。

（9）幼儿园管理服务项目

是将幼儿园及其相关的管理服务内容作为一个完整的管理项目，按照项目管理的要求进行管理。

（10）其他经营型服务和特约服务项目

高校后勤经营服务项目种类繁多，还有一些不能作为独立服务项目进行管理的小项目，这些小项目同样是后勤服务的内容。

例如，办公文印服务、招待所接待服务、网络维护、后勤信息服务等。这些小项目有的被纳入校园综合服务项目进行管理，有的被纳入后勤经营型项目进行管理，有的还作为单元项目进行直接管理。

此外，在近几年高校体制改革中一些与教学科研相关，但不宜按照教学科研工作管理的服务项目，高校将其分离出来委托给后勤服务组织进行管理，这部分的内容作为特约服务项目进行管理。在服务项目管理中，这些项目根据经营服务的规模，有的作为一个完整的项目进行管理，例如教材采购供应；有的作为其他项目的单元项目进行管理，例如交通通勤服务。

二、后勤服务规范化

（一）后勤服务规范化的概念

规范是指明文规定或约定俗成的标准，规范化是指使某种行为或某项事物符合预先规定的标准。

后勤服务的规范化，就是根据高校后勤各个服务项目的相关规范，对服务项目实施专业化、标准化管理，使后勤服务质量符合预先规定的服务标准。

后勤服务规范化有两个核心内容，一是，满足高校教学科研工作和师生员工生活需求的后勤服务标准；二是，建立项目管理制度，实施后勤服务的项目管理。

（二）后勤服务标准

在高校后勤服务中，委托方根据教学科研工作和教职工及学生生活服务的需要，将后勤的某些服务项目委托给后勤服务组织。那么，委托服务需要达到什么样的质量要求，这样就要在委托中规定一个标准，要将委托的事项所要达到的效果做具体的规定。后勤服务标准，是委托双方确定的后勤服务的内容及其质量要求。

三、后勤服务项目管理

建立项目管理制度，实施服务项目管理，是后勤服务规范化的要求。

（一）后勤服务项目管理概念

在高校后勤服务中，用专业划分方法划分出来的服务项目，按照生产服务产品的要求，对产品的生产过程进行规范化的管理，就是后勤服务的项目管理。

项目管理将后勤服务项目的服务过程进行标准化，规定服务过程每一个环节的操作者职责、操作的流程、作业标准及作业的质量控制，使后勤服务项目始终按照预先规定进行规范操作，保证服务质量符合服务标准的要求，这就是后勤服务项目管理概念的内容。

（二）后勤服务项目管理基本要求

后勤服务项目管理有以下几个方面的基本要求：

1. **建立和健全项目管理规章制度体系**

后勤服务项目管理规章制度，是指后勤服务组织为组织服务活动，保证服务质量所制定的规则、程序和办法的总称。规章制度是实施后勤服务项目管理的基础，也是项目管理的保证。后勤服务项目管理规章制度具有层级性的特点，各个层级的一系列规章制度构成了项目管理规章制度完整的体系。

（1）规章制度的层级性

是指在项目管理的各级管理层面都有适用于本级管理的规章制度。

一般情况下，高校后勤服务按照专业化的方法划分为三个层级进行项目管理。

第一个层级的规章制度是后勤服务组织制定的规章制度。后勤服务组织要对组织范围内统一适用的制度做出规定，以便于统一管理。诸如，劳动用工制度、固定资产管理制度、财务管理制度、质量管理制度、安全管理制度等。

第二个层级的规章制度是项目单位制定的规章制度。这个层级的规章制度是项目单位为了组织项目服务而制定的。诸如，校园综合服务项目中的环境卫生管理制度、车辆停泊停放管理制度、教学办公楼环境卫生管理制度、教学办公楼安全值班管理制度、公共设施设备维修养护管理制度，学生公寓服务项目中的公寓安全管理制度、公寓环境卫生管理制度、公寓设施设备维修养护管理制度等。

第三个层级的规章制度是项目单位的作业管理部门制定的管理制度。这个层级的管理制度是作业管理部门为了组织服务作业制定的。诸如，教学办公楼服务项目中的教学办公楼卫生清洁作业管理制度、教学办公楼严禁作业管理制度、教学办公楼设施设备巡视制度等。

（2）规章制度的分类

第一类是规范后勤服务组织及其服务行为的，通常称作内部管理规章制度。第二类是既规范后勤服务组织又规范后勤服务对象的，通常称作外部管理制度或公共管理制度。

内部管理规章制度，是指后勤服务组织为组织后勤服务活动，提高工作效率和项目服务质量所制定的规章制度，包括项目服务组织、人力资源管理、财务管理、质量管理、安全管理、资产及物资管理等方面的管理制度。内部管理规章制度的作用：一是，规定组织内部的机构及其职能、工作程序及考核方法，协调各部门的工作关系，保证组织的高效运行。二是，按照服务项目管理的要求，规范服务行为，保证服务产品的生产过程符合质量标准要求，满足高校委托方的服务需求。

外部管理规章制度，是指规定后勤服务组织与高校及其教职工和学生及其他参与者在后勤服务活动中的权利义务，规范后勤服务当事人各方的行为，保证服务秩序的管理制度。

外部管理制度的主要作用，是明确服务活动参与者各方关系，保证后勤服务活动的秩序。例如，校园停车场（库）管理制度。规定车场管理服务单位有维护车场使用秩序的权利，对入场车辆有指引入位停泊的义务，对车辆和贵重物品的保管有提示的义务等。同时也规定车辆驾驶人有接受停车服务的权利，有按照规定使用停车泊位的权利，有遵守停车场管理规定的义务等。这些具体的规定是明确停车场管理服务单位和车辆停泊人的行为，保证停车场秩序的基本措施。

外部管理规章制度通常由后勤服务组织根据项目委托要求起草，由高校和后勤服务组织共同制定，对所有参与后勤服务活动的组织和个人都具有约束力。外部管理规章制度主要包括：校园的环境卫生管理制度、车辆停泊停放管理制度、绿化养护管理制度、公共设施设备管理制度、供用电管理制度、供水管理制度、供暖及空调管理制度、浴池管理制度、学生公寓管理制度、学生餐饮服务管理制度、商业网点经营管理制度、住宅区物业管理制度等种类。

2. 制定和贯彻项目作业标准

项目作业标准，是指根据后勤服务委托要求，对服务项目的具体作业内容、作业人员和作业技术要求所做的规定。

项目作业标准是后勤服务标准化作业的指导文件，类似于项目作业指导书。其作用在于指导项目服务作业按照预先规定的技术方法实施，使项目作业始终保持一致性。后勤服务作业标准作为项目管理重要的规范性文件，是保证项目作业质量及其稳定性，实现后勤服务标准的重要保证措施。

项目作业标准的内容包括：

第一，作业项目，即规定的作业项目名称。

第二，作业内容，即项目服务作业具体的内容。通常要求作业内容规定到具体的作业岗位。

第三，作业人员，即实施此项作业的人员。一般按照作业岗位名称规定。

第四，作业技术要求，即根据服务标准对服务质量的要求，对作业技术方法和完成的质量所做的规定。

后勤服务项目的作业标准种类很多，包括项目服务作业的各个岗位。例如，校园清洁卫生作业标准、教学办公楼安全值班作业标准、停车场作业标准、开水房作业标准、物业安全巡视作业标准等。

由于作业标准对作业质量一致性和稳定性的作用，作业标准在一些重要的生产服务领域得到了广泛的应用。例如，铁路运输中的作业标准，是保证铁路运输安全的重要措施，一些铁路运输重要的作业标准已经按照国家标准强制实施。

3. 制定和完善项目操作规程

服务项目操作规程，是指按照项目管理制度的要求，对项目管理的操作方法所作的具体、详细的规定。

操作规程根据所规范的性质分为两类。一类是规范后勤服务组织内部管理工作的操作规程；另一类是规范服务操作的操作规程。项目管理操作规程具有程序性和实体性交织一体的特点，是对项目内部管理工作程序和方法、服务作业程序和方法的规范。例如，固定资产管理操作规程，就是根据固定资产管理制度，对固定资产的购置、登录、使用、划拨、折旧、报废等各个环节的工作程序及方法所做的具体规定。再如，学生公寓安全值班操作规程，就是根据学生公寓安全管理制度，对学生公寓安全值班的出入登记验证、出入物品查验登记、外来访客管理、安全巡视的作业程序和方法所作的具体的规定。

操作规程的内容包括：

第一，适用范围，即规程效力所及的范围。

第二，依据的规范性文件、规章制度，即规程所依据的行业规范性文件或规章制度。

第三，一般原则，即操作所遵循的处理准则。

第四，操作程序及方法，即对制度规定内容的操作步骤和方法。

项目操作规程是一个非常繁杂的制度体系，覆盖后勤服务项目管理的各个方面。规程对服务组织内部管理和项目服务作业各岗位都应当进行规范，是项目管理重要的制度保证。

4. 建立项目服务质量控制体系

服务质量控制，是指根据产品的质量要求对服务产品生产过程的控制。项目服务质量控制体系，就是为保证服务产品的质量要求，所建立的层级质量管理组织和采取的质量管理措施。项目服务质量控制体系有两方面的内容，即各层级的质量管理组织和质量管理措施。

（1）质量管理组织

质量管理组织是后勤服务组织设置的专门管理服务产品质量的机构。通常，后勤服务组织的质量管理机构根据服务项目管理的特点，按照层级设置的原则进行设置。如果承接的服务项目较少，则质量管理机构的层级就相对少而简单；如果承接的服务项目较多，则质量管理机构的层级就相对较多并且复杂。按照高校后勤服务的全部内容，后勤服务组织的质量管理机构通常施行三级质量控制，也就是按照三个层级设置质量管理机构。

第一层级，后勤服务组织的质量管理职能部门。

这个层级的质量管理任务是后勤服务的质量建设和服务质量的监督和检查。具体要求是根据高校的委托要求，制定后勤服务的质量管理规划，制定并实施后勤服务控制标准（即服务组织的"内控服务标准"），制定年度质量管理目标，制定质量管理基本制度及与服务质量相关的管理制度；对各项目单位的服务质量进行考核和评价，指导项目单位按照ISO质量管理体系的要求运行，等等。

第二层级，各项目单位的质量管理部门。

这个层级的质量管理任务是进行项目的质量建设和项目质量的监督检查。具体要求是，根据组织的质量管理规划、质量目标和后勤服务控制标准的要求，制定项目质量管理制度，制定项目作业标准、操作规程，落实上一层级的质量管理要求。对项目作业的质量控制情况进行监督和检查，落实ISO质量管理体系的要求等。

第三层级，项目单位的作业管理部门。

这个层级的质量管理任务，是根据作业标准和操作规程的要求，进行项目作业的组织以及质量控制。具体要求是根据作业标准和操作规程组织项目作业，对作业质量情况进行检查，保证作业质量符合要求。

（2）质量管理措施

后勤服务的质量管理措施，是根据质量方针所建立的质量管理体系和质量控制方法。要保证服务质量符合要求，就必须采取科学的质量管理手段，根据服务的质量技术要求采取相应的管理措施。这个质量管理措施，是根据后勤服务的质量方针建立的质量管理体系和所采取的一系列方法。

后勤服务的质量管理体系，包括质量管理组织、质量制度体系和质量控制体系。质量管理的组织就是质量管理机构；质量制度体系和质量控制体系，就是这个质量管理组织实施质量管理的系统。

质量制度体系，是指产品质量相关的一系列规范构成的相互联系的制度的总称。质量管理的规章制度，以质量管理文件作为一般形式，通常用"制度""办法""规定""规则""细则"等颁布实施；以规定在某项规章制度中有关质量要求的表述条款。质量制度体系的内容包括：质量方针、质量管理目标、质量建设规划、质量管理制度、监督检查制度、监督检查处罚制度、质量评价制度、质量考核制度等。

质量控制体系，是指由产品质量管理的责任和方法所构成的质量管理机制总称。后勤服务质量控制，根据服务生产过程的环节进行重点控制，以质量监督和检查为主要形式。通常，质量控制的组织形式是各级质量管理机构和质量管理人员，诸如质量管理办公室、质量监督检查员等。

质量控制的方法，一般采取常规检查、专项检查和随机抽查等方法。特殊情况下，根据服务项目质量运行情况，为了掌握质量运行数据、分析质量瑕疵原因和改进项目整体质量，采取项目作业质量跟踪、区间运行测试、专项服务测评、项目综合测评等方法。对于服务过程中产生的质量问题，质量管理部门一般按照问题的原因、性质及可能的损害程度，以规范的质量管理文件为依据进行纠正。规范的质量管理文件有：质量通报、质量评价报告、项目质量整改通知书、监督检查建议书等。

第五节 高等学校后勤服务的基本环节

高校后勤服务是一个复杂的系统工程。按照社会化市场运作的要求，高校后勤服务运作过程主要包括服务项目的策划阶段、服务项目的前期准备阶段、服务项目的自动实施阶段、服务项目的日常运作阶段、服务项目的撤管阶段几个基本环节。

一、后勤服务项目的策划阶段

高校后勤服务项目的策划，是指根据高校后勤服务市场需求情况和组织的经营特点选择服务对象，并谋划、确定服务方式和组织经营预期目标的过程。这一阶段又包括前期市场调研、高校后勤服务方案制定和拟定高校后勤服务合同三个基本环节。

（一）前期市场调研

前期市场调研，就是对初步选定的后勤服务项目，进行项目服务功能规划、现实需求和潜在需求、运作基础设施条件、经营环境等因素的调查研究，进行服务需求与组织的经营实力和专业特点的分析，并对后勤服务项目的可行性进行全面的论证。前期市场调研是后勤服务运作的基础，也是实现组织预期经营目标的关键环节。

市场调研中，不但要了解后勤服务项目构成情况、各个项目的基础资料和当前运行情况、管理模式的演变过程及各个项目与高校相关管理部门的关系等，还分析承接服务项目后一些细节问题对实现委托要求的影响。诸如，水电运行管理项目中的水电运行管理责任划分，供应容量及扩容余量，设施设备产权确定等；饮食服务项目中的餐饮设施设备情况，就餐学生及特殊饮食要求等；教学办公楼宇安全管理项目中的楼宇安全监控设备情况，消防设备情况等；物业服务项目中的物业封闭条件，监控系统条件，道路交通的条件，车辆停放场地情况等；校园卫生清洁项目中的垃圾处理责任划分，垃圾收集方式，清运地点等。这些细节问题，有的直接影响服务质量的实现，有的影响服务组织的经营效果。所以，在后勤服务策划阶段必须重视前期市场调研工作，而且还要选派具有实践经验的专业管理人员、工程技术人员进行实地考察，反复论证。

前期市场调研的目的，最终是为了决策提供科学依据，争取获得较好的社会效益和经济效益。因此，后勤服务前期调研工作的主要任务，就是进行项目的可行性研究，向决策机关提出项目的可行性研究报告。前期市场调研的内容，一般包括以下主要内容：

第一，项目基本情况分析。

第二，市场与潜在的需求分析。

第三，企业经济、专业技术条件分析。

第四，项目实施方案及其过程研究。

第五，经营成本及回报率研究。

第六，项目社会效益和经济效益分析。

第七，结论。

（二）后勤服务方案的制订

完成市场可行性论证，要根据服务对象的需求制定具体的《高校后勤服务方案》。

在高校后勤服务活动中，高校后勤服务方案主要有两个作用。其一，方案是进行托管服务的总体规划，是服务思想和服务水平的体现，是具体的实施方法。其二，方案是合同双方签订高校后勤服务委托合同的基础。委托方通过具体的方案可以了解托管方服务思想，了解服务组织的综合服务能力。方案是签订合同的基础，就是对服务组织准备托管项目的服务模式、整体服务档次、服务质量标准、主要管理措施、成本费用预测等主要内容了解后，如果符合高校的后勤服务整体需求，便可以参照方案的具体内容签订合同条款。

1. 制订高校后勤服务方案的方法与步骤

（1）成立方案工作小组

高校后勤服务方案内容涉及托管服务项目专业化操作，也涉及组织内部经营运作机制。因此，制定高校后勤服务方案应当成立专门的工作小组，由服务组织的领导负责，组织工程技术部门、财务部门等相关专业部门的有关人员参加。

（2）研讨市场调研资料

市场调研结论只是服务组织的市场开发部所进行市场开发的一个项目，在服务组织决策前依然属于市场开发诸多项目中的选择项目。当后勤服务组织选定其中一个项目，则需要立项启动实施。项目前期调研可行性结论提交决策机构批准立项后，方案制定工作小组还要对项目前期调研结论进行再次的研讨、论证。从高校发展需求及其政策指引、组织内部运作机制、专业技术能力及托管服务环境几个方面综合分析，确认项目决策的可行性。

（3）确定高校后勤服务方案要点

在服务项目立项的基础上，要进一步确定服务方案的实施要点。主要包括项目概况、服务模式、整体服务档次、服务质量标准、分项服务内容实施要点、主要管理措施、成本费用预测等。

(4) 拟订方案文本

要点确定之后，开始草拟服务方案文本。草拟服务方案文本的过程是对目标项目再认识的过程，要经过多次的反复修改，尽可能地多听取专家和资深后勤服务管理人员的意见。在草拟的过程中，要不断提高对项目部分与整体之间相互关系的认识，使方案文本的整体与部分的管理思路缜密、清晰，文字表述准确、要点突出，具有可操作性。

(5) 提交决策机构审核

经过小组拟订的方案，按照经营决策程序需要送交组织决策机构审议。

(6) 方案文本定稿

决策机构审议的方案文本，必要时还要根据决策机构的意见进行再次修改完善，之后即为定稿的方案。

2. 高校后勤服务方案内容

决定高校后勤服务方案的内容，不同的委托项目决定着方案内容的区别。方案编写迄今尚未有统一的格式要求。通常，一个完整的高校后勤服务方案应当包括以下内容：

第一，高校后勤服务项目服务规划是最直接体现项目服务水平的内容。具体包括：项目概况和特点、项目服务需求分析、服务的指导思想、服务的档次、服务的主要管理措施等内容。

第二，服务项目管理模式包括服务管理运作模式、相应的机构设置及人力资源配置、项目服务管理流程、信息处理机制等内容。

第三，服务内容与质量标准。高校后勤服务方案的核心内容，是项目服务内容和质量标准。项目服务内容和质量标准部分包括委托方需要提供的具体服务内容，以及提供服务所要达到的质量标准。这部分内容根据委托方的需求而定，具体内容编写参照本节《高校后勤服务的基本内容》。

第四，项目管理制度是实现规范化服务的保障，是服务项目管理的文字化表述。高校后勤服务组织在提供服务过程中，表现出与其他服务的不同在于所提供的服务具有很多的管理行为，服务的过程很大程度上具有履行委托方赋予的管理职责。因此，这一部分内容的编写分为组织内部管理制度和公共管理制度两个部分。

内部管理制度是服务组织管理机制的表现，可以使委托方了解服务组织的内部管理措施。譬如，员工日常行为规范、劳动纪律管理规定等。

公共管理制度则表现组织专业化、规范化服务的具体措施。譬如，《学生公寓使用管理规定》、《安全消防管理规定》、《教学办公楼宇安全管理规定》、《突发事件紧急处理办法》、住宅室内装饰装修管理服务协议、业主接待及投诉处理程序等。

在项目管理制度编写中，外部管理制度是这一部分的核心内容。应当依据国家的现行法律法规和高校规范性文件，既要体现依法管理，又要强调以人为本的服务宗旨。

由于这一部分的具体内容很多，而且还要在高校后勤服务项目操作中具体介绍，这里不再赘述。

第五，成本收支测算是高校后勤服务方案的重要内容。这部分内容通常包括服务成本构成、服务价格构成、服务及经营收入预算、资金的筹集等。编写这部分内容的目的，在于使委托方了解后勤服务成本构成、服务价格，以及服务组织的预期利润，以便委托方及时支付服务费用，保证服务正常开展。

（三）高校后勤服务委托合同的拟定

高校后勤服务委托合同是实施高校后勤托管服务的依据，是确定合同双方权利义务的法律文件。委托合同的订立，标志着高校后勤服务活动进入运作阶段，合同双方开始履行合同条款的准备，按照合同确定的起始日期全面履行合同。

高校后勤服务委托合同是双务、有偿合同，应当采用书面形式订立。

通常，高校后勤服务委托合同包括以下内容：

1. 双方当事人名称、住所是合同的必备条款

当事人的名称在民事法律行为中具有特殊的意义。高校的名称表明了它的行政隶属关系，发生民事纠纷可以通过它的主管行政部门进行调解、裁决，以达到实现行政救济的目的。后勤服务组织的名称既表明它的工商管理关系，也表明它的民事行为能力。在缔结合同时，当事人是否具有相应的民事行为能力对合同的成立和履行具有决定意义。

当事人的住所在法律上具有确定诉讼管辖权的意义。高校后勤服务合同中的当事人，一方是依法设立的事业法人，一方是依法成立的企业法人或其他经济组织。如果合同双方未在合同中特别约定发生合同纠纷时的诉讼管辖法院，则可以根据双方当事人的住所确定地域管辖。

2. 后勤服务委托事项

委托事项就是具体的后勤服务内容。后勤服务合同中，委托事项要根据高校的具体情况确定。通常情况下，高校的后勤委托服务内容包括：校园环境管理服务、校园卫生清洁服务、校园车辆停泊秩序管理服务、校园公共设施设备管理服务、教学办公楼宇管理服务、供暖及空调管理服务、水电运行管理服务、园艺绿化管理服务、学生公寓管理服务、学生餐饮服务、洗浴及开水房管理服务、住宅区物业管理服务、商业零售服务、幼儿园管理服务等。这些内容，有的全部委托一个专业的后勤服务组织实施托管，有的分别委托给几个后勤服务组织实施托管。

服务事项在合同中应当逐条逐项列出，要求表述准确，避免同义模糊。诸如，学生公寓管理服务、水电运行保障服务、学生餐饮服务、校园卫生清洁服务等。

3. 服务质量要求是高校后勤服务合同的质量条款，是合同的必备条款

双方当事人应当在合同中明确服务质量要求，以避免在合同履行中发生纠纷。在合同纠纷中，大量的争议出现在对合同履行质量要求的理解方面。因此，质量条款无论在哪类合同中都是合同重要的条款。依据民法典的规定，当事人就合同质量要求没有约定或者约

定不明确的，可以协议补充约定，不能达成补充协议的，应当按照国家标准、行业标准履行。没有国家标准、行业标准的，按照通常标准或者符合合同目的的特定标准履行。现阶段，高校后勤服务行业尚未有国家或者行业组织制定的服务质量标准，但存在大量的行政规范性文件，这些可以作为约定合同服务质量的参考依据。此外，后勤服务组织在长期服务中形成的质量标准或者服务质量要求，都可以作为约定合同质量条款的参照。

4. 服务费用

高校后勤服务合同是双务、有偿合同，合同的价款或报酬的约定是此类合同的必备条款。由于高校后勤服务价格实行市场调节价，即由经营者自主制定，通过市场竞争形成的价格。因此，合同当事人可以依据当时提供服务的市场价格约定合同报酬。

在订立高校后勤服务合同时，要注意有些服务项目的经营服务费用与经营服务收入的区别。服务费用，是后勤服务组织履行合同提供后勤服务的成本和服务利润。经营服务收入，是后勤服务经营服务项目的收入。经营服务收入根据国家教育和物价行政部门核定价格标准收费，所得的收入要全部上缴高校，由高校按照国家规定的收费政策执行。例如，学生公寓管理服务中，服务费用的测算依据是服务的成本和合理的利润，所得收入完全归属于后勤服务组织。而根据公寓住宿费价格标准收取的住宿费，是根据政府物价部门的定价收费的，这部分收费应当全额上缴高校，由高校按照事业性收费管理的规定处理。

此外，订立后勤服务合同还涉及高校住宅生活区物业服务收费标准及收费方式。在高校住宅区物业服务项目中，根据《物业服务收费管理办法》规定，以及当地政府物价部门和物业管理部门规定的物业服务收费指导价格，所收取的物业服务费实行服务费用包干制的，物业服务费应当归属于物业服务组织。实行服务费用酬金制的，物业服务费属于预收代管资金的性质，资金归属业主所有。物业服务组织只能使用预收资金用作服务的支出，应得的服务酬金按照约定的数额或者约定的预收代管资金的比例提取。

5. 双方的权利义务

合同当事人双方的权利义务不是合同的必备条款。按照我国合同订立一般习惯，都把当事人双方的权利义务作为合同条款进行规定，所以法学界有的学者将此定为合同的普通条款。此类条款的内容大都是规定当事人在履行合同中的责任归属和发生情势变更时的处理方法，也有将订立合同时不能预见的情况规定在此类条款之中。一些履行合同过程中的问题在民法典中都进行了相应的规定。但是，法律只能对已经发生并且需要进行调整的法律关系进行规定，并不能事先将可能发生的所有经济活动的每一个细节做出规范。所以，对于履行合同的特殊要求依然有必要进行约定，特别是对于高校后勤服务这个新的服务行业中的合同履行行为的规范，有必要约定合同当事人双方的权利义务，以避免服务过程中的随意性及违约责任不清的问题，这对于培育并规范高校后勤服务市场尤为重要。

高校后勤服务合同双方权利义务条款的内容，一般包括后勤服务组织使用高校房屋设施、相关资产，自建经济适用房或房改售房生活区物业服务费不足问题处理。服务组织为高校的利益进行转委托的问题，以及在履行服务过程中可能发生问题的约定。高校设施设备的使用是高校后勤服务活动中应当约定的问题，而且是极易引发纠纷的问题。从服务与接受服务的角度上分析。服务组织必须具备提供服务的物质条件，包括具有必要的机具设备。但是这些条件都是辅助性的，是为提供高校各类设施设备的维修、养护服务的。服务组织必备的设施设备条件限于设施设备维护服务所需要，而不是提供高校后勤保障所需的设施设备。在服务的过程中，服务借助于高校的设施设备，甚至服务的内容就是管理设施设备。譬如，餐饮服务中，服务组织只是提供餐饮供应服务，服务中所使用的餐厅、厨具设备、用餐设施应当由接受服务方提供。再如，水电运行管理服务中，服务组织只是提供水电设备的运行管理，水电设施设备诸如配电室设备、电网设施设备都是高校应具备的。

从委托与被委托的法律关系上分析。委托方需要服务，受委托方提供服务。服务对象不仅包括人，也包括委托方所有的物——即各类房屋设施、公共设施设备和场地等。按照委托关系，委托方应当为受委托方实现委托目的（委托方利益）提供必要的协助，这是委托方的义务。因此，在订立高校后勤服务委托合同中，有必要对为实现合同目的受委托方使用委托方的设施设备做出约定。通常情况下，为高校后勤保障目的而使用前述设施设备。委托方应当无偿提供。如果出于经营目的使用前述设施设备，则应当以有偿使用为原则，双方应当在合同中明确约定有偿使用的具体办法。譬如，利用高校场馆设施或场地经营，应当向高校缴纳使用费用。

6. 合同变更程序及效力

订立高校后勤服务委托合同，要注意合同变更的内容。因为，当前高校后勤服务市场秩序尚未规范，后勤服务活动中经常出现更换合同当事人、增加或取消服务内容及其他合同不能完全履行的情况。所以，在一些地方高校后勤服务秩序尚不规范的情况下，有必要在服务合同中约定合同变更的有关条款。

这里的合同变更是广义上的概念。它不仅指合同主体的变更即合同当事人的变更，也包括合同内容的变更即合同约定的服务事项、服务质量要求、服务价格和报酬、合同期限、双方权利义务等内容的变更。高校后勤服务是动态的服务过程，会发生许多事先难以预料的情况，有的因为国家对高校后勤管理政策的变化导致合同的内容需要调整；有的则因为服务组织的自身原因导致合同难以继续履行。譬如，由于增加或者减少学生数量、扩增教室等，会使相关后勤保障服务的成本增加或减少，进而影响服务组织的预期经营效果。又如，为了提高高校后勤服务质量，服务组织需要将部分服务项目转委托给某些专业企业，使合同部分债务发生转移。因此，合同双方应当特别注意在合同条款中约定发生合同变更及其解决办法，以避免发生合同纠纷。

7. 合同履行期限就是指合同履行的时间界限

当事人双方订立服务委托合同，都应当严格按照约定的时间界限履行合同义务，提前履行和迟延履行都构成违约。因此，订立合同时要充分考虑到履行合同所必要的准备时间，以免发生迟延履行等不能按照合同期限履行的情况。

8. 违约责任条款是合同的必备条款

双方当事人为了保证合同的履行，约定在发生违反合同时应当承担的民事责任。民法典规定了违约责任承担方式，即当事人一方不履行合同义务或者履行合同义务不符合约定的，应当承担继续履行、采取补救措施或者赔偿损失等违约责任。

（1）违约的构成要件

违约的构成要件有两个：

①违约行为。违约行为是指违反合同义务的行为。违约行为的表现形式很多，大致归为不能履行、迟延履行、履行不当及拒绝履行等类型。当事人只要违反合同义务发生违约行为，如果没有免责事由就构成了违约。

②无免责事由。免责事由是指当事人不能履行合同义务，由于法律规定或者合同约定免除责任的事由。违约的免责事由有三种，法定事由、免责条款的约定、法律的特别规定。

法定事由：指不可抗力的情况。即不能预见、不能避免并不能克服的客观情况。不可抗力的范围通常有自然灾害、政府行为、社会异常事件。

免责条款：指合同当事人在合同中约定，当出现一定的事由或条件时，可以免除违约方的违约责任。例如，服务合同约定，教学办公楼大厅灯具更换应当与原损坏灯具型号一致。但是，由于市场已经不生产该型号灯具，灯具更换不符合要求则不认为违约。

法律的特别规定：指发生不可抗力的情况，法律有特别规定的免责条件的。符合这些条件时可以免除违约责任。例如，货物运输合同的承运人对货物本身自然性质造成货物变质、短少、损坏、灭失的，承运人不承担责任。

（2）违约责任的承担方式

发生违约行为，采取以继续履行为主、赔偿为辅的救济原则。违约责任的承担方式主要是继续履行、违约金、损害赔偿、其他补救措施。

①继续履行是指法院或仲裁机构做出要求实际履行的判决或裁决，强制债务人在指定期限内履行合同债务。对于迟延履行、履行不当及拒绝履行的违约行为，一般均可以请求继续履行。但是，对于请求继续履行的，法律上或事实上不能履行、债务标的不适于强制履行或履行费用过高、债权人在合理期限内未要求履行的例外情况。

②违约金是指当事人在合同中约定的，在合同债务人不履行或不适当履行合同义务时，向对方当事人支付的一定数额的金钱。适用违约金债务的前提，是当事人必须在合同中约定违约金条款，否则不产生违约金的债务。违约金的数额由当事人在合同中约定，数额应当与不履行或不适当履行债务造成的损失大致相当。违约一方承担违约金责任后，并不免除合同义务，还应当继续履行合同。

③损害赔偿是指合同当事人一方违约行为给对方当事人造成财产损失，违约方向对方当事人所做的经济补偿。一方当事人违约承担继续履行或采取补救措施后，对方当事人还有损失的，可以请求损害赔偿。损害赔偿的范围是实际损失和预期利益的损失。

④其他补救措施是指合同当事人履行合同标的有瑕疵，根据法律规定承担修理、更换、重作、退货、减少价款或者报酬等违约责任。采取的补救措施有修理、更换、重作、退货、减少价款或者报酬。对于一方当事人违约采取措施进行补救，但是仍给对方当事人造成损失的情况，仍然可以要求违约方赔偿损失。

9. 解决争议的方法

履行合同过程中，对合同的内容和履行方式发生争议时，通常是可以通过当事人之间的和解或者调解来解决的。但是实际操作中，有的合同纠纷不能通过和解或者调解解决，就需要按照当事人订立合同时的意思表示决定解决纠纷的方法，或者事后协商纠纷的解决途径。

一般情况下，当事人应当充分考虑到高校后勤服务过程的复杂性，可能会发生难以预见的情况。所以，订立高校后勤服务合同时，应当就解决合同争议的方法作为一个专门条款加以明确。合同中解决争议的条款具有独立性，无论合同无效、被撤销或者终止，解决合同争议仍然要按照当事人双方约定的方法来解决。

二、高等学校后勤服务前期准备阶段

高校后勤服务的前期准备，是指经过后勤服务需求双方的初步磋商，达成高校后勤服务委托意向，后勤服务组织所进行的一系列前期准备活动。

这一阶段的准备工作是在服务委托合同的缔约过程中进行的，是履行委托合同的必要准备。此环节包括组织为托管服务所进行的机构调整和所需从业人员的核定，从业人员的职业技能培训和项目操作培训，市场再开发及经营方案的拟订三个主要步骤。

（一）组织内部机构调整及从业人员编制的确定

组织内部机构设置调整和从业人员核定是实施委托项目托管前的必要准备工作，是全面实施托管服务的基础。由于托管项目并不是统一的、固定不变的，有的是全部项目的委托，有的仅是部分项目的委托，市场需求差别很大。因此，根据项目的规模、管理服务模式、管理服务标准等因素，以精简、高效为原则合理配置项目组织机构和人力资源，可以最少的投入获得最大的产出，实现组织的预期经济效益。

根据当前高校后勤服务市场需求，借鉴高校后勤的委托服务管理经验，高校后勤服务组织内部机构设置调整和从业人员配置大致有以下三种选择：

1. 规模较大的综合性服务项目配置

通常就是具有独立法人资格的专业后勤服务企业的机构设置，或者后勤服务组织（后勤集团）的机构设置。由于企业或组织承接的服务项目本身就是高校的全部后勤服务内容，因此该类型的企业或后勤组织内部机构设置无须进行调整，从业人员可以根据操作层工作量的大小合理配置。

2. 规模较小的综合性服务项目配置

在服务企业的组织形式和机构设置合理性方面，规模较小的综合性服务项目配置，与规模较大的综合性服务项目配置没有大的区别。主要在于企业的经营决策层较为精干，企业根据需要设立董事会或执行董事，管理层职能部门根据项目管理需要只设置项目管理部门和综合职能部门，在操作层因项目规模较小而从业人员较少。

3. 单项服务项目配置目前比较多见

有的高校将学生公寓管理服务委托给建设开发单位，以融资的形式委托建设单位提供管理服务，所得收益归属于建设单位，其间届满则由高校收回公寓管理权；有的高校将学生餐饮服务委托给专业饮食服务企业；有的高校将住宅区的物业服务委托给专业的物业服务企业，以此减少高校办学过程中的社会负担。总之，高校将某个单项服务委托给社会专业服务企业承担，是构建新型高校后勤保障体系、培育高校后勤服务市场的初期阶段，新型综合性规模化的高校后勤服务企业还不能满足市场需求的过渡阶段的一种形式。

单项后勤服务项目的配置比较灵活，只是根据委托的需要配置简单的组织机构，重点负责委托服务的具体事务管理。单项服务项目的管理人员相对较少，管理人员与作业人员的数量比例约占该项目从业人员的1∶15—1∶25之间。譬如，物业服务企业托管的若干生活区物业的一个物业项目，依据物业管理法规，只要该企业具备资质管理规定的管理和专业技术人员最低数量要求，那么该企业在这个物业管理项目中的管理和技术人员就不必再要求满足上述规定。因此，这个物业服务项目不必设置企业运营所需要的全部管理机构，而是设置项目管理机构即该项目的"管理处"即可。

（二）从业人员培训

从业人员培训分为职业培训和项目操作培训。从业人员的职业技能培训和项目操作培训也是实施项目托管前必要的准备工作。高校后勤服务是涉及面很广、专业性很强的服务工作，不具备良好职业道德和专业技能的从业人员，是不能完成项目托管服务工作的。特别是在构建新型高校后勤保障体系、后勤服务市场培育时期，高校后勤服务专业理论还不完备，实践经验尚待总结，从业人员的职业培训和项目操作培训就显得尤为重要。因此，后勤服务组织不但应当将从业人员的职业培训作为企业建设的基础性工作常抓不懈，而且还要在实施项目托管服务前进行具有针对性的项目操作培训。

1. 从业人员的职业培训

（1）从业人员的基本素质要求

从业人员按照岗位及其责任分工划分为三个层次：第一个层次是组织的高级管理人员组成的经营决策层，包括总经理、副总经理和总经济师、总会计师、总工程师，他们是组织经营运作的领导者。第二个层次是由组织的中级管理人员组成的管理层，包括各部门的部门经理及专业主管人员，他们是具体组织者、执行者。第三个层次是由一线员工组成的操作层，他们是基层各项具体工作的操作者。按照这样的划分，根据不同层次的从业者所承担的责任，就必须要有相应的素质要求。

后勤服务组织经理（总经理）：
①具有强烈的事业心和责任感，有良好的职业道德。
②具备较宽的知识面，熟悉国家政治、经济基本制度和相应的法律知识。熟悉高校后勤服务的性质、特点并能应用于组织建设。
③掌握企业运营的基本理论和实务。
④具备高校后勤服务相关的专业知识。
⑤具有经营决策能力和综合组织协调能力。

后勤服务组织部门经理：
①具有敬业精神，有良好的职业道德。
②了解高校后勤服务的政策、法律法规、企业经营基本知识。
③掌握所从事相关专业的知识，熟悉相关专业的服务标准。
④具有较强的组织协调能力，具备突发事件的处理能力。
⑤具有与客户交流的良好的表达能力。

高校后勤服务作业人员：
①具有敬业精神和良好的职业道德。
②具备所从事专业服务的基本知识和专业技能。
③有符合岗位要求的良好的身体条件和心理素质。
④了解组织基本情况，掌握管理工作基本程序或操作工作程序。
⑤具有与客户交流的良好的表达能力。

（2）从业人员职业培训：

具备从业的基本素质只是对从业人员的基本要求，面对高校后勤服务市场的快速发展，高校后勤服务组织专业化服务水平的不断提高，对从业人员的要求也会不断提高。为了使从业人员适应行业发展的需要，能够继续胜任本职工作，还要坚持不断地进行从业人员的职业培训。

①培训目标。通过培训使从业人员能够胜任工作岗位的要求，并且不断更新业务知识，提高专业管理服务的职业技能。

②培训方式。职业培训可以采取多种方式进行。常用的培训方式是服务组织内部的培训，社会职业培训机构培训两种方式。

组织内部培训一般以组织内部管理规章制度和项目服务操作培训为重点。这种培训针对性较强、实用性突出，也易于从业人员的掌握。但是，在专业性方面往往不系统，就提高服务组织的整体综合素质要求方面，在较短的时期内效果并不突出。社会职业培训机构培训的方式，比较组织内部培训而言，教材比较科学规范、专业性质强，具有系统性，但是从业人员适用性方面缺乏针对性。因而，在提高从业人员基础专业性质方面效果明显，有利于组织整体综合素质的提升。

根据我国对职业资格方面的规定，高校后勤服务中凡涉及必须具备相关从业资格认定的岗位，从业人员必须取得相关职业资格证书，否则将不能合法从业。譬如，物业管理人员、工程技术人员、维修操作及锅炉司炉作业人员。涉及上述相关专业管理、技术操作的，除按照组织内部管理要求参加培训，还要依据相关法规和从业管理规定参加指定培训机构进行的职业技能培训，经主管行政部门资格认定考核方可从业。

③培训内容。组织自行组织的职业技能培训，在内容上通常为职业道德和业务技能两个方面。

职业道德培训，就是教育员工牢固树立"三服务、两育人"服务宗旨，明确后勤服务组织倡导的"服务高于利润"的经营思想，一切经营活动都要以为高校提供后勤保障服务为出发点，努力提高服务质量。

从根本上讲，为高校教学科研工作和师生员工生活提供优质的服务，是后勤服务组织的根本任务。后勤服务以高校教学科研工作和师生生活需要为出发点，一切工作都要围绕着根本任务。否则一切都强调经营利润，强调服务组织的利益，则会偏离高校后勤服务的工作方向。

职业道德是劳动者在从事某种职业时表现出来的思想品质和境界，是良好的职业素养，它具体表现在职业工作中认真履行自己的责任和义务，最大程度地发挥劳动者的个人主观能动性，为组织的发展做出应有的贡献。高校后勤服务是一个特殊的服务行业，它们的服务性质和特点，它的特殊服务对象，决定了它所要求的职业道德与其他服务行业有明显的不同。总的概括起来，高校后勤服务组织从业人员所应具有的职业道德有以下几个方面：

热爱本职工作，爱岗敬业。后勤服务从业人员要热爱自己的本职工作，有很强的敬业精神。要认识后勤服务工作的重要意义，把自己的工作与教育事业结合起来，勇敢承担起"三服务、两育人"的神圣使命。

高校后勤服务工作很平凡，工作条件艰苦，工作内容琐碎。但是，正是有了这样平凡而艰苦的劳动，有了后勤服务员工的奉献，教学科研工作和师生生活才有了强有力的后勤保障，才有了高校办学效益的提高。所以，后勤服务从业人员要将所从事的职业当作自己追求的事业，要养成认真、朴实的工作作风，脚踏实地做好工作，为高校的发展做出自己的贡献。

认真负责、热情服务。后勤服务从业人员要有强烈的职业责任感，认真履行自己的职责，恪尽职守。后勤服务项目中的设施设备安全、食品卫生安全、公寓使用安全、生活区公共秩序等安全服务内容，直接关系高校教学科研的正常开展，关系到高校财产安全和师

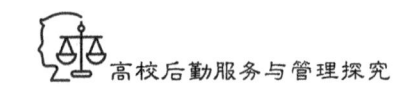

生人身安全。因此，后勤服务工作中要树立安全责任意识，认真按照规章制度进行操作，落实各项安全管理措施，杜绝一切安全隐患，保证高校后勤服务安全运行。

后勤服务涉及师生生活服务的方方面面，服务中要坚持"以人为本、服务第一"的服务思想，不断提高服务意识和服务技能，用热情、细致、周到的服务为师生提供满意的服务。

遵纪守法、遵守各项规章制度。后勤服务从业人员要有自觉遵纪守法的意识，要严格遵守国家的法律法规和高校的规章制度，在师生中树立良好的服务形象。

日常服务中，要耐心听取师生的意见，不与师生发生争执，及时向服务管理部门反映师生的合理化建议和意见以不断改进服务。后勤服务经常遇到师生遗失物品的情况，要求从业人员能够发扬良好的道德风尚，及时将拾到的遗失物品上交服务管理部门或积极查找失物人，及时归还拾到的物品。遵守规章制度还要求从业人员要按照制度规定合理保管、使用托管财产；遇到突发事件或者特殊情况时，要以高校和师生员工的利益为最高利益，为高校和师生管理好财产避免遭受损失。遵纪守法、遵守规章制度是后勤服务人员在实现管理育人、服务育人的工作中，以身作则，示范性教育的要求。

2. 项目操作培训

是在实施托管服务前的一项特殊培训。就其方式讲，是后勤服务组织自行组织培训的一种。就其内容讲，是就委托的服务项目操作所进行的专题培训。

高校后勤服务项目并不是统一的形式，服务的内容也有很大的差异。在后勤服务组织全面实施项目服务前，有针对性地对项目概况、构成特点、服务要求及标准、操作规程及其他项目服务管理基本要求进行培训，是实现项目服务的基础。通常，高校后勤服务项目培训有以下内容：

第一，项目的基本概况及构成。

第二，项目服务内容。

第三，项目服务标准及其要求。

第四，项目服务公共管理规章制度。

第五，项目服务内部管理规章制度。

第六，项目特殊服务内容及程序。

第七，紧急突发事件处理程序。

（三）高校后勤服务项目再开发利用及其经营方案

后勤服务组织在实施高校后勤综合性项目服务时，并非仅限于已有服务项目的管理，还要在项目服务的过程中最大程度地利用项目条件，实施项目的再开发利用。

后勤服务项目再开发利用，是指后勤服务组织对实施服务的项目进行调整或改造，以提高项目的使用价值的活动。譬如，后勤服务组织在实施项目服务过程中，根据高校的房屋建筑、设施设备、场地场馆等使用情况，提出再开发利用的建议，经高校同意后对项目进行调整或改造，以最大化实现项目的社会效益与经济效益。

1. 项目再开发利用的条件

包括项目条件和托管服务组织条件两个方面。

（1）项目条件

项目再开发利用决定于项目本身是否具有再开发利用的可能性。这里的可能性包括基础条件具有开发利用的可能、开发利用具有提高使用价值的可能、使用价值提高具有效益的可能。譬如，利用高校齐全的体育场馆设施承接社会体育组织的赛事活动，既可以提高体育场馆设施的使用价值，所得收益用于补充高校的维修养护经费，又能增加服务企业的经营收入。再如，根据目前人均拥有机动车数量的快速增加，对生活住宅区的车辆停泊场地设施进行扩容改造，可以提高生活住宅区安全管理的水平，减少机动车丢失、损毁的可能性。既满足教职工对物业服务的需求，又可以取得较好的经济效益、社会效益和环境效益。高校具有很多可以开发利用的资源，充分开发利用这些资源，是满足学生和教职工日益增长的物质文化消费需求、丰富高校后勤管理服务内容和提高经营效益的重要途径。

项目再开发利用，前提是项目本身具备再开发利用的条件。此外，还有高校的政策条件。如果高校政策不允许利用委托项目，则不可能实现项目的再开发利用。

（2）托管服务组织条件

托管服务组织自身是否具有相关项目的开发经营能力，是项目再开发利用的重要条件。通常，项目的再开发利用由托管服务组织策划，在实施再开发利用的市场需求调查、规划设计、组织实施的各个环节都是托管组织来完成的。因此，只有具备一定的综合经营实力并且具有丰富的管理经验的托管服务组织，才能实现高校后勤服务项目的再开发利用。

2. 再开发利用方案及其拟定

高校政策条件的不同，基础设施建设的差别，决定了高校后勤服务再开发利用方案内容的不同。根据不同的项目内容。再开发利用方案有多种多样的形式。

一般来讲，拟定再开发利用方案大体方法和步骤是：

（1）确定再开发利用项目

通常再开发利用项目由后勤服务组织的市场经营发展部门策划，该部门初步选定再开发利用项目后，报请总经理办公会议审议决定。

（2）经初步审议通过的再开发利用项目

由市场经营发展部门做进一步可行性分析。包括详细调查客户需求、考察周边相关项目或对项目经营有影响的其他服务经营环境状况，对涉及市政行政许可的项目还要事先咨询主管行政部门的意见。

（3）设计再开发利用方案要点

市场分析论证可行，就可以确定再开发利用方案的要点。包括再开发利用项目的名

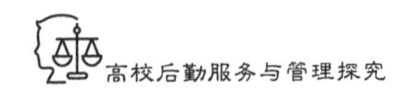

称、地点、设计用途、改造规模、开发成本、资金来源、经营效益预测等。

(4) 拟定再开发利用方案文本

根据所确定的再开发利用方案的要点，需要拟定说明性详细的方案文本。

(5) 方案文本审定

将方案文本按照规定程序报后勤服务组织决策机构审定，并经决策机构审定后报委托高校批准。需要行政许可的项目，还需事先做好主管行政审批的准备工作。

三、高等学校后勤服务项目的启动实施阶段

以后勤服务项目接管为标志，高校后勤服务正式进入全面实施阶段。本阶段的主要任务是按照委托服务合同的要求，对后勤管理服务事项进行全面的接管，并且建立健全项目接管档案资料，以便于日常提供服务中的分析利用、定期核查资产及项目的撤管移交。

（一）高校后勤服务项目的接管

1. 项目接管

后勤服务项目的接管，包括新建高校后勤项目的接管、原有高校后勤项目的接管。在高校后勤服务实务中，新建项目接管情况较为多见。新建项目除房屋设施设备由高校相关管理部门管理，不作为服务项目内容向服务组织移交，其他诸如卫生清洁、安全值班、设施设备维修养护等服务作业内容，一般都要委托给后勤服务组织。

理论上，新建项目的接管是在建设单位通过验收的基础上进行的。后勤服务组织要在建设单位验收的基础上实施再验收，再由施工单位直接向托管服务企业进行项目移交，经委托高校确认后即为完成接管。然而，在后勤服务的实际操作中，新建高校后勤服务项目的接管是在高校相关管理部门组织验收后，由高校管理部门向后勤服务组织移交，因此接管验收是在高校管理部门和后勤服务组织之间进行的。

新建高校后勤管理服务项目的接管，按照服务组织事先拟定的项目服务方案规定的接管内容操作就可以，相对于原有项目的接管比较容易操作。比较复杂的是原有项目的接管，这也是高校后勤服务项目操作的难点。

原有服务项目接管分为两种情况。第一种情况，原有服务项目由高校改制后的服务组织继续托管。这里就不涉及复杂的接管问题，只是需要按照现代企业制度理顺企业的管理关系、明晰产权关系、明确委托服务关系、按照后勤服务项目管理要求，建立健全托管服务的接管手续。

第二种情况，原有服务项目由高校委托的服务组织向新聘的服务组织移交的接管。这种项目接管由高校管理部门主持撤管的单位向接管单位直接移交，接管中涉及接管中的验收问题，接管企业应当按照下列程序要求进行接管验收。

第一，核实服务项目名称、位置、规模、面积等基本情况。

第二，清查项目设施设备种类、数量，检查运行状况及维护情况，必要时应当根据设

施设备的状况进行相关的鉴定，应报废的设施设备进行报废处理。

第三，清点设备配件和随附工具种类、数量。

第四，核查相关档案资料，尤其客户档案资料和设施设备图纸、使用保养说明资料等应当完整地移交接管。

第五，托管库存物资清点。

第六，托管维修基金、预收物业服务费用等财务清查移交。

第七，移交管理用房。

2. 交接双方的责任

第一，高校后勤服务具有特殊性，为了保障高校教学科研活动不受影响，交接双方必须在不间断服务的前提下进行交接。因此，交接前双方应当确定移交的时间、方法和步骤、移交问题的处理等交接方案。明确规定在交接期内移交双方必须履行的协助义务，协助撤管单位和接管单位顺利完成撤管和接管。

第二，双方应当按照项目接管方案进行接管移交。房屋及附属设备应当根据《房屋接管验收标准》进行交接，其他公共设施设备也应当将相关资料完整地移交给接管单位。对正在质量保证期内的房屋、设施设备，移交方有义务将完整的质保文件资料移交给接管方。对尚未处理的质量问题应当分清责任后，将相关的鉴定资料移交接管方；属于不当使用等管理责任的，移交方应当承担继续处理的责任。

第三，在接管交接过程中双方发生争议，应当报请高校管理部门解决。

（二）项目档案资料建立

接管验收完成后，接管单位应当根据项目托管需要及项目管理方法，建立并实施科学、完备的档案资料管理。通常，项目档案资料按照档案使用用途进行分类管理，即按照以下分类进行管理。

（1）客户档案资料。

（2）房屋建筑档案资料（涉及养护内容部分的资料）。

（3）设施设备档案资料（涉及维护内容部分的资料）。

（4）特种设备档案资料（涉及维护内容部分的资料）。

（5）场地使用管理及养护档案资料。

（6）园林绿化管理档案资料。

（7）环境保护及卫生清洁档案资料。

（8）水电设施设备维修养护及计费管理档案资料。

（9）单项服务项目管理档案资料。

（10）行业组织文件资料。

（11）相关行政主管部门文件资料。

（12）委托高校后勤事务管理相关资料。

(13) 其他服务企业协管服务资料。
(14) 接管企业内部管理分类资料等。

四、高等学校后勤服务项目的日常运作阶段

服务项目日常运作阶段的中心内容，就是按照高校后勤服务委托合同的约定全面实施项目托管服务。因此，本阶段主要工作内容可以划分为日常服务与管理措施的实施、外部服务环境协调、内部系统运作协调三个主要环节。

（一）日常服务与管理措施的实施

日常服务与管理措施的实施，是服务组织根据高校后勤服务委托合同，按照预定的后勤服务方案所进行的日常性工作。在具体的操作中，要按照后勤服务专业化、规范化的要求，对各个服务项目进行管理。要根据服务开展情况适时调整服务方法、丰富服务内容、及时协调和改善服务环境；以利于实现托管服务的预期目标。归纳这一环节的运作规律，应当着重做好以下几方面的工作：

第一，全面落实项目服务方案。
第二，实施服务项目管理。
第三，加强服务质量的监督检查。
第四，定期调查顾客满意度和需求变化。
第五，定期组织从业人员职业道德和技能培训，保持组织的工作效率。
第六，进行经常性市场调研，不断拓宽服务项目。

（二）外部环境协调

外部环境协调是后勤服务组织开展服务的重要条件。要实现后勤服务项目规范运作，就必须协调好组织的外部运营环境，创造良好的外部条件。这些外部环境包括高校后勤事务管理部门、财务审计部门、内保部门、学生工作部门、社团组织、生活区物业业主机构等。在服务市场运作中，外部环境还包括一些影响后勤服务运作效果因素的协调。譬如，当地行政主管部门、辖区政府派出机构、相关行业管理组织、社区管理组织及相关专业服务企业。

高校后勤服务涉及的内容很广，涉及的上述单位也很多。服务组织应当主动加强与上述部门、组织和机构的工作联系。主动协调好相互关系，形成互动和谐的服务氛围，是实现服务目标的重要保障。

（三）内部运作系统协调

内部运作系统的协调，就是组织内部运行机制方面的协调。托管运作一个新的服务项目，会在原有的内部运行机制上增加很多管理内容。尽管在托管项目实施前有详细的规划和充足的准备，但是在实施托管服务时还会有一个适应的阶段。托管新项目的内部机构设置合理性、管理措施合理性、资源配置合理性、员工心理准备等，都要有一个适应过程。

因此，在实施托管初期，要注意并加强组织部门之间的协作配合，加强员工的项目管理培训，有针对性地局部调整托管服务的规章制度，进一步优化资源配置，这是顺利完成托管服务的重要基础。

五、高等学校后勤管理服务项目的撤管

高校后勤服务项目的撤管是高校后勤服务的最后一个环节。通常认为，托管服务组织的撤管无须作为一个相对独立的环节，而是托管项目善后事务的处理。然而，按照专业化、规范化的项目管理要求，作为合同履行的最后阶段，依然有必要将项目撤管作为一个独立的环节。因为，无论是法律规定应当履行后合同义务的要求，还是对委托高校或者接管单位负责的要求，撤管的规范运作无疑是至关重要的。高校后勤服务项目的撤管包括撤管准备、撤管移交两个步骤。

（一）撤管准备

高校后勤服务合同履行期限届满、合同履行中发生法定终止合同的事由，以及当事人双方协议终止合同，都可以导致合同的终止。此时，后勤服务组织应当充分做好撤管的各项准备工作。主要包括：

1. 成立项目撤管工作组

撤管工作组由服务组织主管领导负责，经营管理部门、财务管理部门、相关职能部门参加。撤管工作组具体组织项目撤管及遗留问题处理。

2. 制定项目撤管方案

根据合同终止原因，撤管工作组应当尽快制定详尽的撤管实施方案。撤管实施方案必须将撤管负责人员、撤管时间、撤管程序、撤管遗留问题的处理办法等做出安排。方案应当列出托管具体项目和设施设备清单，以便于撤管交接验收。对于新建设施设备的产权资料及其备案资料应当单列，便于双方进行财务结算。对于托管服务期间接管或新建的客户资料、项目相关的行政许可文件等资料，应当制定专门移交办法，全部移交委托单位或其指定的接管单位。撤管实施方案应当送交委托方，在委托方提出修改意见后进行必要的补充。

3. 组织实施撤管方案

经过委托方认可的撤管实施方案，即可由撤管单位会同委托单位或其指定的接管单位实施。

（二）撤管移交

撤管移交是按照制定的撤管方案，经过委托单位同意后，由撤管单位和委托单位或者委托单位指定的接管单位所进行的后勤服务项目交接活动。它是原有托管服务的最后一个步骤，也是新的托管服务活动的开始。撤管移交包括资产清理及设施设备移交、产权资料及档案资料移交两方面内容。

1. 资产清理及设施设备移交

资产清理就是撤管单位依据承接服务项目时的交接清单，对托管期结束时委托单位的资产进行移交清理。这些清理资产包括撤管单位从原托管单位接管的资产、托管服务期间委托单位新增资产、托管单位为完成托管服务投入的资产。按照资产所有性质，对属于委托单位的资产应当进行审计核查，而后方可移交给委托单位或其指定的新的托管单位；对属于托管单位的资产，应当按照托管单位的财务管理制度收回处理。

资产清理的主要内容是设施设备及其随附器具的清理。撤管单位应当按照托管项目内容的分类，详细列出设施设备及其随附器具的清单及设施设备托管期间运行、养护管理记录，属于协管的项目还应当经过协管单位履行确认手续，而后再按照移交程序进行移交。

2. 产权资料及档案资料移交

产权资料是法律规定的对动产和不动产权利归属的确认。在托管服务期间，凡属于新建（新增）、扩建、改建的房屋设施、公共设施设备都会涉及产权确认。因此，撤管单位移交时，应当将归属于委托单位所有的产权资料全部移交给委托单位，不可将产权资料移交给委托单位指定的新的托管单位。

档案资料移交是将撤管单位接管的档案资料和托管期间新建档案资料进行移交。这里需要注意的：

第一，客户档案资料属于委托单位所有，必须全部完整地移交给委托单位。托管单位必须注意做好保密工作，不得将托管期间掌握的客户情况泄露给第三方。

第二，对于为完成托管服务所制定的外部管理规章制度，产生的相关权利属于撤管单位，撤管单位有权根据企业商业秘密的管理方法收回。

第三，服务期间行政主管部门、行业管理部门具体行政行为资料，涉及高校事务管理的，应当向高校进行移交，撤管单位可以对此类资料进行复制保留。仅属于后勤服务经营管理规范的，可以将文件复制资料移交给委托单位或其指定的接管单位，以便委托单位及接管单位在相关经营服务中参考。

第二章 高校后勤服务体系建设

第一节 高校后勤服务体系

　　构建高校后勤服务体系是这一时期高校后勤社会化孜孜以求的改革目标，也是建立现代大学制度的重要内容。从我国高等教育改革的发展来看，一所现代大学往往集教学、科研、文化、体育、服务于一身，拥有先进的教学设施、舒适的校园环境、一流的服务水平，可以满足在校师生及外来人员多种多样、内容广泛的生活需求和来访动机。因此构建系统化、人性化、专业化、信息化于一体的高校后勤服务体系能够多方位地提供优质后勤服务，间接推进高等教育体制和高校办学模式的总体转变，为扩大高校办学自主权、建设现代大学制度、正确处理政府与学校的关系、加快政府相关部门职能转变等提供经验和启示，为实现高等教育跨越式发展提供强有力的支撑，对推动高等教育向更高水平迈进起到不可忽视的作用。

　　构建高校后勤服务体系是一个系统工程，当下，要以科学发展观为指导，深刻认识并准确把握高校后勤服务体系建设的总体前进方向，通过对高校后勤服务体系的"具象化"设计全局把握体系内部运作联系，并通过细化展开体系内部的具体运作来编制高校后勤服务体系实际运作的制度职责与流程方案，最后根据SWOT分析选择的建设战略确定高校后勤服务建设完善的具体措施。这样才有利于建成具有中国特色、符合地区经济、适应现代大学制度的"新型"高校后勤服务体系，才能有效解决当前高校后勤服务体系建设中的体制机制不健全、建设队伍弱缺、监管不到位等现实问题，更加有利于从发展的角度更好地满足广大在校师生的日常生活需要，从而为推动高校后勤的社会化发展与高等教育改革的进一步深化提供基础和动力。

一、找准高校后勤服务体系建设整体方向

　　高校后勤服务体系，应体现中国特色、地区特点。我们在构建并完善高校后勤服务体系的时候，要遵循以人为本、因地制宜、重视效益、兼顾公平与可持续发展的原则，充分考虑到社会主义市场经济及本地区的经济、文化现状，考虑到高校自身科研、教学水平的发展状况，考虑到高校后勤"服务育人"的本质，考虑到高校的和谐稳定。结合上述主要

建设任务与体系地区性总体空间框架，当前及未来相当长的时间内，高校后勤服务体系应体现出服务管理理念与教育文化的融合，以"三服务、两育人"为宗旨，以先进管理、技术手段为支撑，通过对高校后勤服务体制的改革与机制的创新，促进服务行为主体多元参与、后勤实体企业化、服务人才建设专业化、服务内容多元化、服务质量标准化、服务方式信息化、服务供给市场化、服务管理精细化等，以满足在校师生多层次、多元化的服务需求，构建出新型的服务育人平台。

二、优化并具象化高校后勤服务体系结构

高校后勤服务体系结构是体系建设与完善的基础，是对体系内部设置和体系运行各项工作的统筹。以往对高校后勤服务体系的研究，从体系改革的现状、发展、存在问题到如何有效改善体系都有所触及，无不提出了巨细无遗的"菜单式"对策建议，但他们几乎没有具体揭示出体系内各个子系统之间的内在逻辑、运行机理及高校后勤如何实践的路线。鉴于此，结合上文所提的体系架构设计要点，对高校后勤服务体系进行整体性的具象化"处理"，能更加直观地体现出体系的构成要素、内部联系及运作中的关键控制点，有助于我们了解体系各部分的功能，明确体系各部分的工作责任，熟悉服务体系的工作流程，对整体把握后勤服务管理、改进后勤服务薄弱环节、推进服务方式转变、优化调整体系结构、增强高校后勤服务的可持续发展能力等起到不可忽视的作用。

（一）高校后勤服务体系整体构架

高校后勤服务体系是一个结构复杂分工有序的高级服务系统，具有自身的发展规律。然而，高校后勤服务体系的建立过程无外乎等同于为完成一件事，一个人根据自身掌握且可利用的资源，让大脑思考策划，让四肢行动执行，通过一个现有的或者自身创造的渠道，向他人展示自己成果的过程。为此，对高校后勤服务体系这个复杂系统予以由简入繁的归纳、划分。本书以规划决策系统（大脑）、人员实践系统（四肢）、支撑保障系统（可利用资源）、供求平台系统（渠道）这四大子系统为基础，构建起现阶段高校后勤服务体系的总体结构。

高校后勤服务基本关系结构层（Ⅰ层）。该层是由规划决策系统、人员实践系统、支撑保障系统、供求平台系统四个子系统根据它们之间的相互关系构成的模块。一方面，结构模块里供求平台系统的中心位置明确了体系架构的出发点，形象地体现出"需求为本"的思想，符合"为在校师生员工生活提供优质、高效服务"的体系服务核心内涵；另一方面，能够借助高校后勤服务基本关系从整体上把握体系的总体关系，从而为探知高校后勤服务体系的运行机制提供基础。

高校后勤服务体系实际运作结构层（Ⅱ层）。该层由基本关系结构层中的四个子系统（规划决策系统、人员实践系统、支撑保障系统、供求平台系统）派生出来的22项基本要素组成，是整个体系构建的核心功能模块。对这一层的研究可以辅助我们找准高校后勤服

务体系建设的普遍性难题的症结所在，从而帮助我们优化、创新体系的体制与机制。

高校后勤服务体系具体形态结构层（Ⅲ层）。该层是高校后勤服务体系构建的外在表达层，是体系运行体制机制的具体作用平台。该层有两种表现形式，在服务项目上体现为饮食、住宿、水电、保洁绿化、医疗卫生、设备设施保障、交通、商业等具体服务；在整体体系功能上主要细分为决策管理、财务管理、物资管理、服务考评、生产供给、监督控管、人力资源管理、网络信息这八大模块。其中，决策管理模块负责高校后勤体系建设的总体统筹策划、计划方案落实、服务标准规范、制度设计制定及完善；生产供给模块主要负责后勤服务产品的供给，涉及服务产品的供给主体、供给方式、供给种类等；财务管理、物资管理与人力资源管理是实现后勤服务生产供给并保障体系得以建成的基础；服务考评模块负责内部人员测评考核与外部服务工作的评价，是量化了解后勤服务建设真实水平的手段；监督控管是对体系规范性运作的控制，是保证后勤服务质量、促使后勤服务体系有效并持久运作的关键之一；网络信息是采用现代科学技术创新后勤管理实现优质与高效服务的途径。不管是从哪个表现形式上来归纳考虑，具体的建设和发展都必须找准问题的关键点进行。

体系的构架从服务提供的整体出发，运用系统管理的思维，不仅可以整合优化各子系统内部资源，更重要的是可以促使服务各部门协同合作，发挥整体优势，解决服务体系本身的问题，避免企业管理技术被机械化移植后所带来的排异现象发生，尤其是一体化服务和信息平台的优势，为在校师生提供无缝隙后勤服务，进而提升高校后勤服务的整体水平和服务效率，促进高校后勤和谐稳定发展。

（二）高校后勤服务体系服务运行模式

1. 后勤服务体系总体运行机制

高校后勤服务体系运行机制是指高校后勤服务体系各组成部分或者各要素之间相互联系、相互促进、相互制约的过程及其运行方式，是引导、制约、推动高校后勤服务体系整体正常、健康运行的方式或原理。科学、系统的运行机制不仅能够真实地反映高校后勤服务的供给效力和运行规律，而且还是体系实现自我创新与自我发展的根本保障。当前，我国高校在后勤服务的提供方面承受着不断增长的压力，随着经济、社会关系的日益复杂，在校师生们对服务需求、服务标准、成本、效率、服务满意度等方面的要求日益苛刻，高校后勤服务要回应这些挑战，保证服务建设目标任务的真正实现，保证服务体系的健康可持续发展，就必须不断地改善高校后勤服务的运行机制让服务科学合理、灵活协调、高效运行，并形成体系。

在高校后勤服务体系构建过程中，结合体系内部要素之间的关系，针对高校后勤服务经济性、公益性、服务育人的特点，高校后勤服务体系的运行机制是由决策机制、投入机制、协调机制、监督机制、问责机制、动力机制和创新机制等组成。七种机制有机结合、相互关联、相互制约，构成一个完整的高校后勤服务体系的运行机制。

决策机制（方向盘）是高校后勤服务体系决策者于高校后勤服务体系发展、运行时对体系未来发展方向、体系目标任务做出选择，并进一步对相关选择的具体原则、路线、方针、手段等做出决定的机制，是高校后勤服务体系运行的关键性因素。动力机制（加速推动器）的建立一方面是在内部模拟市场化运行中根据供求关系发掘高校后勤服务的驱动力量；另一方面是为了调动社会企业和后勤实体服务的积极性与创造性，通过有效的考评、激励手段使之与决策者的决定和谐共存。协调机制（润滑剂）是对高校后勤服务体系各个要素进行合理分工，使多部门定向分工协作，协调服务体系内部关系，建立公益性与经济性相结合，高校、企业与学生之间互惠共赢的联动调节机制，以实现高校后勤服务的高效开展。创新机制（先进零部件）是服务体系不断追求创新的内在机能和运转方式。创新机制考虑的主要问题是如何优化高校后勤服务的服务技术手段、服务方式和运作模式，进一步提高高校后勤服务水平。投入机制（轮胎）是利用资金、政策、技术等确保高校后勤服务顺利开展，解决高校后勤服务问题的保障手段，是决策得以执行的重要保证和基本条件。监督机制（导航）是高校后勤服务体系为实现既定目标，明确各部门工作职责，对督查事项进行跟踪监督，确保服务的参与性、有效性及体系规范性运作的控制机制之一。问责机制（红灯）是对服务体系内部组织和成员未履行自身职责和义务后要求其承担不良后果的一种责任追究制度。问责机制一方面制约和规范了领导的权力，另一方面对提高高校后勤服务体系的服务水平和服务质量起到侧面的推动作用。

2. 后勤服务体系供给模块

要实现高校后勤服务体系建设的总体目标，从根本上改变目前我国大部分高校后勤服务供给不合理、低效率的问题，就必须从问题的源头入手，改革、优化现有的高校后勤服务供给模式。当然，在改革、优化的同时，首先要认清高校后勤服务供给模式不能脱离我国特定的国情与具体的社会经济环境，认清我国当前的市场经济不成熟、市场机制不健全、第三产业发展缓慢的现状，认清高校后勤服务市场的相对封闭性和服务对象的特殊性。因此，我国的高校后勤服务建设不能照搬西方市场经济成熟的发达国家，直接全面市场化，而是必须循序渐进，在一定范围内允许和鼓励社会企业进入高校后勤服务领域，本着"服务育人"的宗旨，严格实行成本投入监察，逐步建立以满足在校师生生活需求为前提，多元化的供给主体参与，在校师生与高校后勤互动的新型高校后勤服务供给。

模块中，政府、高校、后勤实体、社会企业、相关行业等都是高校后勤服务的供给主体，高校后勤服务的公益性与教育性，决定了政府和高校的供给地位在社会主义初级阶段很长的时间里都是无可替代的，它们承担着绝大部分公共产品以及部分准公共服务产品的生产与提供；作为高校"代言人"的后勤实体是一种间接的供给主体，以营利为目的的社会企业与私人经营单位作为高校后勤服务市场的供给主体，主要承担着私人产品的生产与提供；相关行业和部分以非营利手段作为投资项目的企业自主、自愿生产或提供高校后勤服务产品，在一定程度上具有弥补和丰富高校后勤供给的作用。供给主体的多元化为高校后勤服务体系的建设开辟了多元化的物资来源渠道，为多元供给方式的产生创造了可能，这种市场化的供给模式将高校后勤服务的提供者与生产者分离，丰富了高校后勤服务体系的投入机制。

高校后勤服务体系供给模块在服务供给中要严格实行服务成本价格控制、服务质量监察考评，本着"服务育人"的宗旨，从师生们的需求出发突出以人为本的服务核心思想。为满足日益增长的高校师生生活需求，高校后勤服务供给市场化改革持续进行，促进高校后勤服务供给主体的多元化、高校后勤服务物资来源渠道的多元化及高校后勤服务供给方式的多元化。

3. 后勤服务体系服务运作模式

综合上文有关的运行机制与服务供给运行模块提出的高校后勤服务体系服务运作模式，该模式以服务为核心，依照"需求驱动、校企合作"原则，通过"服务触发、服务周期、服务反馈"环节，实现"服务循环供给"。服务触发是指服务开始前的准备，即在外部政策、经济、科技环境、学校发展定位及内部师生需求的推动下，以搜集到的直接或间接反馈的需求表达信息及上一循环的反馈信息为依据，对实现服务供给目标所必须采取的路线、方针、手段等进行选择、设计与修改（包括总体的统筹规划、相关管理制度以及服务条款的制定、服务执行方案的编制等），建立起以规划决策、人员实践、投入保障为主的信息化、标准化、精细化的服务支持中心。服务周期是指从物资来源进入、服务加工制造及质量成本控制过程直至服务消费终结，即通过政府和学校的引导、协调，采取学校后勤与社会企业互动合作发展的方式，在科学技术的支持下，在优势互补的基础上，通过体制改革与一系列的机制优化创新，整合现有的人力、物力与财力，规范服务生产消费流程，减低服务生产消费成本，提高服务质量，把握需求消费走向，建立起多元化、市场化、专业化的服务供给平台，为广大师生提供优质的服务。服务反馈指的是服务消费终止后，通过多种技术渠道采集服务周期中各关键控制点的执行信息及师生们在服务消费过程中对服务质量的评价信息，对反馈的信息进行评估，以改进这一循环服务触发时的选择、设计与修改。

高校后勤服务市场化是高校后勤服务在社会主义市场经济体制下的必然选择。如何结合高校特殊的服务对象与较为封闭的交易环境，发挥后勤服务市场化的优势，扬长避短，做到"好事办好"，是当今高校后勤服务体系建设环节中亟待解决的问题。本书结合内部模拟市场化思想和信息网络化思想，提出了这种从服务驱动到加工制造、控制、销售、反馈一体化的循环运作平台及其支持中心系统。该服务运作模式强调服务参与者的协同共赢性、服务资源的优化整合性等特点，并在很大程度上提倡信息网络系统建制，能在大多数高校后勤服务体系建设中推广应用。

三、科学制定高校后勤服务体系建设方案

根据服务体系的构建和完善流程，在确定高校后勤服务体系架构、归纳划分体系中的

子系统模块后，结合弗布克管理体系全案系列中的设计方法，通过岗位职责、管理制度、工作流程、执行工具、实用表单、实施方案这六个"横向"维度对每个子系统进行精细化设计的方法来制定高校后勤服务体系制度、职责与流程方案，能够使管理人员掌握子系统内容，并按照制定的制度、职责和标准进行规范化、精细化管理，做到"人人有事干、事事有规范、办事有流程、执行有标准、工作有方案"，进而提升高校后勤服务的整体水平。

第二节 高校食堂信息化建设

高校后勤服务在新的发展阶段要正确认识和把握社会发展变化和教育进入高质量发展阶段的新特征新要求，主动创新服务理念、运行机制和管理模式，促进后勤服务逐步向包容多样化、满足差异化的现代高质量后勤服务转型。高校食堂信息化建设，就是加强后勤服务供给能力、推进智慧后勤建设的重要举措。

一、高校食堂信息化建设的意义

（一）食堂信息化建设能提高饮食精细化管理水平

食堂信息化建设主要是搭建共享化统一数据平台，平台集合原材料采购管理、明厨亮灶、水电气等能源监测、大数据采集分析、点餐订餐、营养膳食搭配等功能。信息化平台的优势体现在成本管理上，可以监测原材料采购价格变化，让经营者调整采购计划。对用户爱好进行分析，引导经营者调整菜品，减少餐饮浪费。体现在安全管理上，可以对原材料采购及库存进行溯源管理，并根据原材料采购日期科学安排出库时间，避免过期食材。同时对食堂加工制作等关键环节进行留痕监管，对水电气等安全运行进行预警，可以大幅度提升食堂的安全防护水平。体现在便捷服务上，可以让用户提前通过平台进行点餐，让经营者有效缓解外卖平台对校园食堂行业的冲击。便捷的移动支付和用餐情况查询等功能，能有效缓解食堂高峰期就餐拥挤的问题，管理者可以更好地维护校园生活秩序的稳定。

（二）食堂信息化建设是提升服务育人水平的重要手段

高校食堂作为后勤服务的重要窗口，传统的以饮食保障及食品安全管理为主的管理模式，已不能满足师生日益增长的美好校园生活需要。食堂信息化平台的建设，凭借使用便捷、响应迅速、沟通便利的特点，不仅为经营者、管理者、师生三方搭建起协作沟通的桥梁，还能不断增强饮食服务供给能力，充分满足师生多样化、差异化的需求。

（三）食堂信息化建设是智慧后勤建设的重要组成部分

高等教育高质量发展阶段背景下的互联网和信息技术的迅速发展，给传统后勤向现代后勤转变带来了契机，智慧后勤建设越来越受到各高校重视。食堂信息化建设，将信息技术、互联网平台与服务相融合，能够消除传统管理模式的弊端，优化运行机制，提高经济效益，提升饮食服务保障的能力和效率，是构建便捷、智慧后勤服务体系的重要组成部分。

二、高校食堂信息化建设的现状

目前，食堂信息化建设越来越受到各高校的重视，但是水平参差不齐。有的高校食堂信息化程度比较高，如成都大学、天津职业技术大学等院校的智慧食堂，集合ERP管理、中央厨房、互联网平台、移动支付等功能，进一步降低生产成本，餐饮浪费的现象得到遏制，受到师生的一致好评。也有不少高校仍旧采用人工管理，信息化建设的程度不高。主要原因如下：

（一）受运行机制等因素限制

随着高校后勤社会化改革的深入发展，大部分高校食堂采用社会化经营模式，引进第三方餐饮服务企业。对于食堂经营者来说，经济收益是影响驱动力的第一要素。从实际情况来看，高校食堂自身具有的公益属性导致食堂经营利润本就低于市场水平，而食堂信息化建设需要投入的成本又比较高，给经营者带来的更多是隐性成本的节约，如企业形象、安全保障等无法第一时间显现的收益，导致食堂经营者投入信息化建设的意愿不足。

（二）现有资源利用及整合率不高

随着信息化校园建设步伐的加快，高校基本建立了各种类型的校园网络综合服务平台，比如财务管理系统、便捷支付、信息管理系统、报修平台、建筑电气火灾预警等。我们可以发现，这些系统平台跟食堂信息化建设的有些内容其实是一致的，比如便捷支付系统、电气火灾预警系统、信息管理系统等都可以共用共享，能减少食堂信息化建设成本投入。然而目前很多高校都存在系统平台相互之间联系少、开发深度不够、没有搭建起"一体化、一站式"服务、存在信息孤岛的现象，造成资源浪费。

（三）缺乏信息化专业人才

由于食堂管理工作面对的范围广且细，对于信息化建设内容的广度和深度要求比较高。食堂信息管理系统集合了多种管理模块，对于操作人员的专业性要求会比较强。对于食堂经营者来说，企业自身不具备专业的信息化技术人员，购买信息化服务后，又要引进相应人员并进行培训，增加了人力成本。对于校方管理者来说，食堂一般由学校后勤部门监管，而信息化专业人员又一般配置在网络管理部门，后勤信息化队伍建设滞后，这些都影响了食堂信息化建设的进程。

三、高校食堂信息化建设的趋势

面向教育高质量发展需要，教育部提出要以信息化为主导，扎实推进教育信息化2.0行动计划，积极发展"互联网+"教育，推动信息技术与教育教学深度融合。因此，大数据、人工智能、云计算、物联网等先进技术与校园餐饮等生活服务管理的深度融合，已经成为教育信息化建设的大趋势。

（一）传统食堂向智慧食堂发展

智慧食堂是基于互联网、物联网、云计算等技术为基础，构建ERP管理系统及良好的人机交互界面，覆盖采购及库存、生产销售、用户服务等关键环节，实现食堂成本控制科学化、财务结算自动化、生产操作透明化、用户服务智能化、膳食营养管理健康化，科学全面地提高食堂饮食供应、安全生产的保障能力及服务质量水平，是数字校园建设的重要组成部分，也是贯彻落实以师生为本的品质校园建设的重要举措。

（二）为管理者提供科学决策支持

食堂信息化建设，通过对采购、生产、销售、用户意见、运营等关键环节的监控和核心数据的收集，为校方管理者决策提供科学支持。比如我们通过采购系统，可以及时地收集到市场原材料价格的涨跌情况，给保供稳价决策提供坚实的数据支持。通过用户意见反馈，我们可以及时督促经营方改进服务质量。通过财务管理系统，我们可以清晰地判断食堂的盈利水平，为以后食堂经营权承包提供决策依据。通过明厨亮灶，可以让用户一起监督食堂生产环节全过程。依托信息化平台，不仅给管理带来便利，还能极大地提升决策水平，提高后勤服务的形象。

（三）便捷、人性化的用户体验

随着5G网络的普及化，其网速快、低延迟的技术特性，消除了食堂信息化平台与手机终端深度融合的技术瓶颈，食堂信息化平台将以手机服务终端的形式，涵盖更为丰富的业务应用和信息服务功能，给用户带来更为贴心迅捷的服务体验。

四、食堂信息化建设的几点建议

（一）加强顶层设计

在食堂信息化建设的过程中，不同的食堂运行模式，建设的路径不同。对于食堂自营的学校来说，信息化建设只有跳出后勤一亩三分地的固有思维，从学校层面做出整体规划，才能解决信息化各项布局各自为政的不利局面。在学校总的规划中，明确食堂信息化建设的功能定位，由网络管理部门牵头负责具体实施，根据食堂信息化的功能需求，优先整合利用校内现有资源及预留端口接入，后勤部门通过建立完善规章制度、培训专业系统操作人员来确保食堂信息化建设后的运营维护，各部门分工协作形成发展合力，确保食堂信息化系统的高效有序运转。对于社会化经营的食堂，学校可以将信息化建设作为经营权招标的要求，后勤部门与网络部门对经营者的建设方案进行审核把关，确保系统功能符合学校要求，并预留学校一站式服务平台接入端口，以便后期为师生提供更为便捷的服务，同时有利于学校统一管理。

（二）合理选择建设内容

食堂信息化建设应当满足经营者、管理者和用户的核心需求，主要反映在降低成本、提高安全监管能力、为师生提供贴心便捷服务上。

1. 手机终端 App

数字校园的目的是为师生提供更为便捷、智能化的服务体验，满足师生多样化的需求。随着智能手机成为当代大学生生活中不可替代的工具，食堂信息化平台应当以手机终端 App 为服务平台，重视 App 人机交互界面设计与建设，这样才能更便捷地为师生服务，给师生带来更好的用户体验。

2. 食堂原材料采购管理系统

原材料采购管理系统可以翔实记录每批次原材料采购的供应商、资质、采购日期和食材检测报告等采购信息，确保采购材料全程可溯源，提高食品安全质量。同时对于有条件的高校来说，系统还可以预留端口对接地方政府食品采购平台，实行大宗采购，降低经营成本。

3. 库存管理系统

采用 RFID 电子标签技术建立食材出入库、保质期等时间信息及数量等数据库，系统实时反映原材料使用情况，帮助经营者分析消费者的消费数据，科学调整采购计划，并能合理安排库存材料出库时间，避免过期食材，降低经营成本。

4. "互联网＋明厨亮灶"

"互联网＋明厨亮灶"是对原有的"明厨亮灶"建设的进一步升级，依托原有安装在后厨加工制作场所的监控设备，采用网络信息传输技术，使得监管部门和师生家长能够通过电脑、手机等终端设备，实时查看食品加工制作。"互联网＋明厨亮灶"，能进一步提高经营者的自律水平，有效维护师生"舌尖上的安全"。

5. 订餐及结算系统

在手机 App 上，开发外卖订餐功能，不仅可以充分满足师生多样化的就餐需求，增加收入，还能缓解就餐高峰期的供餐压力，减少人员聚集接触风险。同时 App 可以与微信、支付宝、完美校园等线上支付功能相结合，为师生提供更为便利的人性化服务。

（三）确保建设方案经济科学

食堂信息化建设应当根据信息技术的发展趋势，坚持问题导向，结合学校自身实际情况来明确建设需求，并在充分利用学校现有成熟服务平台的基础上进行功能定制及开发，使建设方案经济合理。如简单的功能可以充分借助学校信息专业的技术力量自行研发，支付结算功能可以借助银校合作来完成，网上订餐功能可以通过与美团、饿了么等成熟企业洽商合作，在其系统里面开设学校食堂商户专版，比较复杂的系统可以采用服务外包模式。在最终系统整合应用时，应确保系统各项功能之间接口要能开放解耦、共享应用数据，以便满足未来应用扩展的需求。

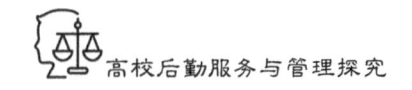

在新发展阶段形势下，师生日益增长的美好校园生活需要与后勤不平衡不充分发展之间的矛盾仍然存在，后勤整体保障能力和服务水平与现代大学的发展要求仍有差距，后勤服务对象需求呈现多样化、差异化的发展趋势。食堂信息化建设可以提高服务精细化管理水平，满足师生日益增长的多样化、差异化的服务需求，为后勤服务逐步向现代高质量后勤服务转型提供积极尝试。

第三节　劳动教育融入高校后勤服务的实现路径

当前，受家庭、社会、传统文化及学校本身等多种因素的影响，高校劳动教育在思想认知、教育环境及教育过程等方面还存在诸多困境，大学生普遍存在劳动观念不够端正、劳动意识比较淡薄、劳动素养比较缺乏等现实问题。教育能否与学生的生活相融合是影响劳动教育实效性的关键因素。高校后勤作为直接为大学生提供保障服务的部门，与大学生的学习、生活息息相关，是开展大学生劳动教育的重要场域，对于提升高校劳动教育的实效性具有积极作用。

一、高校劳动教育困境的现实表征

新中国成立以来，在教育与生产劳动相结合的教育方针指导下，我国劳动教育取得了一定的成绩。但是，由于多方面的原因，高校劳动教育在思想认识、教育环境、教育过程等方面还存在一定的现实困境，主体体现在：

（一）劳动教育认知浅化

从国家层面来看，我国历来非常重视对学生劳动意识的培养，一直倡导教育与生产劳动相结合的教育方针。但劳动教育在家庭、学校及社会均不同程度地被弱化是不争的事实。从家庭层面来看，由于受学业竞争压力的影响，家长除了关心孩子的吃穿以外，更多关注的是孩子的学习成绩，劳动教育往往被忽略。从社会层面来看，受"劳心者治人，劳力者治于人"传统思想的影响，使得人们对劳动常常持有一定的偏见，往往将劳动教育等同于单纯的体力劳动，没有认识到身体在创造亲知知识、个人知识、实践智慧、道德品质等方面独特而巨大的作用。从高校层面来讲，也或多或少地存在劳动教育观的偏差，一些人认为大学的专业教育本身就是在传授劳动知识技能、培养劳动能力，大学的教育自然就是劳动教育，无须再专门强化劳动教育。结果导致部分大学生劳动观念淡薄，劳动价值观模糊，对所学专业与未来职业的认识不足。学工的不愿意去工厂，学农的不愿意去农村。实际上，专业教育固然是劳动教育的一部分，但高校劳动教育的目标是多维的，不仅要培养学生的劳动技能、职业素养，更重要的是培育学生正确的劳动价值观、积极的劳动情感和劳动品德，最终实现大学生的全面发展。

（二）劳动教育环境弱化

环境对人的成长具有重要影响，良好的劳动教育环境对于大学生劳动情感养成、劳动态度的树立起着潜移默化的作用。应该说，大学生正确劳动观的形成是大学生自身与各种社会、自然环境共同作用的结果，"孟母三迁"也是为了给孩子提供一个良好的教育环境。从社会环境来看，随着我国社会经济发展水平的不断提高，绝大多数孩子无须参与家庭生计式的劳动。同时，由于多数大学生为独生子女，随着社会竞争、升学压力的日益激烈，应试教育积重难返，他们从小生活在衣来伸手、饭来张口的"劳动免疫"环境中，依赖性较强，缺乏必要的劳动磨炼，导致他们劳动观念淡薄、劳动习惯差，独立生活能力较弱。当然，在劳动教育环境方面，还存在一种错误的现象，那就是把劳动当作是惩戒的手段，一定程度上导致许多孩子厌恶劳动、害怕劳动。也有个别学生在生活中经不起任何磨难，稍遇挫折就会悲观失望。就高校自身教育环境来看，多数高校也未将劳动教育设立为专门的课程并纳入正常的教学体系，劳动教育与思政教育、专业教育未能有效衔接和体现。有关劳动教育的规章制度也并不健全，甚至是缺失，劳动光荣、劳动伟大的校园文化未得到特别关注，劳动教育以文化人的渗透作用没有得到应有发挥，积极全面的劳动教育环境还未形成。

（三）劳动教育过程虚化

劳动是联系知识与实际的纽带，劳动生活和劳动实践既可以强化大学生的理论知识，培育创新意识，还可以使大学生从具体的劳动过程中体会劳动的意义和快乐，培养劳动情怀。但在具体实践中，高校劳动教育过程在一定程度上被虚化，实效性不足，主要体现在：一是劳动教育与思想教育、专业学习与技术训练相隔离，没有发挥劳动教育在其中的渗透和支撑作用，协同效应不足，导致学生对劳动教育的认知偏差，没有真正意识到劳动在社会发展和个人成长过程中的重要作用；二是劳动教育与社会实践结合不足。当前劳动教育实践普遍缺乏系统化、全程化的设计，即使在学生志愿服务、校园管理、后勤服务、专业实习的过程中多数未能充分体现劳动教育的价值，活动多为认知性教育或感性教育，学生缺乏直接性的过程体验和理性思辨；三是学生的自我教育不足。由于劳动教育在家庭、社会及学校教育中的弱化，使得多数学生缺乏辛勤劳动、自力更生的良好品质，对生活的认识和理解比较片面，自我服务意识和自理能力较弱。同时，由于高校后勤社会化改革的不断深入，人们更多关注的是后勤服务态度和服务质量，对于后勤服务作用于大学生劳动素养培育的凝练不足，重视不够。部分大学生往往从"个体本位"的角度来要求社会满足个人的需要，而较少考虑个人应尽的义务，劳动习惯缺失，生活自理能力差。

二、高校后勤实现劳动教育功能的作用机制

高校后勤系统最贴近学生生活实际，是学校与学生加强沟通交流、推进服务育人的理

想平台，对于大学生劳动素养的培育起支撑与制约、熏染与陶冶、检验与反馈的作用。

（一）支撑与制约：高校后勤是开展大学生劳动教育的重要生活场域

人的思想、观念是在实践活动中建构起来的，具有深厚的生活根基，产生于生活，作用于生活。因此，日常生活既是文化的载体，又是文化本身，尤其是官方语汇以外的"真实世界"，历史的丰富文化内涵常常蕴含在现实的日常生活之中。大学是一个由各教育参与主体相互之间所形成的多元关系网络，属于一种场域，是有形与无形的集合，具体体现在大学生的日常学习与生活当中。具体来看，大学生的日常生活，看似简单、规律，但蕴含着丰富的教育内容并影响着大学生的价值选择，是大学生本质力量得以实现的基本场域之一。高校后勤是为高校的教学、科研、管理以及师生生活提供保障和服务的活动、机构和人员的集合，是与大学生的日常学习生活最为密切的系统之一，如学生的饮食服务、宿舍管理服务、洗浴开水服务等都与大学生的日常学习生活息息相关，一方面，可以为大学生劳动教育提供实践性很强的教育活动，是大学生劳动教育的重要支撑。另一方面，后勤在为师生提供服务的过程中也在行使着"无言之教"的作用，在一定程度上制约并影响着大学生的劳动价值观的养成。

（二）熏染与陶冶：高校后勤有利于强化大学生劳动教育的心理认同

情感是人们日常交往的主要基础，具有相互感染、分享等特点，对人起着自我激励及激励他人的作用。人的思想只有被情感渗透时，才能得到力量，引起积极思考并调节自己的思想和行为，当交往的一方表现出积极的情感和行为时，会引起另一方相应的积极性情感和行为。劳动教育内在于人们的日常交往过程之中，它所遵循的是生活的逻辑，是具体的而不是抽象的。个体劳动情感的形成是基于自身感情满足需要的程度而形成的对劳动的良性心理体验和情感依赖关系。实践表明，一个具有丰富劳动情感的人，才能自觉地投入到劳动当中并享受劳动所带来的乐趣。高校后勤系统以服务师生为目标，坚持奉献的理念，履行服务的职责，是学生人格养成和劳动情感培育的微观环境。后勤广大职工勤勤恳恳工作在服务第一线，他们良好的敬业精神以及微笑服务的积极态度，容易激发同学们对于劳动的心理认同，为更高层次的行为参与奠定基础。同时，后勤系统汇集了多方面的能工巧匠、行家里手，他们中的不少人也是行业内经验丰富、知识渊博的行家。他们通过自己的劳动在为师生服务的过程中，感受着自我存在的价值与意义，潜移默化中向同学们传递劳动创造价值的情感共鸣，便于强化基于心理认同基础上的行为参与，有利于提升劳动教育的吸引力、凝聚力和向心力。

（三）检验与反馈：高校后勤为大学生劳动教育提供了实践空间

实践是认识的基础，也是促进大学生全面发展的重要途径，具有对个体现有思想道德的知识和观念进行检测、验证和反馈的作用。一种观念是否真正为个体所认同，关键就在于个体能否在实践中检验并予以践行。大学生对劳动教育的认知和行为需要通过实践来进行检验和反馈，聚焦大学生的日常生活行为表现，并以此来做出客观评价。劳动实践是大学生从课堂走向职场过程中最好的中转站和加油站，大学生活的实践经历和收获会直接影响大学生未来的价值取向和职业发展。同时，大学生良好生活习惯的养成、生活素养的培育都不是仅仅依靠言语就能传达的，更多的是需要大学生通过实践去品味、去体会。大学生不能只做劳动的观看者，必须是一个劳动的实践者。后勤保障工作与大学生的生活、学习直接相关，一方面可以为大学生校内社会实践活动提供诸如校园环境整理、卫生清洁、饮食服务体验等校内志愿服务、实践体验的机会，通过后勤生活教育的点点滴滴，帮助大学生形成正确的劳动价值观。另一方面，后勤服务为大学生劳动观念的形成提供了重要的检验和参照，可以在大学生的生活实践中验证其是否真正把对劳动教育的认知转化为自己的行为实践并养成良好的生活习惯。如大学生在日常学习生活中能否做到爱护公物、节约资源，能否做到理性消费、生活规律，是否具有较好的生活自理能力等。

三、劳动教育融入高校后勤服务的实现途径

劳动教育内在于人的具体生活，既是整体性的存在，也是实践性的存在。基于服务育人的视角，新时代高校劳动教育以后勤服务为切入点，需要在服务理念凝练、员工示范作用发挥、劳育氛围营造、劳动过程体验等方面下功夫，强化学生对劳动教育的认知认同、情感认同、价值认同和行为认同，充分发挥后勤在大学生劳动教育知行转化中的重要作用。

（一）凝聚价值共识，增强劳动教育的导向性

劳动价值观是人的一种理性选择，理性的自我能够对物性自我进行检视，并努力超越"物性的我"。后勤服务绝不是一种单纯的机械性服务工作，而是有其特定的育人功能，蕴含着丰富的思想政治教育元素，对于大学生劳动教育情感养成、劳动态度树立及劳动教育体系的建立起到促进、支撑与引领作用。《中共中央、国务院关于全面加强新时代大中小学劳动教育的意见》明确提出，"以日常生活劳动、生产劳动和服务性劳动为主要内容开展劳动教育。"

高校后勤在做好此项工作方面具有独特的优势和作用。因此，做好劳动教育，后勤要注重对自身服务理念的凝练，找准工作定位，凝聚价值共识，充分认识后勤服务在大学生思想政治教育中的重要作用。既要把为师生提供优质的服务作为高校后勤的工作核心和目标追求，当好幕后英雄，也要将后勤工作者所具有的先始后终的劳动特征和富于牺牲的道德品格，不登讲台的劳动特征和隐荣匿誉的道德品格融入具体工作中，注重社会赋予的身份与自身认定的身份相统一。要为大学生提供必要的劳动体验机会，也要通过优质、踏实的具体劳动强化学生对劳动价值观的思想认同，激发他们对于劳动的内在动力，让"劳动最光荣、劳动最崇高、劳动最伟大、劳动最美丽"的价值观念深入人心。

（二）发挥示范效应，增强劳动教育的亲和力

后勤服务是体力劳动和情感劳动的集合，后勤职工在服务师生的过程中所显示出来的

精神面貌、气质、修养，或多或少地折射出后勤群体的文明水准，对大学生的成长和发展起着潜移默化的作用。因此，加强后勤队伍建设并发挥其示范效应是培养学生"热爱劳动、辛勤劳动"情感的重要途径。一要注重后勤职工优势特长的发挥，尊重人才，发挥"鲇鱼效应"，强化竞争意识，使后勤职工的技能在日常服务工作中得到充分体现，发挥良性辐射作用，将爱岗敬业、甘于奉献的劳动精神融入日常工作，以实际行动诠释劳动价值观的深刻内涵，引导学生正确看待体力劳动与脑力劳动的分工，实现从消极到积极关注的转换，体会"幸福都是奋斗出来的"道理。二要按照后勤各部门、行业公司对人员知识结构和管理能力的要求，进行科学培训，提升工作技能，抓好育人典型，大力弘扬劳模精神和工匠精神，以点带面，强化学生对劳动创造价值、劳动创造幸福的情感认同，正确理解付出与回报的辩证关系，树立正确的劳动价值观。三要加强对后勤员工的职业道德教育，引导职工热爱本职工作，为师生提供优质、高效的服务，认真担负起"不上讲台的教师"的职责，将勤奋肯干、吃苦耐劳、敢打敢拼的劳动精神融入日常工作，通过个人示范，增强劳动教育的亲和力，引导学生培养积极的劳动态度和良好的服务意识，增强社会责任感。

（三）加强环境建设，增强劳动教育的渗透力

后勤要积极建构劳动教育环境，多角度、多层次地渗透劳动光荣、劳动伟大的精神文化。一要优化生活设施。高校后勤要以实际行动为学生的学习生活提供良好的环境条件，要有利于学生的身心健康和进步成长，将精神文明和物质文明建设相结合，使校园大环境与室内小环境保持文明、优美、肃静，使学生在优美、和谐的环境氛围的感染熏陶中受到启迪和教育，深刻体现劳动创造物质和精神财富的重要意义，塑造健全人格。二要加强文化建设。要在学生学习生活的教室、宿舍等区域加强文化建设，通过网络、宣传横幅、展板等多种形式，将学生行为规范、基本道德规范、校训及后勤服务中的先进典范、劳动精神等设置于醒目的地方，大力营造劳动光荣、劳动伟大的校园文化，通过榜样的力量去影响学生，引导学生树立正确的劳动价值观，涵养深厚的劳动情怀。三要加强系统建设。尽管后勤服务在大学生劳动教育方面具有积极的促进作用，但劳动育人是一项系统性工作，需要多部门的协调合作，注重整体效益的发挥。为此，既需要后勤内部制定详细计划与实施方案，有计划、有针对性地进行全面安排，营造人人关心、人人参与的良好氛围，系统推进劳动育人工作。同时，后勤服务还需要与教务、学工、团委、学院等部门和学院保持良好的沟通与联系，构建劳动育人共同体。

（四）注重过程体验，增强劳动教育的实效性

高校后勤服务多数是实践性、技术性较强的工作，使其与劳动教育具有实践导向的一致性，对于提升劳动教育的实效性具有积极作用。一是强化学生的自我管理。后勤要经常性、有计划地组织大学生参与后勤服务与管理，让他们在参与活动的过程中找到发展自我的广阔空间，培养学生的社会活动能力及劳动素养。例如，可以组建公寓管理委员会、伙

食管理委员会等群众性组织机构，并邀请学生参与其中，协调工作，锻炼学生。二是强化学生的劳动参与。后勤可以组织学生参与校园绿化、帮厨劳动、"后勤岗位互换体验"、勤工助学等活动，加强学生与后勤人员的沟通与联系，亲身体验"一粥一饭之不易，一丝一缕之艰辛"，使学生切身感受劳动所带来的收获与乐趣，领悟个体的自我价值和社会价值，强化学生对后勤服务的认同感，尊重劳动价值，培养劳动情怀，养成艰苦奋斗、勤俭节约、保持清洁的良好习惯，形成尊重劳动、热爱劳动的真挚情感。三是强化学生的生活能力培养。在学生生活区，不断提升后勤服务水平的同时，后勤系统通过开展"我的宿舍我的家""文明宿舍建设月""宿舍美化大赛"等活动，引导学生参与到自我管理、自我教育、自我服务的教育活动当中，促进自律、自强，学会认知、学会生存，培养良好生活习惯和积极的生活自理能力。

劳动教育是对学生进行热爱劳动、热爱劳动人民的教育活动。从劳动教育的内容来看，高校劳动教育首先应回归并融入大学生的日常生活，强化学生的自立意识，为更好地参加生产劳动和服务性劳动奠定基础。因此，新时代加强大学生的劳动价值观培育对于高校立德树人具有重要意义。现实境遇中，高校劳动教育还存在认知浅化、环境弱化、过程虚化等问题，影响了劳动教育价值的发挥。基于服务育人的视角，高校应当加强劳动教育，通过支撑与制约、熏染与陶冶、检验与反馈等作用机制发挥其对大学生劳动价值观培育的重要作用。

高校后勤肩负着"服务育人、管理育人和环境育人"的重要使命，具有天然的劳动教育属性，是开展大学生劳动教育尤其是日常生活劳动教育的重要场域，对于解决"有教育无劳动、有劳动无教育"问题并体现劳动教育的思想性、社会性和实践性方面具有独特的作用，有利于实现大学生对于劳动教育的认知认同、情感认同、价值认同和行为认同。高校后勤系统需要充分发挥其优势，主动作为，以立德树人为根本，坚持显性教育与隐性教育、主体性和实践性相统一，在劳动教育载体、教育内容、教育途径等方面不断创新，主动适应新时代高校劳动教育的现实需要，遵循大学生成长和教育规律，增强劳动教育的实效性，推动高校劳动教育高质量发展。通过凝聚价值共识、发挥示范效应、加强环境建设、注重过程体验等途径，增强高校劳动教育的导向性、亲和力、渗透力和实效性，实现劳动育人的价值旨归。

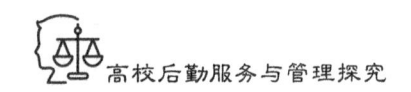

第三章 高校后勤服务育人探索

第一节 高校后勤服务育人基本概念

一、高校后勤服务育人研究背景

自20世纪90年代以来,我国高等教育领域掀起了改革浪潮,为更好地保证大学教学科研需求和回应师生更高的服务诉求,高校后勤逐步进入社会化改革阶段。随着高校后勤社会化改革进程的不断深入,"大后勤"的保障和管理模式已经成为高校体制改革的趋势之一。高校后勤不仅提供校园环境、公寓、楼宇、餐饮等服务,而且还需加强学校的安全管理、基本建设、水电管理,因此这就使得高校后勤保障部门的服务在一定程度上会依赖于社会化的改革和先进设备的引入,从而迫切要求高校后勤要引入优秀社会企业来提供优质服务。引入社会企业就会使得更多的利益博弈意识在无形中渗透进服务机制中,也会在一定程度上淡化高校后勤服务育人观念,冲击高校后勤的育人属性,在客观上形成经济效益和社会效益之间的矛盾。

随着高校社会化改革的逐步深入,高校后勤体制内人员数量不断减少,后勤的管理体制和理念处在新旧交替的历史时期。这就要求高校后勤要增强服务育人意识,提高服务育人的能力,使高校后勤的服务属性与育人属性有机结合,确保高校后勤的育人功能有效落实。在引入优质社会服务资源的过程中,校企双方基于不同的角色地位和利益取向,要在不同程度上做出利益让渡,逐步摸索规定出在服务育人工作中各自的职责范围。随着国家宏观政策的调整及现代大学建设的发展,"校企合作,产教融合,协同育人"成为新时代的要求,包括后勤服务育人在内的高校各领域都在积极探寻并持续推进不同领域的校企合作,形成育人合力,共同提升育人效果。因此,研究与探讨高校后勤的服务育人相关内容,有利于完善高校后勤管理体系,深化高校后勤社会化改革,保证高校工作的正常运行和稳定发展。

二、基本概念和理论研究梳理

(一)服务育人的概念

"服务"一词由来已久,与人们的生活息息相关。在古代,"服"字本身,就有服侍、服务的含义。"服务"两个字作为一个独立的词使用,是近代的事情。随着社会的发展、时代的进步,"服务"一词不断被赋予新的含义,但因为它本身的抽象性,在定义方面很难给出一个明确的说法。如社会学角度的定义概括为:为其他个体、为集体的利益或为某种事业而工作。经济学角度的定义为:通过等价交换的形式,为满足个体或群体不同种类的需要而提供的劳务活动,它通常与有形的产品联系在一起。

"育"即教育、培养;对受教育者进行德育、智育、体育、美育、劳育等多方面的教育与培养,即为"育人";育人的目的是使受教育对象能全方位地发展,成长为社会需要的身心健康的人才。在改革开放和社会主义市场经济背景下,世界各国的思想文化不断延伸拓展,各类意识形态不断发展演变,文化底蕴不断地相互渗透,对我国传统的儒家思想及价值观念有着强烈的冲击,因此要结合我国现阶段青年学生的思想状况、道德觉悟意识、价值观念等实际情况,开展适合我国实际的育人工作。

高等学校的职工对培养学生有着重要的作用,加强职工思想政治工作,帮助他们进一步树立为人民服务、为教学科研服务的思想,勤勤恳恳做好本职工作,搞好服务育人,这也是高等学校思想政治工作的重要方面,将服务育人工作纳入学生思想政治工作体系,把服务育人作为学校育人体系的重要方面。

"服务育人",是指接受服务者在接受相关服务过程中,服务行为的发起者通过服务形象、服务行为、服务态度、服务环境等显性因素,在隐性的精神层面让接受服务的对象产生不同程度的心灵触动,对其学习习惯、生活习惯、社会公德意识的养成,乃至思想道德品质,世界观、人生观、价值观的养成,都会产生积极的、抽象的、潜移默化的推动作用。随着时代的发展,"服务育人"作为一种育人方式,是对传统意义上的说教、授课等形式的育人方式的补充,并逐渐为众人所熟知、认同。"服务育人"的最大特点是在满足某种特定物质需要的同时,提供必要的精神食粮,使物质文明和精神文明相得益彰。"服务育人"的新发展,让其在拥有鲜明时代特色的同时,彰显了与时俱进的内涵。

"服务育人"工作常与高校的后勤服务工作联系在一起,因为这与高校的职责与使命是分不开的。高校是培养社会主义事业合格建设者和可靠接班人的阵地,因此决定了高校后勤工作具有服务性和育人性的双重属性,不仅为师生提供衣、食、住、行的服务保障工作,更重要的是在行使职责的同时要营造一种和谐、积极、乐观向上的环境氛围,对学生加以引导。对于高校而言,后勤服务育人应是高校后勤工作永恒的主题,无论高校后勤发生什么样的变化,服务育人的宗旨不能变。

"爱岗敬业、尊师爱生,全心全意为师生服务"是服务育人的宗旨,高校后勤通过其优质的服务、从业人员良好的职业道德,潜移默化地影响教育学生,这一过程被称之为"服务育人"。服务育人包括直接形式育人和间接形式育人,前者指后勤通过直接服务对学生产生影响的过程;后者指高校后勤通过某项具体工作间接对学生产生影响的过程。还有学者在其研究中定义服务育人,即服务主体在向服务对象提供各种服务的过程中,以丰富的物质和文化满足、熏陶、感染学生,并通过优质服务及服务者的形象,塑造真、善、美的育人环境,从而对学生的世界观、人生观、价值观和道德品质的形成起到暗示性、渗透性和潜移默化的作用。这也就是高校后勤的服务育人功能。

(二)服务育人的特征

1. 育人途径的潜在性

育人途径的"潜在性"也可以理解成为"隐性",即与"显性"相对。顾名思义,显性的育人方式比较直接,目标明确,显而易见,这种方式开门见山,能够很快地为学生所理解。与之相比,隐性的育人方式则显得更委婉,不易被学生察觉,要发挥隐性方式育人的作用,常常需要借助一些外界力量,如以人或物为代表的显性的客观实在。这些"隐性要素"的种类各样、数量繁多,比如各种规范制度、学习和生活环境、校园文化氛围等,对大学生行为习惯的养成、生活经验的领悟、思想道德观念的影响无时无刻不在,只是在绝大多数情况下产生的效果不及"显性育人"更容易被人察觉,有"随风潜入夜,润物细无声"的作用。

当学生在翠绿的树叶与艳丽的花儿交相辉映、不时有阵阵幽香扑鼻而来的湖边小路上小憩的时候;当学生清晨在食堂享受营养而可口的早餐的时候;当学生在窗明几净、宽敞明亮的教室里汲取知识的时候;当学生很晚回到宿舍,仍有宿管阿姨等着开门的时候……这些都离不开后勤服务工作者的辛勤劳作。尽管从不曾宣扬,更不曾邀功,但无声的优质服务会让学生体会到人文关怀,体会到关爱。这就是隐性育人方式所达到的效果。

2. 育人工作的复杂性

后勤工作是一项复杂、涉及面十分广泛的工作,这就决定了后勤服务工作的育人角度是多方面的、广泛的。后勤工作的复杂性主要体现在以下几个方面:

首先,后勤服务育人工作的政策性比较强。后勤在开展各类服务工作时,必须遵守各项要求,不得凌驾于相关方针政策、法律法规之上。这是开展后勤服务工作的基本原则。

其次,后勤服务育人工作的工作量较大,且较为繁重。在服务队伍的建设方面,需挑选能吃苦耐劳、有奉献精神、廉洁自律的人员,做好从业人员思想、态度、业务技能的管理工作,完善技术水平,提高生产率,增强凝聚力。如在学生宿舍的管理方面,需要设置管理人员并安置其工作场所,明确岗位职责,并监督其工作情况的好坏;再如在食堂经营管理方面,要注意饭菜的价格、质量、品种及食品的安全卫生、服务人员的服务态度等。所以说,后勤工作研究学科涉猎广、影响因素多、性质复杂。

再次,后勤服务育人工作需要处理方方面面的利益关系。后勤工作涉及衣、食、住、行等多方面,在安排工作、分配任务时,要与员工打交道,需考虑工作量的大小、个人能力的高低等因素;在给学生提供吃、住、行等服务时,需要同大学生打交道,需要考虑其需求愿望、需求范围、满意程度等因素;在设备采买、部件维修更换的时候,需要通盘考虑财政状况。在涉外沟通交流方面,食堂的日常经营与管理,需要与食品药品监督管理局打交道；物业的供水及污水排放等工作，分别需要与供水公司和污水排放监管部门及环境保护部门沟通联系等。

归根结底，高校后勤开展的所有工作都与教学科研工作及在校师生有关，都是为其服务的。后勤服务工作范围的广泛性，意味着在提供服务过程中，有更多的机会、更多的领域对学生思想、行为产生影响。所以说，后勤服务工作的育人范围具有广泛性。

3. 育人时间的持久性

高等学校大多数属于寄宿制学校，学生在校期间的学习、科研、文体活动、住宿、饮食、洗浴、购物等活动都离不开后勤的支持，可以说每位学生无时无刻不在接受着后勤的服务。高校后勤管理和服务是一项常抓不懈的工作，因此要依靠严格的管理规范，将育人功能有机融合，通过打造良好的环境氛围，施以影响，从而达到育人效果。俗话说："十年树木，百年树人。"教育作为一种培养人才的社会实践活动，其成果不是一蹴而就的，而是一个潜移默化、春风化雨的过程，需要循循善诱、言传身教，经过长期的积淀才能达到其效果。

后勤服务育人工作贯穿整个大学生涯，关乎学生的学习生活，影响着高校教育教学、科学研究的进行。在高校后勤社会化改革日趋成熟的今天，高校的发展仍离不开稳定的后勤保障，只要高校存在，后勤服务就将长期存在下去，而后勤服务的育人功能也将相伴永久。

4. 育人过程的实践性

学术性较强的课堂教学过程中，主要是以老师课堂口头讲授的形式获取科学文化知识、接受思想道德教育和劳动技能传授，以此来实现教学目标。与之相对的另一种是非学术性的教育形式，主要通过课堂教学过程中的示范和引导，来对学生进行道德教育。具体是指在传授专业知识时，教师的工作态度、治学的严谨程度、道德品质，甚至一言一行都会对大学生的心理产生刺激作用。在高等教育阶段，大学生虽已具备了部分民事行为能力，但其心理尚未完全成熟，思维模式尚未系统形成，仍具有很强的可塑性。高校教师的言语行为，会引发学生们的效仿，从正面影响而言，会促使大学生在价值观、生命意义、人格塑造等方面朝着积极的方向发展。这种示范性的作用不一定立竿见影，但久而久之，会发生质的变化，从而对大学生产生影响。

对于后勤工作的育人内容来讲，它不具备知识的系统性和学术性，而是贴近生活、符合实际的，具有很强的实践性特征。在学习环境、生活环境和校园文化氛围营造过程中，高校后勤通过有效地建立健全规章制度，不断用工作中的爱岗敬业的精神、热情周到的服务来感化学生，让学生感受人文关怀，从中受到启发；采用科学、规范化的管理模式，使其自觉养成良好的生活习惯。

5. 育人形式的多样性

后勤服务工作内容的多样性，决定了其在育人途径上的多样性与灵活性。其育人形式主要有三类：

第一类是大学生通过感官能够感受到的形式。如优美宁静的校园、宽敞明亮的教室，会给人以美的享受，促进其审美意识与审美观的培养与形成。又如，在教学楼里看到诸如"学习刻苦、认真钻研、尊师重教"等名言警句；在公共水房看到类似"节约用水，珍惜水资源"等节水标语；下雨天在宿舍门口看到"雨雪天气，当心路滑"等温馨提示，都会在潜意识里对学生的言谈举止产生影响。

第二类是参与式实践。经过亲身实践、亲力亲为，大学生会加深对事物、观念的感知度，从而悟出蕴含的道理。如让学生参与到后勤事务性的管理中来，协助宿舍管理员进行宿舍卫生检查与评比，协助物业公司完成校园及宿舍设备的报修、维修工作等。学生参加后勤实践的意义在于，体会管理工作的性质和作用，加深观念上的认识，锻炼能力，培养规范化意识。

第三类是通过言语、行为等无形的精神力量间接感染的形式。如以优质的服务感染学生，以勤恳、务实的工作态度感染学生，以克己奉公、廉洁自律的品质感染学生等。

此外，还有诸如公益讲座等多种形式的育人方式。后勤服务工作者应当勇于思考、敢于创新，创造性地开展育人活动，为大学生身心健康、正确行为习惯的养成尽微薄之力。

6. 育人效果的双重性

高校后勤服务育人工作应秉承服务育人、管理育人和环境育人的准则实施具体行为。后勤从业人员是育人工作开展过程中的主要力量，担当着重要的角色。员工在衣着、面部表情、工作态度、专业技术水平等方面呈现出的良好状态与积极的精神风貌等，会在学生的内心留下印记，有利于促进学生健康情感和良好习惯的形成，从而实现后勤服务工作育人的目的。反之，后勤工作人员消极怠工、不按时上下班、服务态度差，会对学生产生消极的影响。后勤服务工作的育人功能需要辩证来看，同时这也说明构建一支高素质的管理和服务团队的重要性。

第二节 新时代高校后勤服务育人的界定与意义

随着我国经济体制改革的深入和社会主义市场经济体制的不断完善，高校后勤社会化的改革也愈加深入，高校后勤在不断满足师生员工日益增长的服务需求的同时，其服务育人的特殊地位也逐渐引起了关注，其重要性与不可替代性日益凸显。当前高校后勤社会化改革已经进入了新时代，在新形势下后勤服务育人形成了学校后勤部门主导、社会企业协同、学生参与的新型模式，并且有了新的时代意义。

一、新时代高校后勤服务育人内容分析

随着时代的变化，"服务育人"被赋予新的内涵，即在高等学校育人环境内，学校教

育、管理、服务机构的全体教职工在日常工作中以育人为宗旨、以服务为手段，通过营造和谐、良好的生活、学习环境达到培养学生良好身心品质和行为习惯的目的。本书在综合服务育人内容研究成果的基础上主要从行为育人、环境育人、制度育人、文化育人、平台育人等五个方面，对服务育人内容进行了归纳。

（一）行为育人

高校后勤工作提供"服务"还要"育人"，工作的目的决定工作的内容。高校后勤的工作过程，是后勤职工与服务对象的交往过程。后勤职工干部的服务态度、工作作风、劳动技能、道德修养等都对大学生有着潜移默化的影响。一方面，后勤部门要在大学生远离了家庭的呵护和关爱后，主动提供亲情服务，给予学生无私的帮助，让他们在和谐温馨的氛围中，感受到学校这个大家庭的温暖，感受到无微不至的关怀，从而促进他们身心的健康发展和各方面能力的提高。比如逢年过节时，食堂供应一些节日菜肴；季节变换时，后勤适时检查、维修、配备一定的降温、取暖设备等。后勤职工在服务过程中表现出来的热情周到、关怀体贴能够激发学生关心他人、团结友爱、助人为乐、甘于奉献的道德情感。另一方面，后勤职工上岗时，着装统一整洁、举止文明、语言热情、打扮端庄，能引导学生注意语言美、行为美、仪表美，有利于学生文明生活习惯的养成；而后勤职工干一行、爱一行、专一行的敬业精神，以及以身作则、热情服务、诚实守信、克己奉公、脚踏实地的良好作风，也为学生树立了良好的榜样，学生在潜移默化间、耳濡目染中受到和风细雨般的道德洗礼，道德品质会得到进一步提升。

高校后勤服务者是高校后勤服务领域的教育者，也要按照一定的规章制度、道德修养标准来培育人才，塑造学生的灵魂，规范学生的行为，调动学生的积极性。高校后勤服务育人工作的特殊性决定了从事这项工作的教育者需要具有高层次的修养、基本的理论知识、高尚的品格、出色的语言表达和组织管理能力。服务者要用高尚的情操和规范的行为熏陶、感染学生。中华民族几千年的教育发展历史肯定了教育者的地位和作用。教育者在教育结构要素中最为重要，既是教育过程的引路人，也是教育过程的执行者。高校后勤服务领域的教育者决定了受教育者的教育方向、教育目标及教育管理活动等各方面内容。高校后勤服务育人是一项引导、改造受教育者的教育实践活动，高校后勤教育者在教育实施过程中通过严谨的工作作风、良好的教育形象、高尚的人格魅力起到的示范效应正面影响学生。优秀的教育者要经得起来自各方面的监督、考验，才能成为合格的高校后勤服务育人的教育者。

（二）环境育人

《晏子春秋》中提到，橘树生长在淮河以南就是橘树，生长在淮河以北就变成了枳树，它们结出的果实味道完全不同。不同的原因就是水土不一样。另外，还有"一傅众咻""孟母三迁"等典故也说明了环境的影响效果。环境是一种默默的但时刻产生影响效果的教育形式，在人格的培养、行为的塑造等方面施以综合性的影响，它对事物的发展变化、人的成长成才起到了不可忽视的作用,健康、良好的环境所起到的作用是不可估量的。高校作为社会文化的引导者和推动者,影响着大学生的成长进程,担负着向社会输出德智双全的全能型社会主义接班人的历史重任。"育人"作为高校教育教学工作的核心内容,必须以特定的环境为依托方能发挥作用,这类特定环境是需要高校后勤工作建立和营造的。

环境对人的成长具有不可抗拒的影响作用。环境作为一种社会存在和特定的时空,在很大程度上影响着人的观念和行为,对人的素质养成具有重要作用。环境中的各因素无时无刻不向大学生渗透着价值观念,引导和规范着大学生的思想和行为。大学生的成长往往是在环境背景下展开的,环境对学生的影响不是强制性灌输的,而是要通过后勤服务过程中的熏陶、感染、引导来实现的。

高校的学生公寓、教学楼、图书馆等建筑物作为高校育人工作开展的固有场所,具有一定的稳定性和相对静止性,对学生的影响是固定的,也是长期的。但长时间的接触会影响在校学生的审美,从而减弱了育人功能的效果。所以,高校后勤应根据实际情况适时地进行装修改造,提供良好环境,并在此基础上开展育人教育工作。如每学年认真制定校园环境建设规划,精心设计、规范施工,在绿化、美化校园的同时,突出校园的文化特色,重视人文内涵与校园整体规划的协调一致;做好教学楼、食堂等公共区域的卫生保洁工作,为师生创设"齐、洁、雅"的校园环境,从而为高校育人工作的开展创造良好的育人氛围。

(三)制度育人

制度育人是指高校后勤部门根据国家的方针政策和自身的实际情况,制订一系列的规章制度,通过领导决策、目标管理、计划组织、指挥执行、协调控制等将后勤工作落实到为教学、科研和师生生活提供后勤服务上,通过科学有效的管理措施,实现育人目标。

政府相关部门在服务公平、服务创新等方面都需要进一步出台和完善有关法律法规,建立现代服务制度。同时,高校后勤的工作人员还担负着对大学生的服务、管理的多重任务,在工作中遇事要秉公处理,严格遵照法律法规办事。具体而言,高校后勤在服务育人的过程中彰显"人文关怀"的同时,还应体现"严格管理,制度先行"的内在要求;在加强学生道德修养的过程中,配合学校做好法制宣传教育,弘扬法治精神。高校后勤教职员工,应以身作则倡导全校师生"崇德守法",将"法治建设与道德建设""他律与自律"紧密结合起来,做到法治和德治相辅相成、相互促进,营造高校校园"全面推进依法治国"良好氛围,为全面推进依法治国培育合格的接班人打下坚实的基础。另外,加强高校后勤管理、提高服务质量,也离不开制度保障。在服务管理中,学校按制度要求管理高校后勤,就是按照科学合理的制度规范高校后勤各部门、各企业、各员工的工作与行为。

(四)文化育人

1. 校园文化

高校校园文化,是指高等院校在长期办学实践过程中,全体师生共同积累和创造并逐步形成的集教学科研、教育思想、制度政策、生活娱乐、办学规模、环境建筑等多种因素于一体的群体文化，间接反映了学校和师生员工共同的思维方式和价值取向。高校校园文化包括学校历史文化、校园物质文化和精神文化。学校历史文化是大学发展轨迹的真实记录，是大学精神、文化与传统的传承及延续，它既是一种发展历史，也是一种校园文化。学校历史是校园文化的脉络，而校园文化则是学校历史的内涵所在。学校历史与校园文化之间相辅相成，互为载体，共生共存。学校历史属于一种特殊的文化表现，并不是作为单一文化现象存在的，它渗透在校园文化发展的血液之中，记录在学校历史的伟大丰碑上，是一种永恒的历史文化。另外，学校历史文化是一种文化产业链条，学校历史文化承载着传承文化、传承历史、全面继承、发扬光大等功能，是一种独立存在于历史文化发展中的文化。

高校校园物质文化主要包括两个方面：一是实体方面，包括校园建筑、基础设施、校园景观、校园娱乐设施、休闲娱乐平台等。这部分校园文化给予高校所独有的文化底蕴，直观地体现了整个学校校园文化和教学宗旨，迎合了"以景育人"的教育思路。二是潜在方面，包括师资力量、专业配备、文化培养等潜在的教育内容组建的高校校园物质文化。物质本身不属于文化范畴，但物质文化是由人的主观意识形成的。后勤建设将带有预期设计和布置的思想、情感、精神内容作用于校园物质文化建设之中，既美观实用，又能帮助师生更好地教学生活，有利学生的身心发展。

高校校园精神文化是由高校长期发展、磨合、积累、沉淀形成的文化成果和精神观念，是校园文化组成部分的价值链条。校园精神文化是校园文化的核心，集中体现了高校办学理念和育人宗旨。校园精神文化主要表现为校训、核心价值观、道德观、文化观、思维方式、心理活动、精神信念等，是高等教育文化中的隐形文化，是高校最为宝贵的无形资产。高校校园精神文化对校园多个方面产生着潜移默化的深远影响，同时也是被公认的校园文化的核心和灵魂，是校园文化中最深层、最本质的部分。

2. 企业文化

在当前后勤深度社会化的工作背景下，社会企业成为高校后勤服务育人的重要组成部分，因此服务于高校后勤的社会企业文化也显得尤为重要。

高校后勤服务的社会企业既有经营服务属性，又有教育属性；既带有浓郁的高校气息，又兼具企业特色；既要合理兼顾与保留校园文化的管理规范功能、渗透熏陶功能、传播功能、辐射功能和育人功能，又要追求企业文化的团队协作观念、人本观念、市场观念和服务观念；既要遵循经济规律，又要遵循教育规律。高校后勤服务的社会企业作为服务型企业，直接面对广大师生，它的服务对象是师生、教学及科研单位这三个确定的集体，同时承担着通过管理和服务开展育人工作的重要功能。高校后勤服务的社会企业通过企业文化建设，打造旨在提升服务育人能力的核心竞争要素。在内部树立共同的价值观念、企业精神、企业道德、竞争观念以及创新思维等，对外提供一流的产品与服务及树立良好的

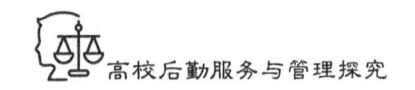

企业形象等，对师生员工产生潜移默化的影响与道德升华，形成一种积极、健康的氛围，与师生员工实现人生观、价值观、世界观上的互动，切实实现育人功能。

（二）平台育人

1. 完善现有管理平台

在目前后勤深度社会化的背景下，高校后勤部门管理人员不直接参与后勤服务育人的工作，但其作为后勤机构的管理者和组织者，是政策制定的决策者和政策落实的督办者，在后勤服务育人过程中起到关键作用，直接关系到后勤服务育人工作的质量和效率。因此，高校后勤急需培育一支既了解教育发展规律又了解当代大学生个性特征，既具备一定的文化素养又掌握现代企业管理知识的管理队伍。在后勤管理方面，高校后勤要转变传统旧观念，树立与时俱进的科学管理理念和人才理念，在后勤全体成员范围内树立服务育人的使命感；通过开展专业性培训，如专家授课、实地考察、素质拓展等方式，使管理者充分了解后勤企业的管理方式，在正确理解政策的同时，能够具有发现问题、解决问题的能力。因此，管理者若要成为一名优秀的后勤工作人员，必须深刻学习和了解高等教育及高校后勤的特殊属性，严格要求自身，不断提高自身的综合素质水平。

社会企业的服务从业人员，每天都在为学校教学科研活动的顺利进行、为全校师生的正常生活提供着大量服务，通过把学校食堂、学生宿舍、教室管理、卫生保洁、安全防范、教师公寓管理等服务渗透到师生生活的各个领域，巩固并利用好现有的管理服务的这个平台进行潜移默化的育人活动是可以有很大作为的。高校后勤的服务队伍是直接从事后勤服务工作、开展服务育人的主要载体，然而目前大部分后勤基层服务人员的受教育程度、知识素养及能力水平均普遍偏低，社会经历参差不齐。而与此相反，他们所面对的服务对象是掌握丰富知识、具有较高学历、正在接受高等教育、社会经历相对缺乏的大学生群体。服务对象的特殊性对高校后勤人员的服务意识和育人能力提出了更高的要求，需要后勤服务人员不断结合岗位特征，提高专业岗位技能，掌握沟通技巧，了解大学生的心理状态，尽量消除代沟，才能更好地与大学生交流，在潜移默化中对大学生的成长产生积极影响。首先，高校后勤在引进和聘用后勤从业人员时，要严格把关，层层考核，坚持选人用人原则，引进高素质、高技能人员。其次，后勤部门要联合社会服务企业采取多种形式，对后勤服务人员进行职业道德和文化知识培训，提高其文化知识和专业知识水平，提升后勤服务人员的工作能力，同时提高他们的道德修养，激发服务热情，使其自觉树立服务育人意识，不断提升服务育人能力。同时后勤服务人员还需改善服务态度，展示热情周到、文明礼貌的服务言行，在与学生面对面的交流中，以其服务态度和言行举止，使学生耳濡目染，逐渐形成文明礼貌的行为习惯。

2. 创新特色服务平台

沟通是高校后勤开展服务育人的重要途径，高校后勤从业人员在沟通过程中，有意识或无意识地将自己的思想传递给被服务者，达到育人效果。所以，作为大学生生活服务的提供者，高校后勤应该始终坚持做好与大学生的交流沟通，拓展互动沟通的平台和渠道，肩负起服务育人的重要使命。

后勤部门利用现代信息网络技术，搭建新型信息服务平台，及时广泛地宣扬后勤服务观念，宣传后勤新动态，并充分发挥高校网络教育特征，坚持"趋利"与"避害"相结合、"扬长"与"避短"相结合、"管理"与"疏导"相结合、"教育"与"服务"相结合，积极主动开展教育、引导、管理和服务工作。后勤部门要通过设立微信公众号等，利用师生常用的交流软件，为师生提供便捷的监督及意见反馈渠道，虚心听取师生对后勤服务工作的意见和建议，积极解答师生提出的共性问题，让师生充分了解、理解尊重后勤工作。另外，后勤部门还要开放多层次工作沟通平台，建立共享信息管理制度，打造一种记录事件信息的共享信息管理平台，方便各层教职工了解后勤工作的动态及事件的解决方案。

高校后勤还要联合参与后勤服务的社会企业，开展多样化的交流沟通活动，诸如召开学生座谈会，鼓励学生参加后勤管理，帮助他们提高"自我管理、自我教育、自我服务"的能力。总之高校后勤要积极搭建与学生相互尊重、理解、沟通的交流平台，运用各种手段措施，实现服务育人功能。

二、新时代后勤服务育人研究的思路

（一）后勤服务育人架构

在后勤服务育人发展的不同历史阶段，后勤服务育人的架构也随之发生变化。在改革开放前，高校建立了适应计划经济的"供给型、福利型"高校后勤保障体系，此阶段服务育人主体为高校后勤与高校学生。改革开放之后，高校后勤掀起了社会化改革浪潮，高校后勤部门开始从高校行政部门剥离出来，形成事业与企业相对分离的企业化或半企业化的经济实体为高校提供后勤服务，实行"面向市场，有偿服务，自负盈亏，自我发展"的高校后勤保障体系。随着后勤改革的进一步展开，服务实体不断发展，后勤服务育人工作的作用日益凸显，因而此阶段后勤服务育人主体为高校后勤、服务实体与高校学生。随着高校后勤社会化改革不断深入，在"大后勤"的背景下，形成了市场提供服务，学校自主选择，政府宏观调控，行业自律管理，职能部门监管的新型后勤服务模式，服务实体和外来公司根据市场经济规律形成社会企业，为高校后勤服务提供更优质、更专业的保障工作，参与后勤服务育人范围不断扩大，此阶段后勤服务育人主体为高校后勤、社会企业与高校学生。因此，本书为系统地研究后勤服务育人的理念与目标，以高校后勤、社会企业与高校学生为三大主体，提出构建高校后勤服务育人共同体。

（二）后勤服务育人机制

"机制"一词在不同领域、学科、视角下，因其界定的依据不同，所产生的定义就不同。从词源来看，"机制"一词源于希腊文，意指机器、机械，通常用英文 mechanism 或 regime 来表示。在《牛津现代高级英汉双解词典》中是这样下定义的：mechanism 多用来

指机械系统各部分之间的构成要素及其相互制约的关系；regime 多指一种固定的模式、一种统治或行政管理方法等。《辞海》将"机制"定义为"机器的构造和动作原理"。《现代汉语词典》从四个方面对机制加以界定："机器的构造和工作原理；机体的构造、功能和相互关系；某些自然现象的物理、化学规律；泛指一个工作系统的组织或部分之间相互作用的过程和方式。"在社会科学研究中，机制是指事物或系统内部各要素之间相互影响与相互作用的方式、结构和功能。而长效机制就是指一种使事物内部各要素能长期保证稳定、正常运转并能发挥其预期功能的系统体系。长效机制的运行因具体事物的实现途径和方法而异，因而它并不是长效而久用的，它会随着时间、条件的变化做出具体的改变，从而不断丰富、发展和完善。

本书从后勤服务育人共同体运行的动力驱动机制、决策保障机制、监督反馈机制等方面提出了"一体两翼"的运行模型，并搭建了具体实现平台，给出了现实层面的实现渠道，以促进高校后勤服务育人目标的实现。

三、新时代后勤服务育人研究的意义

高校后勤服务育人不是空洞的宣传口号和抽象的工作原则，而是高校育人工作的重要组成部分。它以后勤服务作为载体，以育人为出发点和归宿，已经成为新时期高校后勤管理的宗旨和社会化改革的方向。对后勤服务育人理论和现实意义的研究是深刻认识服务育人重要地位、明确服务育人独特的教育功能、引导服务育人实践深入发展的重要举措。

（一）理论意义

随着高校后勤社会化改革不断深入，高校后勤相关研究不断发展，"服务育人"早已引起了学术领域广大学者和后勤工作者的广泛关注。然而，由于"服务育人"概念的抽象化，许多研究对于服务育人的主体、对象及服务育人实施途径与方法的认识较为零散，且不成系统，导致服务育人的主体不明、内容过泛、介体错位等问题的出现，进而制约和影响了高校后勤服务育人职能的充分发挥。例如：主体不明，把服务育人的主体放在教师的位置，抑或把教师归为服务育人的行列；内容过泛，育人内容几乎包括了高等学校教育的全部内容——德智体美劳、智商与情商，这些看似全面的内容界定，反而冲淡了后勤的服务育人的特征；介体错位，将开展教学实践环节作为高校后勤进行服务育人的方法和手段，混淆了后勤部门和其他高校部门的职能。本书通过梳理、分析现有研究成果，厘清高校后勤服务育人的概念、特征及发展历程，结合典型案例分析，提出并构建了高校后勤服务育人共同体，分析了后勤服务育人长效机制的建设，形成可参考、可借鉴的后勤服务育人长效机制建设系统理论，从理论层面对后勤服务育人这一实践性工作进行了富有时代性的全面、系统的阐释，对于高校后勤服务育人理论研究起到了重要的补充作用。

（二）现实意义

1. 充分发掘高校后勤教育资源的根本要求

高校后勤服务育人工作需要个体组成要素之间的共同作用，在后勤实际工作中，深入

了解目标体系、内容体系、保障体系、评价体系等方面内容。通过考察、分析、研究，建立有效的沟通机制和多方位对话的平台。在平台上研究问题、解决问题，做到大小问题及时商议、及时处理、及时整改，给高校后勤育人工作最强有力的改革动力，充分调动起学校不同层面教职工的育人积极性，将高校育人、高校后勤服务育人更好地落到实处。高校服务育人体系的建立是一个复杂的过程，秩序保障是前提条件，虽然现有后勤管理模式丰富了后勤服务育人的方法和形式，但是没有制度保障就像没有灵魂的空壳，所以建立保障制度是实现高校后勤服务育人工作目标的必要条件。高校后勤服务育人体系的建立要根据学校自身的条件来制定和设计执行方案，突出学校自身的针对性、时效性、可执行性，保障制度的制定是学校领导——相关职能部门——后勤职工——后勤服务人员——学生等自上而下和自下而上的闭环过程，通过制度加强各部门相关人员信息的沟通，完善信息互通渠道，加强各部门之间的协作。明确领导值班责任制，面对偶然的突发事件快速组成应急小组，统一指挥，各个相关部门积极配合、自觉落实好共同拟定的实施方案。

后勤服务育人的实践过程，使广大后勤从业人员对后勤工作的认识产生了质的飞跃，强化了后勤职工的主人翁意识，使他们认识到后勤工作并不是单纯的事务性工作，而是一种可以创造社会价值的劳动。后勤工作人员和教师、党政干部一样，都是教育工作者，都担负着为国家培养合格建设者和可靠接班人，促进大学生全面发展、成长成才的神圣使命，这极大地增强了后勤职工做好本职工作的责任感、荣誉感和使命感，使他们脚踏实地、无私奉献、任劳任怨地在第一线开展工作，有力地推动了高校后勤工作的高质量发展。后勤育人的实践过程进一步密切了后勤工作人员与在校大学生的关系，后勤人员将单纯的服务与被服务的关系转化为同志关系、朋友关系、师生关系，从而使后勤人员能够以一个师长、长辈的身份来关心、帮助学生，同时也要求学生以对待老师、兄妹、师长那样对待后勤人员，尊重他们的劳动，支持他们的工作，从而在双方之间形成一种民主平等、团结互助、亲密无间的新型关系，有利于后勤工作的顺利开展；后勤服务育人意识的增强对后勤队伍自身建设也提出了更高的要求，后勤领导成员要更新观念、带好班子、搞好服务；后勤员工要虚心学习技术、不断提高自身修养、积极提供优质服务，切实把育人目标深化到后勤工作的全过程，有利于后勤部门管理的科学化、制度化、法制化，从而推进高校后勤工作再上一个新台阶。

2. 全面引导社会企业协同育人的客观要求

新时期，高校后勤逐步深入推进社会化改革，更多地引入优秀社会企业为高校后勤提供服务，引入的社会服务企业必然会按照市场规律来配置资源，这样就不可避免地掺杂了竞争意识、金钱意识，使服务内容和形式带有了商业化和功利化的特点，从而出现了背离高校以人才培养为中心的倾向，这就影响了高校育人的整体效果。因此，后勤服务育人长效机制要求后勤部门要不断强化育人意识和育人功能，引导社会服务企业把社会效益和育人功能放到追求经济效益的全过程和优先地位，保障后勤服务的健康、有序发展，保障后勤服务育人的根本宗旨不发生变化，最终实现"教书育人，管理育人，服务育人"三者的有机协调配合。

在后勤社会化改革不断深入的进程中，高校后勤部门应引导社会服务企业将服务和育人作为企业文化的价值选择，这既是适应新形势、新任务的要求，也是贯彻落实党中央《关于进一步加强和改进大学生思想政治教育的意见》（以下简称《意见》）要求的重要举措。《意见》指出："后勤服务人员要努力搞好后勤保障，为大学生办实事办好事，使大学生在优质服务中受到感染和教育。"社会服务企业在为教学、科研和师生生活提供服务的过程中要体现育人功能，处理好服务与育人的关系：服务是形式，育人是目的，服务要立足于育人，要始终把育人放在首位。只有引导社会服务企业通过优质的服务、高尚的职业道德、良好的形象来感染、激励学生，才能实现后勤服务育人的最终目的。首先，高校后勤部门应引导社会服务企业通过企业员工热情优质的服务，通过其员工的表率作用与优良作风，忠于职守，以身作则，言传身教，最终达到育人的良好效果。企业员工通过在各自岗位表现出的任劳任怨、吃苦耐劳、关心他人、乐于奉献、不图名利的良好思想与高尚品质，感染大学生，通过言传身教对大学生的思想行为产生潜移默化的影响。其次，高校后勤部门与社会服务企业联合制定的各项服务内容及规章制度，既能够维护教学科研的秩序，又可以培养学生的纪律性与责任感，同时又可以要求社会服务企业认真落实执行，严格遵守纪律，加强管理，不折不扣地按章办事。最后，高校后勤部门协同社会服务企业有计划、有目的地组织学生参加校内公益劳动、参与后勤管理工作，可以培养学生的社会活动能力，从而达到学生自我管理、自我服务、自我教育（以下简称"三自"）的目的，组织学生参与后勤相关部门民主管理，如伙食管理委员会、宿舍管理委员会等工作，让学生在"三自"中树立正确的利益观与价值观，实现后勤服务育人的目的。因此，引导社会服务企业员工要以"教师"的要求为标准，深化服务内容，拓展服务空间，开展主动式、感动式、全程式服务，不断加强自身的思想道德修养，努力为学生提供优质高效的服务，把服务育人自觉地寓于后勤保障工作的全过程。

3. 不断促进大学生全面发展的内在要求

人才是社会发展、国家进步的重要基础和支撑，高校作为人才培养的前沿阵地，对国家或地区综合实力和竞争力的影响程度越来越大，培育优秀人才是高校教育的重要职责。实现中华民族伟大复兴的中国梦，需要的是高水平、高素质、具有创新意识的专业化高端人才。因此，高校的社会职责可以概括为：通过教育教学活动和科学研究工作，培养综合素质高、专业能力强的合格人才；通过思想教育、政治教育、文化传承和人文关怀等达到对人才德育培养的目的。因此，高校想要达到上述培养目的，便离不开后勤服务工作强有力的支持保障，可以说后勤服务工作是完成各项工作和任务的"先行者"。

教育的目的是要规范学生的行为，使他们形成正确的人生观、价值观。教师的课堂教育是培养人才的主要途径，但课堂外的大量时间和空间，使得高校教育出现了一定的"真空",而后勤员工是学生在课堂之外接触最多的学校工作人员,这就要求后勤员工也要承担一定的教育职责,因此,重视后勤服务育人工作成为必然。实践中,后勤部门多种教育载体的运用,也为学生提供了获取多种知识、实践多种技能的机会,学生学习的课堂知识能够学以致用,这使得后勤服务育人的重要性不断加强,成为学校教学育人和思想政治教育的重要补充。后勤工作人员是不上讲台的"老师",是服务育人的"老师"。高校后勤不仅是高校事业全面发展的重要保障,更是培养综合素质人才的第一战线,是对学校教书育人的必要补充。

后勤社会化改革以来,后勤全体同仁积极努力,高校后勤事业取得的成就有目共睹,后勤服务工作支撑有力,高等教育事业取得了飞速发展,国民素质和教育程度大幅提高,大量高校毕业生走向工作岗位,在各行各业发挥着积极作用。可以说,这些大学生的成长,归功于高校全方位的培养,与后勤提供的坚强保障和后勤育人的成果也密不可分。不少大学生毕业后多年,最难忘的不仅是在课堂学习的经历,更是在宿舍、校园与日常生活相关的点点滴滴。因此加强后勤服务育人功能,充分发挥后勤对大学生的育人作用势在必行。

第三节 后勤服务育人共同体的构建

一、现代大学后勤服务育人目标的提出

(一)现代大学后勤服务育人目标的形成背景

要办好人民满意的教育。要全面贯彻党的教育方针,落实立德树人根本任务,发展素质教育,推进教育公平,培养德智体美劳全面发展的社会主义建设者和接班人。这是新时代赋予高等教育育人工作的重要使命,是高等教育育人的重要目标。大学后勤服务育人作为高校"教书育人,管理育人,服务育人"的有机组成部分,承载了相应的育人使命,也面临着进一步明确育人目标的客观需求。

随着高校后勤社会化改革的不断深入,作为高校改革的排头兵,现代大学后勤工作面向社会、服务师生,全方位、多渠道、多元化整合资源,不断深化服务市场改革,深耕服务育人事业,积累了较为丰富的实践经验,形成了独具中国特色的高校后勤社会化改革成果。在经验和成果积累的过程中亟待明确其特有的育人目标。

(二)现代大学后勤服务育人目标的分析

高校后勤服务育人工作是高校育人,特别是服务育人的重要组成部分。大学后勤以其特殊的工作岗位和独特的育人方式,为培养社会主义合格人才做出了应有的贡献。现代大学后勤服务育人目标主要包括以下五个方面:

1. 树勤俭之"德"

"艰苦奋斗"是中华民族的优良传统,贯穿于自古及今中国社会发展的始终。它是一

个历史范畴，在不同的历史时期，有不同的内涵。进入新时代，全国高校大力推行节约型校园建设，倡导低碳绿色生活。校园内"节约用水、用电"等宣传标语，让学生深受感染。学校通过制定节水、节电的规定和办法，如"定额管理，超用付费"的管理办法，培养学生的节能习惯。后勤在服务学生的过程中，使学生随处可见后勤维修人员精打细算、做好零星维修工程的事例。此外，后勤部门会经常提供一些岗位让学生通过实习或勤工俭学，在劳动的过程中逐渐培养勤劳朴素的工作作风及认真负责的工作态度。通过几年的大学生活，大学生能够意识到节约是美德，节约是责任，意识到这种美德与责任的培养要从现在做起，从点滴做起，从自身做起。

2. 炼坚韧之"智"

坚韧之智倡导的是大学生走入社会后，拥有生存生活能力的智慧。现代大学后勤保障部门为大学生提供很多参加劳动、实习或参与管理的机会。比如：①在学生宿舍设立楼长和宿舍长，配合后勤部门管理辖区内的后勤事务；②在食堂设立由学生担任的大堂经理，协助管理学生的就餐；③在后勤岗位中寻找一些合适的岗位提供给贫困学生勤工俭学；④在学生中组织建立伙管会、宿管会等组织，由学生作为督察员检查后勤服务政策的实施，并拥有一定的建议权和奖惩权，在后勤服务中充分体现服务对象的意志。学生在后勤服务实践中塑造形成的"三自"能力（自我教育、自我管理、自我服务），有助于他们塑造坚韧的性格，提高适应社会生存与生活的能力。总之，学生通过"三自"活动，既能体会到后勤服务的艰辛，也能够锻炼意志，攻坚克难，不断提高未来走向社会的适应能力。

3. 育健康之"体"

健康的身体素质是高校学生正常开展学习、科研活动和服务社会的基本条件。我国历来重视学生身体素质的培育和发展工作。近年来，团中央、全国学联、教育部、体育总局联合开展的"三走"活动，切实体现了国家对于高校学生身体素质发展的重视。后勤服务育人在培养高校学生身体素质的过程中发挥着重要作用。首先，后勤保障工作提供的饮食服务直接关系到学生身体健康的发展。后勤为学生提供卫生、营养的饮食，对促进学生身体素质的发展起着最直接、最关键的作用。其次，后勤服务育人过程中能够为学生提供体育锻炼场所、器械等如各类体育场馆、运动器械等，有助于提高学生参与体育锻炼的积极性，丰富学生参与体育活动的方式，为学生体育锻炼提供专业、科学的辅助功能。再次，后勤服务育人为学生身体素质的提高提供良好的体育锻炼氛围，发挥环境育人的作用。例如高校后勤服务育人过程中积极参与高校学生"走下网络，走出宿舍，走向操场"的体育锻炼活动，能够活跃高校体育氛围，发挥润物无声的环境育人作用，对于高校学生身体素质的提升具有重要作用。

4. 养向善之"美"

向善，就是积极主动地追求自己与他人、社会、自然的和谐，这是人类德行追求的必然，更是新时代环境下大学生适应社会发展、实现社会价值的素质追求。现代大学后勤保障工作通过各种途径培养大学生爱岗敬业精神,塑造大学生文化自信,培养大学生正确的人生观、价值观和世界观。高校后勤部门员工恪尽职守,具有良好的职业道德和工作责任感,全心全意地为学生服务,具有较强的全局观念和爱岗敬业精神。工作人员具有良好的敬业精神和职业操守,才能在服务育人过程中使学生感到温暖舒心。时常打扫营造出的舒适整洁的校园环境,百呼不烦、随叫随应的公寓服务,不同层次的营养丰盛且价格实惠的食堂饭菜,无不体现着后勤工作人员全心全意为广大学子服务的意识和态度。这种主动、热情、礼貌、友好的积极态度和文明的服务形象,都是一堂堂生动、形象、精彩又成功的爱岗敬业课。长时间的感染和熏陶,必然使同学们懂得无论身兼何职、人在何位,都应懂得"没有最好,只有更好"的道理。同时,高校后勤通过一系列反映"善行善举"的可行措施和动人故事,积极展示大学精神面貌,将校园文化潜移默化地传递给学生,形成强大的精神动力,触动学生的"爱校荣校"情怀。后勤保障部门提供的学生学习和休息场所都体现着学校文化风格,在学校各种服务设施上都展示着校训、校风文字表述,在学校现实和虚拟(校园网络)空间都散布着反映大学精神的符号,甚至是直接放置刻画校训的牌匾实物等,这些都能够让学生受到形象直观的教育。

5. 扬诚信之"劳"

"劳"的指标重新回归到教育全面发展的评价标准之中,这也是我国进入到高质量发展阶段的时代要求。劳动精神在产业发展中直接表现为工匠精神。工匠精神强调产品精雕细琢,精益求精。工匠精神凝结了严谨的科学精神,是诚信品质的具体体现。扬诚信之"劳"反映到高校后勤服务育人目标上,即塑造诚实守信、一丝不苟、精益求精的新时代大学生。在我国社会经济要实现高质量发展及实现从大国向强国迈进的过程中,高等教育承担着培养"诚信之人"的重要职责。

恪守诚信是中华民族的传统美德。然而,随着市场经济的快速发展,特别是后勤社会化改革以来,大学校园里不时上演着思想物化、行为异化等失信之举。大学生群体由于思想不成熟、内在意志薄弱、诚信意识缺乏等原因,对诚信价值认知常常出现偏差,做出失信行为。为了大学生的健康成长,高校后勤应充分发挥服务育人"重要阵地和首要平台"的功能,寓诚信教育于服务保障工作之中,引导大学生树立诚信意识、践行诚信行为。

首先,要加强校园诚信文化建设。校园文化是大学生德育工作的重要载体,高校后勤应充分发挥校园文化的育人功能,唱响时代主旋律,把中华民族崇尚诚信的传统美德融入其中,以丰富多彩的校园文化活动形式和文化景观加大诚信教育力度,培育诚信理念,营造崇尚科学、严谨求实、善于创造的良好校园风貌,营造健康、积极向上的育人氛围。

其次,要建立信用评价体系与失信惩罚机制。学校应根据学生的特点,确立相应的诚信评估标准,将诚信评价链条延长至高校后勤,形成学校育人体系中一套全面系统的诚信评价链条。通过运用诚信评价体系,可以考核学生在校园教学活动之外的诚信行为,并将结果记入学生个人诚信档案,作为全面考核学生的重要依据。同时,要把监督教育和处罚结合起来，促使大学生把诚信意识和诚信行为统一起来，建立健全失信惩罚机制，让那些失信的学生及时尝到失信的后果而遵守诚信做人的道德底线，使大学生懂得"诚信"是立人之本、成业之根、德行之基。通过完善后勤服务育人领域的"全链条"诚信服务育人机制，培养具有诚信美德、主动为建设诚信社会做贡献的高素质的文明大学生。

（三）现代大学后勤服务育人目标

高校后勤服务育人目标的制定既要具有高等教育育人目标的普遍性，又应具有高校后勤服务保障工作的特殊性，同时能够体现其以生为本、服务至上的时代性。进入新时代，服务育人的对象、服务育人的需求不断发展变化，这就要求高校后勤审时度势，更新观念，不断明晰后勤服务育人目标的内涵与特色，以其独特的育人方式，更好地为培养德智体美劳全面发展的社会主义合格人才做贡献。

新时代赋予了后勤服务育人工作新要求。在持续创新发展的进程中，针对高校后勤社会化改革的新动向与新时代背景下高校大学生的新需求，现代大学后勤服务育人的目标是：深化后勤社会化改革，整合参与高校后勤服务所有要素，提高服务育人的质量，培育"勤俭、坚韧、健康、向善、诚信"的新时代大学生，促进高校学生德智体美劳全面发展。

二、现代大学后勤服务育人共同体的提出

（一）后勤服务育人共同体的概念

高校后勤服务育人共同体，是以促进高校学生"德智体美劳"全面发展作为共同目标，由高校后勤、社会企业、高校学生"三位一体"共同构成，具有明显的整体关联性、动态平衡性与可持续发展性特征，通过动力与驱动机制、决策与保障机制、监督与反馈机制，发挥高校后勤主导性作用、社会企业协同性作用和高校学生参与性作用，促进高校后勤服务育人效益提升，由此构成的一种积极有效的育人系统。

（二）后勤服务育人共同体的架构

基于协同治理理论及共同体理论，高校后勤服务育人共同体得以成立，即高校后勤行政部门、社会企业、学生受众作为参与主体，共同形成了高校后勤服务育人共同体概念模型。

这一模型整体呈现为圆形，由"高校后勤、社会企业、高校学生"三个独立个体构成，每个独立个体又分别由若干因素构成。三个独立个体因主导性、协同性、参与性功能定位相互串联，各方向线条箭头分别代表了两两主体间的相互关系。串联的三个个体形成了一个有机整体（阴影部分），即为三位一体的"后勤服务育人共同体"。整个模型阐释了后勤服务育人共同体的因素组成与功能关系定位，是基本概念的形象表达。

在"三位一体"的架构中，高校后勤具有主导性作用，通过自身行为，分配资源，设计补偿系统，驱动企业组织为其利益行动，监督社会企业组织提供更加优质的服务。在专业分工的条件下，社会企业发挥协同性作用，协助高校后勤行政部门完成工作任务并从中

获得利益，同时代替高校后勤部门承担约定服务内容，为高校学生提供优质服务，实现应有的育人目标。高校学生作为接受服务者，是育人效果的直接反映者，是搭建高校后勤行政部门与社会企业之间信息反馈、信息监督联系的重要媒介。

共同体各参与主体的思想与行为都是建立在自身利益基础上的，而构建育人共同体的关键便在于通过各个主体之间的多元互动，均衡参与主体间利益，在实现各主体利益的基础上，最终实现共同利益的最大化。

（三）后勤服务育人共同体参与主体性质分析

1. 高校后勤主导作用的发挥

在国家治理能力、治理体系现代化的要求中，要求政府组织推进简政放权、构建事中事后监管体系、优化法治环境、建设多方参与的社会治理体系，不断提高党和国家机构的履职能力和水平，创造更加公平正义的社会环境，保证人民平等参与、平等发展的权利，实现好、维护好、发展好最广大人民根本利益。

高校后勤部门在基于协同治理理论基础上构建的高校后勤服务育人共同体中具有政府组织的作用。高校后勤部门在高校后勤服务育人共同体中发挥主导性作用，通过自身积极作为，分配资源，推行简政放权，推进后勤服务社会化进程，监督社会企业的服务行为，为社会组织参与高校社会化工作、高校服务育人工作创造公平正义的环境，提升行政效率，提高服务师生的能力，确保后勤服务育人目标的实现。

2. 社会企业协同能力的提升

高校后勤通过购买的方式将社会企业引入服务育人共同体中，承担高校后勤的部分服务职能。社会企业作为高校后勤服务育人共同体中重要参与主体，在高校后勤的监督、指导下发挥协同性作用，并在做好不同领域项目服务工作中发挥促进服务育人实效的提升、展现服务育人的核心能力。

在专业化分工不断加剧的背景下，高校后勤服务育人共同体中的社会组织坚持社会属性，为服务对象提供优质社会服务，满足高校后勤的迫切需求。作为服务育人共同体中的组成部分，社会企业应不断创新商业模式，将服务育人能力作为企业核心竞争力进行培育，按照市场机制运作，实现合理盈利，兼顾社会效益，不断提高服务师生的能力和可持续发展的能力。

3. 高校学生参与意识的增强

高校学生在基于协同治理理论基础上构建的高校后勤服务育人共同体中具有社会公众作用。我国著名学者俞可平指出，从全社会的范围看，善治离不开政府，但更离不开公众。善治有赖于公众自愿的合作和对权威的自觉认同，没有公众的积极参与和合作，至多只有善政，而不会有善治。社会公众在整个治理体系中发挥着重要作用，并与政府组织和社会企业组织之间存在密切的直接联系。

高校学生在高校后勤服务育人共同体中积极发挥参与性作用，是高校后勤部门与社会企业的直接服务对象。高校学生是育人共同体育人效果的直接反映者，作为社会企业服务对象，高校学生整体素质的提高与否，能够有效反映社会企业的服务质量优劣。同时，高校学生作为信息反馈者和监督者，为高校后勤部门更好地发挥行政主导作用提供了重要依据。因此，高校学生在服务共同体中的参与度在很大程度上决定了育人共同体效果的发挥。

（四）后勤服务育人共同体的特征

1. 整体关联性

系统观点的重要内容就是整体性原理或关联原理。从哲学上说，所谓系统观点首先表达了这样一个基本思想：世界是关系的集合体，而非实物的集合体。整体性原则是系统科学方法论的首要原则。它认为，世界是关系的集合体，根本不存在所谓不可分析的终极单元；关系对于关系物是内在的，而非外在的。整体性原则要求，我们必须从始至终立足于整体，通过对部分之间、整体与部分之间、系统与环境之间的复杂的相互作用、相互联系的考察达到对对象的整体把握。

在研究现代大学后勤服务育人过程中，始终将由高校后勤部门、社会企业、高校学生组成的集合体作为整体来考虑，即形成了高校后勤服务育人共同体。上述共同体中的三大主体之间存在着不可分割的联系，三者之间的相互作用、相互联系促成了整体作用，即共同体作用的发挥。

现代大学后勤服务育人共同体是促进高校教育目标实现的不可分割的整体，构成共同体的三大主体之间存在着不可分割的联系。

（1）参与主体具有相同的育人目标

组成育人共同体的三大主体都具有明显的不同属性，高校后勤具有一定的政府属性，社会企业具有企业属性，高校学生具有社会公众属性，不同的属性使得每个主体都有符合自身属性的独特的利益追求。但在共同体这个整体内，参与主体形成了统一的目标，即实现高校后勤服务育人的目标。在共同体整体概念内，参与主体在努力实现共同目标的要求下，更容易找到三者之间的利益均衡点，最终实现自身利益的最大化，实现互利共赢。

（2）参与主体共同参与育人长效机制构建

育人共同体中的三大参与主体与协同治理理论中参与主体多元化的基本特征相吻合。治理能力与治理体系的现代化要求政府组织、社会企业、社会公众共同参与国家公共事务。在高校育人共同体的建设中，高校后勤发挥主导性作用、社会企业发挥协同性作用、高校学生发挥参与性作用，在运行机制的驱动下开展多元互动，实现共同体育人长效机制的构建。

（3）参与主体可实现资源共享

高校后勤服务育人共同体之间可以实现彼此资源的共享，高校后勤部门所具备的物质与信息等资源、社会企业具有的人力与管理等资源能够在共同体范围内实现共享，避免了资源浪费，提高了行政效益，提高了服务质量。同时，三大参与主体依托互联网方式实现了彼此间更高效的联系。这种依托互联网技术构建的整体，缓解了因参与主体间信息不对称导致的各类问题，减少了高校后勤的寻租空间，提高了社会企业服务的透明度，丰富了高校学生参与育人共同体建设的渠道。

2. 动态平衡性

系统科学的动态演化原理指出，一切实际系统由于其内、外部联系复杂的相互作用，总是处于无序与有序、平衡与非平衡的相互转化的运动变化之中，任何系统都要经历一个系统的发生、维系、消亡的不可逆的演化过程。也就是说，系统的存在本质上是一个动态过程，系统结构不过是动态过程的外部表现。

在高校后勤服务育人共同体内各参与主体以一定结构形式的联结构成了具有某种功能的有机整体。服务育人共同体的运行过程使各参与主体在动态发展中趋向平衡，并不断发展深化，以实现各参与主体之间的"和谐相处"。因此，高校后勤服务育人共同体本身就是一个完整的系统，具有动态平衡的特征。高校后勤服务育人共同体动态平衡是指在共同体这一特定的生态系统中，各个参与主体都处于合理的发展状态，并在功能上保持协调一致性。

（1）参与主体关系的动态平衡

在高校后勤服务育人共同体内，三个参与主体两两互动构成了驱动共同体运行最为重要的动力：一方面，基于目的性，三个参与主体的互动往往带有强烈的利益追求倾向；另一方面，在共同体范畴内竞争与合作本身是一对矛盾，但二者又统一于事物本身。三者之间的关系是合作基础上的竞争与竞争基础上的合作。在合作中才能实现利益获取的目的，在竞争中才能实现自身价值。另外，三者之间是一种协商共赢的合作关系。三个参与主体关系的协商一致性决定了三者之间关系的不可强制性，也决定了三者在合作地位上的相对平等性。因此，高校后勤、社会企业和在校学生合作的基点是参与主体间的需要，前提是主体间的信任，关键是主体间的动态平衡，方式是交流互动，途径是协商竞争，目标是实现共赢。

（2）参与主体互动方法的动态平衡

高校后勤服务育人共同体持续发挥作用的重要原因是共同体内部的互动方式始终围绕共同体共同目标，根据内外部环境、各参与主体内部构成、参与主体互动能力与经验的变化而不断变化，这也是共同体永葆活力的重要原因之一。

社会与人本身就是变化发展的，高校后勤服务育人共同体的构成要素也在不断变化。高校后勤所面临的党和国家指导性政策不断发生变化，同时高校后勤的社会化进程也会根据时代特点不断变化，社会企业服务高校的能力与经验也随着信息技术、管理方式方法的改进而不断变化，同时，作为服务对象的高校学生的需求也会随着社会变革发生重大变化。在不断变化的因素中，为保持共同体的活力，决定共同体发挥效益的互动方法必将随之变化以适应不断变化的各种环境，保持共同体的动态平衡，保持共同体的活力。

(3) 参与主体信息监督反馈的动态平衡

畅通有效的监督反馈体系是促进共同体各参与主体根据动态变化和出现的问题随时调整工作方法、促进共同体持续发力的重要特征。监督反馈动态平衡是指高校后勤、社会企业善于接纳、利用服务主体即高校学生提供的监督与反馈信息，并及时对高校学生的监督反馈予以有效回应的过程。当然高校学生监督反馈的方式有很多种，高校后勤或社会企业也可以出于提高共同体服务效率的目的主动收集高校学生的监督反馈信息，或者主动观察学生的反应。同时，高校学生为促进高校后勤和社会企业的服务能力与效果，也可主动与其进行沟通，提供监督反馈信息。服务育人共同体监督反馈特征决定了高校后勤会积极接纳高校学生的监督反馈信息，随时调整其主导性作用发挥的方式；同时，社会企业也会根据高校学生的监督反馈信息适时调整服务策略。在三者协商、合作的过程中保持监督反馈的动态平衡。

3. 可持续发展性

可持续发展被视作是一个"自然——社会——经济"复杂系统中的行为矢量，该矢量将导致国家或地区的发展朝向日趋合理、更为和谐的方向进化，可持续发展特别强调"整体的""内生的"和"综合的"内涵认知。

(1) 参与主体可持续发展的整体性

"整体"系指这样一种观点，即在系统各种因果关联的具体分析之中，不仅要考虑人类生存与发展所面对的各种外部因素，而且要考虑其内在关系中必须承认的各个方面的不协调。尤其是对于一个国家或整个世界而言，发展的本质在于如何从整体观念上去协调各种不同利益集团、不同规模、不同层次、不同结构、不同功能实体的存在合理性。发展的总进程应如实地被看作是实现"妥协"和相对公平的结果。

高校后勤服务育人共同体是由高校后勤、社会企业、高校学生组成的在运行机制内互动发展的整体。高校后勤服务育人共同体具有可持续发展性。作为一个整体，共同体只有具备可持续发展性，才能保证其永续活力。共同体内部的三个参与主体在资源控制量及资源控制种类、规模、属性等方面存在着巨大差距，因此在共同体内部的不平衡性是客观存在的，时刻存在的。高校后勤服务育人共同体会从整体角度出发，协调各主体信息掌握量、利益、功能等方面存在的差异，保证个体及整体获取利益的均衡性与合理性。高校后勤服务育人共同体的发展和变化是在"合作——竞争——合作"的过程中实现的，保证各个主体利益诉求，是一种相对公平的结果。

(2) 参与主体可持续发展的内生性

"内生"，依照数学上的常规表达，是指描述系统内在关系和状态的方程组的各个因变量，对这些变量的调控将影响行为的总体结果。在实际应用上，"内生"的概念常被认为是一个国家或地区的内部动力、内部潜力和内部的创造力，如其资源的储量与承载力、环境的容量与缓冲力、科技的水平与转化力等。

高校后勤服务育人共同体具有强大的内生力。共同体的三个参与主体处于时刻的变化之中，随着外界条件的不断变化，各个主体的能力、经验与创造力不断提升。随着信息化和社会化的不断推进，高校后勤服务师生、服务高校的能力必将不断提升，社会企业服务高校、承担社会化功能的工作经验、管理经验不断丰富，高校学生的需求必将不断增加。共同体包含的三个参与主体具有巨大的动力、潜力和创造力，必将形成合力，共同发力，形成共同体的整体动力与创造力，从而实现共同体的可持续发展。

（3）参与主体可持续发展的综合性

"综合"，当然不是简单的叠加，它代表着涉及发展的各个要素之间的互相作用的组合。这种互相作用的组合包含各种关系（线性的与非线性的、确定的与随机的等）的层次思考、时序思考、空间思考与耦合式思考。既要考虑内聚力，也要考虑排斥力；既要考虑向心力，也要考虑离心力；既要考虑幸福指数，又要考虑痛苦指数；既要考虑增量，也要考虑减量，即要把发展视作影响各种要素关系的"总矢量"。

高校后勤服务育人可持续发展性特点具有明显的综合性。推动共同体向前发展的力是综合的，但不是所有的发力都是向前的，总是向前与向后等不同方向交织存在的。各个参与主体的社会属性、利益追求等不同，导致不同主体的努力方向可能出现与共同体努力方向不同的情况。如在共同体内部，可能会出现高校后勤过分追求行政效率、社会企业过分追求经济利益、高校学生过分追求个人需求的倾向，这必将导致某一方发力方向偏离整体目标实现的方向，这些问题都是高校后勤服务育人共同体必将经历的和已然考虑到的问题，但最终共同体的发展方向是整体向前的。这是共同体可持续发展的重要表现，也是共同体发展必将经历的过程。

三、后勤服务共同体育人资源的提出

（一）后勤服务育人资源的基本概念

育人是高校存续之本，高校应该以学生为主体，重视培养学生的创新能力、实践能力与为社会服务的精神，普遍提高当前在校学生的人文素养和科学素养，在课堂教学、校园文化和社会服务等方面构建全方位的育人体系。

高校育人体系建设中的各种构成要素都具有育人功能，主要概括为人力育人资源、财力育人资源、物力育人资源、信息育人资源四大类。因此本书中提到的后勤服务育人资源概念可以概括为：作用于高校后勤服务育人目标，具有培养学生的创新能力、实践能力与为社会服务的精神的人力育人资源、财力育人资源、物力育人资源、信息育人资源的总称。

1. 人力育人资源

高校人力育人资源内涵广泛，涵盖高校后勤保障各类群体。首先，高校人力育人资源包括高校的在职教师。高校教师通过教书育人、行为育人等方式为高校学生"传道、授

业、解惑",是培养在校学生成长成才不可或缺的环节。其次,本书中提到的高校人力育人资源还包括高校社会化过程中参与后勤保障服务的各类人员,正在发展壮大的贴近学生生活一线的"教师"。社会服务人员与大学生生活联系密切,虽然没有高深的理论,但他们一丝不苟的工作态度、默默无闻的辛勤付出、全心全意的服务意识、娴熟精确的工作水准、热情淳朴的道德素质等,大学生都能够观察到、感受到。孔子说:"三人行,必有我师焉。"社会服务人员时时刻刻与大学生"同行",他们所展现的精神风貌也会影响大学生情感和价值观的形成。

2. 物力育人资源

物力资源是开展各项育人活动的必要支撑条件。物力育人资源包含服务于高校后勤服务育人目标的各种物质资源,既包括大到图书馆、教学楼、体育场、食堂等各类服务于学生教学、科研、身体健康的楼宇建筑,也包括小到学校的每一家超市、餐饮店甚至一处石碑景观,在高校范围内的各类物质都可以成为物力育人资源。首先,高校物力资源为高校开展各项工作及整个教育教学系统的正常运行提供了不可或缺的基础。正是有了这些物力资源,学校的教学、科研及其他生产活动才能得以开展,良好的学校秩序才能得以维持,校园的安定团结才能得以维护。其次,高校物力育人资源为大学生开展实践活动提供了物质条件。大学生学习、实践活动需要建立在实实在在的物质条件之上。校园的建设和美化、食堂的膳食和量化、公寓的安全和舒适、教室的整洁和卫生都会对学生成长成才产生影响。同时,高校物力育人资源具有让学生由学校生活过渡到社会生活的桥梁作用。一些具有社会服务功能的物力资源,与学生的生活、学习水乳交融,如超市、物业、快递、餐厅等场所使学生更加熟悉其环境,更容易理解其工作行为,更方便参与其管理。学生在参与其建设和管理的过程中,可以了解社会的发展和状态,以便将来更快地融入社会生活。

3. 财力育人资源

财力资源是高校生存和发展的基础,是高等教育事业健康发展的根本保证。财力资源是学校各项资源货币化的集中表现,是人力、物力等资源的消耗、增加、积累和形成在学校财务管理上的反映。高校的财力资源主要包括国家财政拨款、收取学生的培养费、社会捐赠、科技创收、校办企业上缴等能够用于学校建设和发展的资金收入。

高校财力资源的育人作用反映在高校开展教育、教学活动的方方面面。任何育人活动的开展都离不开财力资源的支持。高校开展的各类教学活动、实验活动、思想教育活动都来自高校财力资源的支持。另外,来自社会捐赠的财力资源对贫困生的帮扶、特殊项目奖学金的发放、特别活动经费的支持具有重要作用。因此,高校财力资源为人力育人资源、物力育人资源的实现提供了可能性,对高校后勤服务育人作用的实现发挥着决定性的作用。

4. 信息育人资源

在互联网技术高速发展的时代,现代信息技术已影响到人们学习、生活、工作的方方面面。高校学生作为接受新时代教育的高素质人才，与信息资源的接触更加频繁、更加便利。高校信息育人资源在大学生成长成才过程中发挥着重要作用。信息育人资源包括四个方面：首先，信息育人资源指广泛意义上的互联网资源，通过利用互联网信息资源，学生能够轻松、便捷地获取学习、娱乐信息。其次，信息育人资源指学生在教学活动中接触到的学习资源。信息技术的广泛应用使原本枯燥无味的知识变得丰富有趣，使原本晦涩难懂的理论知识能够轻松地与实际相结合，同时图片资源与视频资源在教学活动中的应用，也为学生理解知识提供了巨大帮助。再次，信息育人资源指图书馆各类信息资源。信息技术广泛应用于教育事业中，使得图书馆信息资源进一步扩大。学生在图书馆内能够便利地查阅某位学者的博士学位论文，能够非常便捷地听到哈佛大学的法律课程，能够快速查询专业学习需要的电子书籍等。总之，信息资源为学生成长成才提供了便捷途径。最后，信息育人资源还包括近年来兴起的新媒体资源。各类新媒体传播的信息对学生学习、生活产生着重要影响。学生可以通过后勤等部门的各单位微信公众号了解学校内外发生的各类新闻，也可以通过新媒体平台方便、快捷地参与各类学习教育和后勤食堂、宿舍的实践活动。

（二）后勤服务育人资源的基本功能

育人功能，是指通过教育活动促进受教育者素质全面提升，将其培养成为人才所产生的有利作用。对于育人功能一词，可从以下方面分析：第一，育人功能主要指向教育对象思想品德素质的发展和提升。育人功能并不指向具体知识的获取与经验的积累，而致力于帮助教育对象实现素质全面发展和提升，尤其是教育对象思想品德素质的发展与提升。第二，教育活动是实现育人功能的主要方式，但并不是唯一方式。实现育人功能的主渠道是教育活动，教育活动以最直接的方式实现育人功能，但其他方式如实践活动、环境熏陶、自我修养等也是实现育人功能的重要方式。第三，育人功能与教学功能紧密联系。教书与育人作为教师工作的一体两面紧密相连而无法截然分开，教学功能指传授学生具体的知识、技能，是显性功能；服务育人功能则指培养学生的素质、能力，是隐性功能。教师既要发挥教学功能又要发挥育人功能，任何只进行教学工作而不关注育人工作的教学活动都是失败的教学活动。

高校后勤服务育人共同体的基本功能包括人力育人资源、物力育人资源、财力育人资源、信息育人资源在内的高校育人资源发挥作用，从而提高高校学生专业知识与思想品德素质的培养质量。

1. 知识与能力开发功能

知识与能力是高校人才培养最重要的组成部分。育人资源发挥作用首先要保证其在提高学生专业知识与能力层面上。

善于学习是我们党的一条成功经验，正确认识和妥善处理不断涌现的各种新情况新问题需要加强学习，提高本领。在全面建成小康社会的新时期，思想政治教育激励知识素质开发的育人功能突出体现为激励教育对象自觉学习知识、掌握知识。专业知识是人才知识素养的核心，人才之所以为人才，就在于他们的知识、智力较之他人具有更高的水平，在于他们在某一领域或某一方面具有更扎实的专业知识和专业理论。同时，育人资源有助于教育对象学习、掌握相关辅助知识。相关辅助知识是人才知识素质的重要组成部分，随着各个学科、各个领域社会化趋势的加强，人才成长过程中对相关辅助知识的需求越来越凸显，辅助知识有助于拓展人才的知识视野，提高人才的适应能力、应变能力、综合创新能力，使人才适应社会发展的要求。其次，高校育人资源激励教育对象学习、掌握现代科学技术知识。现代科学技术的迅猛发展不断改变着人们的生产方式、生活方式、交往方式和思维方式，掌握现代科学技术知识是提高人才社会竞争力、促进个人全面发展、实现顺利成才的重要条件。

能力素质在人才智能素质中占据重要地位，知识素质的体现最终会落脚到能力上，知识只有与能力相结合才能在能力素质中体现出来，能力素质主要包括认知能力、实践能力和创新能力。高校育人资源具有提高高校学生能力素质的重要功能。个体认知能力是人才能力素质的基础，人才的实践活动和创新活动离不开一定的认知。高校育人资源能够引导高校学生积极主动地开发自我认知能力，比如在各种信息获取中锻炼认知能力；在信息传递、收集、分析、加工过程中锻炼个体对相关信息的记忆、观察能力；在信息收集和处理过程中锻炼个体发现问题、分析问题和解决问题的能力，开发想象力和思维力。实践能力就是主体在探索客体和改造客体过程中所展现出来的实际驾驭能力。高校育人资源具有开发学生能力素质的重要功能，引导高校学生获得理论知识，更着力于引导高校学生学以致用，实现理论学习与实践的有机结合。同时，高校育人资源能够激发高校学生实践动机、参与实践的兴趣，并将个体的兴趣与其专业实践相结合，锻炼实践能力。创新能力是能力素质的核心，它综合了认知能力和实践能力并贯穿于认知和实践的过程之中，创新能力的开发首先需要培育创新精神，创新精神的培育正是高校育人资源的重要任务和主要功能。高校育人资源具有激发高校学生创造动力的功能，能够培育高校学生的创造情感和创造意志，培育其开拓进取的创新精神。创造性思维是进行创新的关键因素。高校育人资源通过开展教育实践活动，对于激发学生的创新精神、锻炼其创造性思维具有重要作用。创新个性是创新能力的灵魂。高校育人资源发挥其功能过程中可以把实现个体个性化作为出发点，在教育内容、目标和方法选择上坚持差异性原则，使教育活动与个体个性特点相契合，培养出既符合社会发展要求又充分发展个性的高校学生。

2. 价值引导功能

培育高校学生正确的世界观、价值观是高校育人资源的重要功能。高校育人资源的价值引导功能主要是指育人资源对学生世界观、价值观的培养和形成发挥的功效。引导高校学生形成正确的世界观和价值观，是马克思主义关于人的全面发展学说和党的教育方针的要求，也是对以往只注重理论灌输的纠偏。高等学校培养人才不能仅仅满足于对学生的知识灌输和技能技巧的训练，而应在重视知识、技能培养的同时，通过做好后勤服务保障工作加强对学生情感的熏陶、思想的引导、性格的培养、意志的锻炼等方面的引导和培养，即全面提高学生的综合素质，实现高校学生素质的全面提升。高校育人资源有助于教学与科研作用的发挥。通过教育与科研环节培养和规范高校学生的世界观和价值观必须具备坚实的人力、物力、财力基础，同时注重发挥高校育人资源的引导功能，通过高校人力资源、环境、文化、物质群体活动等影响教育学生，教育学生学会做人与学会做事。

高校育人资源具有提高高校学生道德水准的重要功能。高校育人资源因其内涵丰富，形式各异，总是潜移默化地影响着高校学生的道德情操和行为习惯。除了高校教师的言传身教能够直接提高学生的道德水准之外，高校育人资源中的各种物质、环境等资源也会激发高校学生形成高水准道德水平的动力。例如，某些物质资源在设计之初便融入了设计者的价值观念、行为规范、审美意义和价值寓意等，深入挖掘其内在潜意，便会让学生在心灵深处激发灵感，引起共鸣，从而在道德水准上得到升华，日积月累，可以使受教育对象成为一个高尚的人。如有的医学院校在校园中竖立白求恩雕像，学生看到它就会感到当一名白衣天使的自豪及自觉承担起治病救人、救死扶伤的义务；如有的高校动用大量财力修筑规模宏大的图书馆，使学生在未进入大楼前就产生对知识的敬畏心理，明白自己仅是在知识海洋中遨游的一叶扁舟，要努力学习，掌握知识。良好的学风，可形成陶冶和锻炼人才的良好环境，使高校学生在这种环境中受到熏陶和感染，逐渐养成良好的习惯和作风。

3. 行为规范功能

所谓规范，就是规则和标准。没有规矩不成方圆，没有规范就没有秩序。如果规范、标准缺失，不仅会冲击正常的社会秩序，使人们无所适从，乱了分寸，还会影响到社会的发展和生存质量。维护良好的社会秩序，则需要人们遵循一定的行为规范，调整一系列的利益关系，建立正常的社会关系。

高校育人资源具备约束和规范学生的功能。高校育人资源中的人力育人资源通过言传身教，教会学生一定的社会规则、人际交流方法，并通过制度的约束作用，使高校学生的行为符合国家法律、校规校纪的要求，使高校学生走向社会后能够适应社会的各种规则。同时，高校育人资源所体现出来的管理和服务行为约束也是高校行为规范的重要组成部分。比如，住宿管理、饮食管理等管理制度都为学生行为规范提供了内在的尺度。又如，现在校园里提倡的"光盘行动""节约型校园""绿色校园"等有助于形成学生节约、环保的意识和习惯。高校育人资源通过各类活动及制度的规范，使高校学生周围会形成一种无形的约束力和支配力，从而自觉地维护和遵守学校的各项规章制度，在潜移默化中完成从大学生到公民的成长过程。高校信息育人资源通过各种信息传播方式宣扬榜样力量，唾弃不道德行为，能够在很大程度上引导高校学生正视自己的行为，使其更加符合高校学生的行为规范。同时，高校信息育人资源在规范高校学生行为的过程中发挥着"润物细无声"的隐性作用。

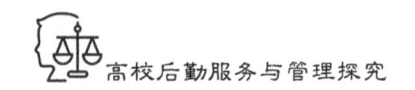

第四章 高校后勤管理

第一节 高校后勤管理基本理论

一、高校后勤管理学的内涵

（一）高校后勤管理学定义分析

高校后勤管理学的研究对象是高校后勤这一特定领域，而高校后勤具有自己的内在规定性和运行规律。经济学、管理学、工程学和教育学等基础学科虽可以指导高校后勤这一特定领域的实践，但这种指导仅具有间接意义，因此有必要以高校后勤自身的实践为依据而形成一门高校后勤管理学，直接指导该领域的工作。"高校后勤"并不是一个过渡性的概念，虽然我们正在大力推进高校后勤社会化改革，高校后勤可能最终不会有某一个特定的实体与之对应，但只要有高校存在，就必然有高校后勤管理。对于完全社会化、企业化的高校后勤服务实体，虽然在形式上它们和一般的企业没有区别，但是由于它们所服务的市场和顾客的特殊性，它们在管理上呈现出自身的特色，高校后勤管理学仍有必要。

高校后勤管理学是在现代经济学、管理学、工程学、教育学等基础学科上建立起来的一门综合性学科，这些基础学科都有庞大的理论体系，可以在思想、方法、知识等方面给高校后勤学提供依据、指导、借鉴和支撑。中外高校后勤管理丰富的实践经验，特别是21世纪以来后勤社会化的历程，为我们提供了充分的研究素材，可以供我们总结、归纳、提炼，形成成熟、完善、不断发展的理论体系；同时，实践还作为客观公正的"法官"，对我们研究成果的真伪进行检验、评判，使这门学科的真理性得到保证。

当前学术研究和学科建设的一个大趋势是学科划分的日益细化和各学科之间的交叉融合，这一趋势反映了人类对于自然界和人类社会认识的日益深化。大的学科由于分、子学科的增加而形成庞大的体系，好比大树，一级学科好比主干，主要反映对该领域研究对象共性的认识，是对该学科一般规律的总结；下面的二、三级学科则好比枝叶，越细分越偏向于反映对研究对象个性的认识，分别从不同的部分、不同的方面揭示研究对象运行的特殊规律。

"大树"越往"主干"上走，就越抽象和一般，直接的应用价值就越差，而"枝叶"

则很好地弥补了这一点。高校后勤管理学作为管理学的分支学科,揭示了高校后勤这一特殊领域的管理规律,丰富了管理学的学科大厦,提高了管理学解释世界的能力和对于人类活动的指导意义。目前的高校后勤社会化改革,重点和难点集中于两个方面:一是比较宏观的高校后勤体制的构建,二是比较微观的后勤服务实体的内部管理。在这两个方面,高校后勤管理学都有很强的应用价值。

(二)高校后勤管理学的学科分析

高校后勤管理学是一门交叉学科和综合学科,高校后勤管理学是经济学、管理学、工程学、教育学等学科交叉融合而形成的。

从学科属性来看,高校后勤管理学只能是一门管理学而不能是其他的学科,否则必然是"文不对题"。从知识体系构成来看,管理学的知识是高校后勤管理学的主体,高校后勤管理学主要是管理学在高校后勤领域内的应用和延伸。就学科发展的一般规律而言,综合性学科和交叉性学科一般都是以一门学科为主体搭建起一个理论框架,然后用这个理论框架去整合其他学科的知识,从而形成一个合理的、严密的知识体系。高校后勤管理学以管理学的理论为框架,在分析高校后勤特点与规律的基础上,可以很方便地把现有的高校后勤管理理论和实践经验纳入进来,同时现代管理学的不断发展和广泛应用,可以为高校后勤管理学的发展提供源源不断的支持。

(三)高校后勤管理学的学科体系

与其他学科一样,高校后勤管理学也可以划分为理论与实务部分。我们把高校后勤管理学的知识体系划分为三个层次:第一层次是基本理论层次,主要探讨高校后勤的基本属性与特征、高校后勤管理的内涵与外延、管理目标、管理对象、管理职能、管理体制与模式、高校后勤管理的研究方法、高校后勤管理的国际比较研究等。第二层次是高校后勤管理的分支学科,是基本理论到实务之间的过渡地带,主要包括高校后勤宏观管理和高校后勤微观管理两个部分,前者主要研究政府对高校后勤的整体布局、法律政策框架、改革推进模式等内容,后者则主要是从事高校后勤服务的实体对后勤经营、服务、运作各方面进行的管理,构成我们研究的主体,主要包括高校后勤战略管理、人力资源管理、营销管理、财务管理和物流管理等。第三层次则主要是高校后勤管理的实务,主要包括学生公寓管理、食堂管理、商业管理、通信管理、基建管理、绿化管理、医疗管理等。

高校后勤管理活动是在不同的层次上展开的。高校后勤管理按照层次一般划分为高层管理、中层管理和基层管理。高层管理是在组织的战略层次上展开的,其管理者主要负责组织战略的制定及与外部环境进行联系,比如与政府主管部门、金融机构、学校有关行政部门等建立良好的关系,也就是说高层管理活动是组织的战略计划活动。

中层管理的目的是对企业的资源进行优化配置,以实现高层管理所制定的战略目标。中层管理者主要在其职责范围内执行计划并监督基层管理者完成计划。基层管理活动主要是对日常业务活动的监督,基层管理者监督指导诸如记录订货、收取支票、控制存货和维修设备之类的活动。一旦出现如定价错误或日常设备损坏等问题，基层管理者就应出面解决这些问题，以保证组织的正常运转。在对其负责的业务活动进行指导时，基层管理者需要充分掌握质量控制报告、存货转交报告等信息。

高校后勤服务实体在市场经济的条件下，要按照现代企业的管理规则进行运作。现代企业的职能领域相当广泛，各个领域之间相互影响，相互促进。对于高校后勤来说，战略管理、人力资源管理、物流管理、财务管理等职能领域是值得重点关注的，在这些职能领域内，很多高校后勤服务实体在理论和操作上都是比较欠缺的。

战略管理就是分析企业的外部环境要求和内部资源状况，并以此为基础确定企业发展的方向和策略。战略管理致力于对市场营销、财务会计、生产作业、研究开发、计算机信息系统等进行综合管理，以实现企业的成功。在战略管理中，迈克尔·波特的五种竞争力模型和价值链管理思想是相当有效的分析工具。一个组织的素质，在很大程度上是其成员素质的总体反映。得到并留住能干的员工，是每个组织取得成功的关键，不管这一组织是刚建立还是已经运作多年。所以，人力资源管理是管理工作职能领域中相当重要的一个环节，财务状况往往被看作是考察企业竞争力和对投资者吸引力的最好参考。确定企业的财务优势与弱点是制定有效战略的必要条件。财务因素往往会改变现行的战略与计划。企业的资金周转率、财务杠杆比率、流动资金、盈利率、资产利用率、现金流量及股东权益等财务指标状况可以排除某些战略的采用，所以财务管理职能在企业中相当重要。财务活动包括投资活动、融资活动、利润分配活动和资产管理活动。

后勤和物流本身有着天然的联系。物流是为满足消费者需要而进行的从起点到终点间的原材料、中间过程库存、最后产品和相关信息有效流动和储存的计划、实施和控制的管理过程。物流管理的目的是要尽可能地在最低的总成本条件下实现既定的客户服务水平，寻求服务优势和成本优势的一种平衡。高校后勤的采购、运输等各个环节都涉及物流的控制，这必然要求建立现代化的物流管理体系。

二、高校后勤管理的管理原则

高校后勤保障与管理工作是高校常规管理工作的重要环节，关系到社会、高校和师生的稳定，关系到青年的健康成长，关系到教育事业持续发展的大局。随着教育改革的不断深入和高校布局调整，高校后勤工作的任务越来越重，责任越来越大。

一流的高校要有一流的后勤，而一流的后勤需要配备一流素质的人员。人的素质与高校后勤管理有何关系，如何处理好这种关系，使后勤工作更好地为教育教学服务，为师生工作、学习、生活服务。后勤管理工作是高校工作的重要组成部分，探明它内在的客观规律，明确其基本要素，就可以提高工作效能，使后勤工作更好地为开创高校工作新局面做贡献。

众所周知，高校后勤工作具有综合性、广泛性、从属性、服务性和琐碎性等特点，头绪繁杂，任务艰巨。高校后勤工作将会随着教育事业的发展而日趋繁重，教学手段现代化的发展会对后勤工作的业务知识要求标准越来越高，一位合格的后勤管理人员必须全面了解高校管理、教学、社会动态、商品价格、基建维修等情况。具体地讲，要搞好高校后勤管理应该注重以下原则：

（一）服务教学的原则

高校后勤工作必须为教学服务，为师生服务。教学工作是高校的重点工作，而服务师生工作又是重中之重。俗话说："兵马未动，粮草先行。"高校后勤工作作为高校的后勤保障，它在提供教学设备、物资供应、改善教学条件等方面起着重要的作用。高校后勤工作的首要任务就是为教学服务，为师生服务。这就要求后勤工作人员必须树立为教学服务的思想，明确后勤工作的主要任务是为教学、为师生创造良好的工作环境和必要的物质条件，使后勤工作在期初、期中、期末各个阶段与教学工作和服务师生工作紧密配合，保证教学工作和服务工作的顺利进行。

（二）生活服务的原则

高校后勤工作必须为广大师生的生活服务。搞好全校师生的生活、福利是后勤工作者应尽的职责。后勤工作者应努力改善师生的生活和搞好集体福利，让全校师生有一个良好的工作和学习环境。解除教师的后顾之忧，保证师生的健康，使他们有足够的时间和充沛的精力投入到教育教学工作中。

（三）经济效益的原则

高校后勤工作必须坚持经济性原则。自力更生，开源节流。工作中坚持勤工俭学、勤俭办学的原则。合理使用资金，事事精打细算，量力敷出，保证重点，发扬自力更生、艰苦奋斗的精神。因陋就简、修旧利废，能自己干的自己干，能自己做的自己做。尽可能地节约开支，把有限的经费用到教育和教学急需上。

（四）整体规划的原则

高校后勤工作必须有整体规划。在当前教育经费不足的情况下，工作中一定要做出常年规划，有计划、有目的地逐步把高校建设好，为师生创造一个整齐、清洁、舒适、优美的教学环境。

（五）教育性原则

高校后勤工作必须贯彻教育性原则。高校后勤工作是一种群众性工作，它与广大师生有广泛的接触。通过后勤工作对学生进行关心集体、爱护公物、勤俭节约、艰苦奋斗等思想品德教育，是它特有的教育任务。因此，高校后勤工作必须贯彻教育性原则。每做一件事情，都要考虑对学生是否产生积极影响，每个工作人员都要注意一言一行，成为学生的表率。还要通过贯彻有关后勤工作的各种规章制度，对学生进行思想品德教育。

三、高校后勤管理的基本任务

高校后勤保障与管理工作总体要求是：完善设施，改善环境，提供保证；创新机制，健全制度，精细管理；创建体系，突出公益，服务育人。围绕当前师生最直接、最现实的问题，包括吃、喝、环境、卫生、安全、健康等，抓好高校后勤保障工作。要坚持一手抓高校后勤设施条件的改善，一手抓精细化管理服务。要树立典型，示范带动，全面提升后勤管理、保障、服务能力和水平。其主要任务包括以下几点：

（一）切实抓好高校食堂和食品卫生管理

高校食堂和食品卫生管理工作，直接关系到师生的身心健康和高校、社会的稳定，是高校后勤保障与管理工作的重点。高校食堂管理要实行一把手负责制，切实建立以校长为第一责任人，后勤主任具体抓高校食堂食品卫生的管理体制。实行物品定点采购制度，严把质量关；实行物品采购索证登记制度，从原材料的质量检验到入库储存要按制度要求强化责任意识；实行食堂从业人员定期健康查体制度，持证上岗；坚持实行食品预尝和留样制度，保证学生食品制作的规范操作和卫生洁净地向学生出售，坚决不允许向学生出售剩饭剩菜；实行事故责任追究制和"一票否决制"，防止霉变、假劣食品流入高校食堂，防止流行性病毒感染，有效消除食堂及食品卫生安全隐患，杜绝学生集体性食物中毒事件发生；建立食堂炊具、餐具及厨房、餐厅定期消毒制度和生活用水的卫生安全检测制度；强化暖气管道定期检查和定期维修保养制度；完善高校食品卫生安全工作预警、预案、隐患排查和事故责任追究制度等。高校校长要从保障学生身心健康和生命安全、保持高校正常教学秩序和维护社会和谐稳定的大局出发，加大对食堂和食品卫生安全各个环节的监管力度，确保食堂和食品的安全卫生。

（二）切实抓好高校宿舍管理工作

学生宿舍是学生学习、生活、休息的场所，也是高校精神文明建设和素质教育建设的窗口。让学生宿舍的管理工作更趋向规范化、制度化，让学生健康快乐地成长，为学生创造安全而温馨的住宿环境。选举宿舍舍长，检查值日生卫生打扫，保证学生良好的休息环境，保持宿舍内外的卫生。教育学生遵守宿舍纪律。按时就寝，熄灯铃响后不讲谈说笑，不得做其他事情。教育学生增强防范意识。适时关锁门窗，妥善管理自己的钱物。确保学生的人身安全和财物安全。实行每日检查制，每天晚上及时检查住宿人数，若有未到者，必须知道其去向，若查不出其去向，要及时向高校领导反映。要求住校学生不得在外留宿，非本室住宿人员不得随意在宿舍住宿。学生亲友来校住宿的，必须向高校申请，同意并做好登记后方能住宿。搞好"三防"（防火、防盗、防破坏）工作，经常巡查宿舍区内外安全，遇偶发突发事件或重大安全事故隐患须妥善处置，并及时向校领导报告。出现突发事件、刑事或治安案件、灾害事故，及时处置、及时报警，注意保护现场，并报告职能部门，采取积极有效措施，确保师生和国家财产安全。

（三）抓好校园风险分散工作

在最近几年，校园伤害事故呈现出多样性、复杂性，高校教育中面临的学生意外伤害风险对高校教育教学的影响日趋严重，高校安全管理工作的任务十分艰巨。保险是市场经济条件下进行风险管理和控制的基本手段，充分利用保险费率的杠杆作用，处理高校发生的安全责任事故，有利于防范和妥善化解各类校园安全事故责任风险，解除高校、家长的后顾之忧，有利于推动高校实施素质教育，有利于维护高校正常教育教学秩序，有利于保障广大在校学生的权益，避免或减少经济纠纷，减轻高校办学负担，维护校园和谐稳定，促进青年健康成长。

（四）抓好学生的养成教育

高校后勤管理工作要把学生的养成教育贯穿始终，并纳入高校德育工作范畴。在高校后勤管理工作中，要注重培养学生良好思想品德、良好行为习惯和良好学习风气；在劳动实践活动中注重培养学生的劳动观念、安全意识和创新意识；在食堂就餐时注重培养学生文明就餐、勤俭节约的习惯；在起居生活中注重培养学生讲究个人卫生，讲究整洁和生活自理能力；在校园活动中注重培养爱护一草一木、不随地吐痰、不乱扔纸屑、尊老爱幼、助人为乐的公民意识。使高校成为社会主义精神文明建设的窗口。

四、高校后勤管理人员应具备的素质

（一）管理职员的素质要求

要想做称职的后勤管理人员，首先必须具备以下能力。第一，思想活跃，接受新事物快，爱学习、爱思考、爱出点子，工作中注意发挥主观能动性，超前意识强，这有利于开拓工作的新局面。这是做好后勤管理工作的基础。

第二，有较强的敬业精神，爱岗敬业。工作认真负责，勤勤恳恳，任劳任怨，干一行，爱一行，专一行。有严明的组织纪律性、吃苦耐劳的优良品质、雷厉风行的工作作风。这是做好后勤工作的关键。

第三，在工作中能做到以人为本、以德养身、服务教学、办事稳妥、处世严谨、严于律己、勤政廉政、廉洁自律。这是做好后勤工作的保证。

第四，具备一定的专业知识和能力。后勤主任不仅要有专业知识、现代管理知识，更要有现代信息技术水平；不仅要有管理能力，更要有协调能力等。这是做好后勤工作的重要性。

第五，信奉诚实、正派的做人宗旨，能够与人团结共事，而且具有良好的协调能力。优势固然重要，但仅有优势也难以在工作中做出成绩。要使高校后勤工作开展得有声有色，还必须有自己的思路和设想。

（二）管理领导的素质要求

每一个高校的后勤部门，它的工作好与坏，直接关系到高校教学工作的正常运转。作为高校后勤工作的领导者要具备：

第一，积极主动地站在全局的角度思考问题，做好校长的助手，本着"为高校服务、为教学服务、为教师服务"的宗旨。经常联系全体教职员工、收集各种信息。有计划提前

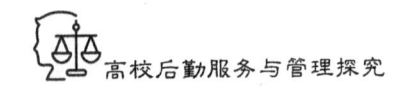

组织好办公、教学、维修、卫生用品等各种物品和设备的采购、保管和供给的工作。为领导决策提供信息、出谋划策，当好"咨询员"。

第二，立足本职，当好"服务员"。为高校后勤服务是后勤主任义不容辞的职责，领导交办的事要不折不扣地完成，但是为领导服务的出发点和落脚点是为全校师生服务。因此，后勤主任要认真管好高校财务，严格执行财经纪律，按照规定收好各种费用，合理使用各种经费，确保高校的各项开支合法合理；做好学生各种费用的收缴和结算工作，检查财务增收节支情况；做好高校基本建设、校舍的维修和校产清理、登记工作；做好高校的绿化、美化、净化工作，使高校有一个良好的教学环境和生活环境。

第三，搞好关系，当好"协调员"。后勤处是高校的后勤部门，需要处理内部和外部的各种关系。

第四，加强管理，当好"管理员"。后勤处工作面宽事杂，只有加强管理才能保证工作宽而不推，杂而有序。

第二节　高校后勤管理体系

一、建立科学的后勤服务管理体系

我国高校后勤社会化改革工作正逐步向前推进，旧的高校后勤管理模式与运行机制正逐步被打破，为确保高校教学、科研和师生生活的正常与稳定，建立和完善高校新的后勤保障体系已成为教育行政主管部门和高等院校共同关注的问题。从高校后勤社会化改革的实践来看，建立科学的后勤服务管理体系、高效的后勤资源保障体系、充足的后勤经费保障体系、完备的后勤服务考核评估体系是建立和完善高校新的后勤保障体系的基本之举。

高校后勤保障，首先必须以科学的管理为前提。管理是组织行为过程中的一种计划、组织、指挥、协调、控制职能的有效的行使。后勤服务管理是一种旨在对与高校规范分离，并为高校提供后勤服务的后勤服务实体（或社会服务企业）的行为进行有效的监控，并由此确定后勤服务实体（或社会服务企业）服务价值的一种行为。科学的后勤服务管理体系是建立在科学的体制和责权利高度一致基础上的。

（一）制度要求

明确的甲乙方体制。高校后勤原有的体制是单方的服务管理模式，根据高校后勤社会化改革要求，这种单方的体制一分为二。在这种管理体制中，甲方是唯一的、不变的，乙方是多个的、可变的。高校作为甲方，将永远履行甲方管理、监督的责任与权利。而乙方是多主体的，它既可能是高校后勤服务实体（一个或多个后勤服务中心），也可能是社会上的专业服务公司；乙方同样也是可变的，这一时期可能是这样一些主体，那个时期可能是那样一些主体。甲乙双方是矛盾的对立统一关系，彼此之间既对立又统一，螺旋式地向前发展，从而步入一种管理体制不断完备和服务质量水平不断提高的良性循环轨道。

（二）体制支撑

对等的职责、权利、义务。构筑或者说支撑甲乙方管理体制的是双方责权利的对等和统一。在这种管理体制当中，甲乙双方有各自的职责。甲方要在建立健全科学、规范的后勤服务保障制度的基础上，通过行使指导、监督、管理的职能，发挥参谋、协调、服务的作用，确保高校后勤保障体系协调、高效地运转。乙方要自觉接受甲方对后勤服务保障工作的检查、指导，转换服务和经营机制，不断完善各项服务经营措施，不断地提高后勤服务保障能力和水平，确保高校的教学和生活秩序正常与稳定。与此同时，甲乙双方还有各自的权利和义务。甲方要负责后勤保障工作的发展规划、年度规划、项目计划，并按照年度后勤保障经费预算，根据乙方完成工作的效益和质量，及时支付服务经费，还要代表高校就有关重大问题协调乙方与相关单位、部门的关系等。乙方有高校后勤社会化改革方案规定的人事权、内部职工收入分配权、奖惩权，还有同等条件下承接高校后勤保障服务项目的优先权，同时还必须努力提高服务质量与水平，降低服务成本与价格，并将服务获益的15%用于再生产以增加保障能力等。

新的后勤服务管理体制，蕴含着新的后勤保障体系中新的管理模式与运行机制。这种新的模式与机制体现着管理的科学要求与市场的价值驱动。只有建立科学的后勤服务管理体制，明确甲乙双方各自的责权利及相关关系，形成协调运转、有效制衡、各司其职地提高后勤服务质量和水平的工作局面，才能在更高的层面上建立和完善新的后勤服务保障体系。

二、建立高效的后勤资源保障体系

高校后勤保障，还要以物质资源保障为基础。高校后勤资源是高校教学科研及相关活动正常进行和师生生活保障的物质基础，也是高校办学规模评估的重要价值砝码，因此，在改革的过程中，既要考虑高校后勤社会化对后勤资源整体剥离的要求，也要考虑高校建设和发展的需要，二者必须有机结合。

（一）重组资源

这是资产效益最大化原则。高校后勤资源整体剥离，并不是高校不需要这些资源，恰恰相反，它是高等教育生存和发展不可缺少的重要部分。整体剥离的深刻内涵，除了考虑分离人员的生产资料问题外，更重要的是要通过重组这部分资源，使其发挥更大的效益。如何重组资源，根据国家关于"管人、管事、管物，一管到底"的国有资产管理新原则，高校后勤资源可重组为：

1. 租赁性资产

即高校拥有所有权和经营权、租赁给后勤服务实体使用的资产。高校对这部分资产如何收取资产占用费（租金），应根据不同的实际情况予以确定，不宜寻求统一的模式和标准。

2. 托管性资产

指高校以物业管理的形式委托后勤服务实体管理的资产。这部分资产的所有权、经营权、收益权均归高校，高校向承担物业管理服务的后勤服务实体支付运行费用和托管费用。

3. 经营性资产

指那些具有第三产业性质的、由高校委托后勤服务实体经营的资产。这部分资产与高校教学科研及师生生活有一定的联系但不太紧密，具有较强的经营服务功能。根据功能划分，高校和后勤服务实体按照市场规律，租赁、管理和经营这些资产，可以极大地提高后勤资源的有效利用率，使后勤资源的市场化管理成为现实，国有资产的保值增值成为可能。

（二）界定产权

这是突破改革的"瓶颈"误区。在后勤社会化改革的实践中，后勤资源的产权问题一度成为改革突破的"瓶颈"因素，但从实践的结果看，这种产权"瓶颈"论已成为误区。因为从现实情况看，无论是租赁性、托管性资产，还是经营性资产（指没有按现代企业制度改制、组建的高校企业资产），其核心是资产的产权仍是高校的。这种划分方式，与我国高校后勤社会化改革的要求并不矛盾。一方面，高校后勤社会化改革要求后勤服务要不断满足高校日益发展的需求，重点是学生生活设施的需求，而后勤资源的产权问题并不是制约高校发展、必须亟待解决的"瓶颈"因素；另一方面，在后勤社会化改革的实践中，因高校规模扩大而采取社会化方式建设的生活设施，也是以给开发商一定的回报期后，高校拥有全部产权的这种运作方式符合高校的实际和有利于贯彻高校"三服务、两育人"的宗旨。因此，突破"瓶颈"误区，明确后勤资源高校所有，更有利于高校及后勤服务实体集中精力搞好高校的建设发展和后勤保障服务。

三、建立充足的后勤经费保障体系

高校后勤保障还必须以经费保障为支撑。正如高校后勤社会化改革不是不要后勤资源一样，高校的改革发展仍然需要充足的后勤保障经费。所不同的是，那种计划经济条件下不计成本、不讲效益的后勤保障经费体制将被更高效、更科学的经费体制所代替，从而形成一种符合市场游戏规则的经费保障体系。

（一）经费新体制——拨改付

高校后勤保障经费的拨改付，是指原有维持高校后勤保障运行的经费由按计划拨款改为按市场方式，对为高校教学科研和师生生活提供服务的后勤服务实体（或社会企业）支付服务费用的一种经济行为。拨改付在运行方式上是与后勤保障服务的性质相区别的。后勤保障服务在性质上分为三类：①物业管理类。指高校维持教学、行政运行必需的后勤保障事务，包括教学科研等房屋管理、高校建设的学生公寓管理、校园绿化、卫生管理、修缮、水电气、安全、节能管理等。高校对后勤服务实体承担的物业管理，都要签署经济合同，实行单项结算。②公共事业类。如幼儿园、校医院、居委会等单位的管理。这些单位在没有交由社会事业单位兴办或实现自养前，主要依靠面向公众服务收取费用，收费标准由物价部门核定，高校给予适当经费补贴。③经营服务类。如餐饮、住宿、运输、旅游、通信、印刷、商贸、场馆租赁、建筑安装、驾驶员培训等。经营服务单位对高校服务价格主要按成本加微利的原则确定，对外服务价格接受物价部门管理。高校将根据这三类不同性质的服务，支付不同的费用。拨改付的实施，凸显出后勤保障成本与效益的内在关系，也标志着后勤保障经费体系的市场化机制的建立。

（二）经费的市场规则

收支两条线。后勤保障经费的运行模式是与后勤管理体制、后勤资源的重组密切相关的。甲乙方的管理体制，决定了经费拨改付与服务收费的双向互动，重组的后勤资源要求高效的价值回报。一方面，后勤服务实体依托高校服务性资产提供服务，高校要按优质优价的原则支付服务费用；另一方面，后勤服务实体利用经营性资产的经营功能产生收益，高校则按优资（资产）优价收取资产使用费。这两方面是对等的主体关系。既不能搞优质低价，也不能搞低质高价；既要体现服务的价值，高校按市场规则付钱，又要体现资产价值，高校也按市场规则收钱。这种收支分明，既符合现代财政管理要求，也在真正意义上体现了后勤资源与后勤保障经费的相互关系，还使服务性的后勤服务实体通过这种优质优价的方式自养、壮大，并不断向专业化、现代化方向发展，也使经营性后勤服务实体按现代企业制度要求规范自己的市场行为，走市场化、科学化之路。

高校后勤改革的方向是社会化，其实质是由传统的高校行政拨款制度改为以契约方式确定下来的服务收费制，以形成市场驱动、有序竞争的后勤服务新机制。建立合理的后勤保障经费体系，科学地制定后勤服务结算方案，有利于提高高校办学效益，改善后勤服务质量，也有利于逐步形成专业化、企业化的后勤服务实体。

四、建立完备的后勤服务考核评估体系

高校后勤保障最终还要以考核评估为检测手段。新的高校后勤服务保障体系能否真正建立，在很大程度上，取决于在新的模式和机制下运行的高校后勤服务考核评估体系的真正建立和不断完备。只有真正建立了科学的后勤服务考核评估体系，才能使后勤服务逐步纳入规范化、制度化和法制化的轨道，才能化抽象为具体，化要求为落实。

（一）规范的标准

ISO9001质量管理体系要求的贯入。该标准可帮助组织实施并有效运行质量管理体系，它不受具体的行业或经济部门的限制，可广泛适用于各种类型和规模的组织。ISO9001质量管理体系标准的执行，为甲乙双方找到了一个最佳的结合点。一方面，高校在为后勤服务支付应当支付的费用时，需要获得满意的商品（服务），而这种满意应是建立在乙方提供的服务是符合国际通用的规范标准要求基础之上的；另一方面，为高校提供服务的后勤服务实体（或社会企业），通过了ISO9001质量论证，也就取得了为高校提供后勤保障服务的入场券，并在实际服务过程中，也就理解什么是该做的，怎么做才能做好。目前，在通过ISO9001质量认证的后勤服务实体不多的情况下，甲方应对几个突出的服务领域，如学生公寓、饮食、物业管理、接待等提出贯标要求，并派员全过程地参加贯标认证活动。贯标的过程，就是改进服务、改造企业的过程；贯标后的企业，应是规范的企业、规范的服务。而这正是我们后勤保障服务所需要的。

（二）考核评估

甲乙双方双审双管与持续改进有机结合。双审是指组织在ISO9001贯标过程中，对形成的质量管理规范性文件，按产品（或服务）要求不同，由组织自身和第二方（顾客或其他相关人员）共同进行的审核与评审活动。双管是指组织在按质量管理要求（经过双审后确定的规范性程序）操作的过程中，由组织自身和第二方（顾客或其他相关人员）共同进行的管理活动。这两种活动，显现出ISO9001贯标的本质：写应该做的事，做所写的事。这种双审双管活动，将能更好地体现高校及师生员工的要求，体现出市场经济条件下顾客的主体地位。随着社会和高等教育的改革和发展，高校和师生员工对后勤保障服务的要求和标准会不断发生变化，在这种情况下，ISO9001质量管理体系要求再一次显现它的科学性，那就是持续改进功能的发挥。持续改进是增强满足要求的能力的循环活动。持续改进质量体系的目的是提高组织质量管理体系的有效性和效率，实现质量方针和质量目标，增加顾客和其他相关方满意的程度。而这也正是高校及师生员工所希望的。

第三节 高校后勤管理模式

高校后勤管理有两种基本模式，一种是刚性管理，一种是柔性管理。这两种管理模式各有优势。随着社会的进步，随着人们的物质需求和精神需求的增长，高校师生对后勤服务的要求越来越高，单一的刚性管理或单一的柔性管理都难以达到理想的后勤优质服务的效果。因此，在高校后勤管理中，要把刚性管理和柔性管理有机地融为一体，各取所长，互为补充，刚柔相济，实现管理效果的最大化。

一、刚性管理模式

刚性管理是高校后勤管理的一种基本模式。它强调以工作为中心，通过制度约束奖优惩劣；它强调组织权威和专业分工，通常是多维度、多层次的。高校后勤的刚性管理就是要制订和完善各项规章制度，使之具有权威性和约束力，依靠各级管理人员照章办事，以强有力的执行力来贯彻落实规章制度，从而规范后勤秩序，为师生员工提供工作、学习、生活的条件保障。

（一）刚性管理的基本特点

1. 制度规范

在刚性管理中，管理者往往制订规范的管理制度和操作规程，实行科学化管理。组织成员必须严格遵守既定的规章制度，不得自行其是；必须遵守操作规程，不得随心所欲。管理者按照规章制度和操作规程对员工进行绩效评价，激励员工去完成组织的目标。

2. 组织严谨

在刚性管理中，自上而下形成了一个严密的明确的组织结构，从领导到员工，人人都有自己的工作职责，都有自己的岗位分工，从而各司其职，各尽其能，齐心协力，实现组织总目标。

3. 高度集权

在刚性管理中，一般实行纵向管理与集权管理。纵向管理把职务、职位按等级制度进行划分，每个级别的人员都要接受其上级的领导和指挥，这就形成了一个直线式的指挥链。直线的权力是高度集中的，决策权集中在较高的层次，管理权也集中在较高的层次，体现了权力的高度集中。

（二）刚性管理的主要作用

1. 基础和保障作用

在刚性管理中，制度是核心。在一个组织中，要使组织成员步调一致朝着组织目标奋进，需要有一套规范化的管理程序。后勤要完成各项任务，让师生满意，需要有一套规范的、行之有效的工作标准，以保证服务质量。后勤工作中也会有各种各样的冲突和矛盾，需要制度的刚性约束，否则，管理就达不到预期的效果。因此，刚性管理是组织生存和发展的基础保障。

2. 公正和公平作用

高校后勤通过各项规章制度、政策法令来体现刚性管理。对组织成员的评价也以规章制度为依准，制定统一的考核评价体系、统一的衡量尺度和科学的评分标准，从而消除人与人之间的感情因素，体现管理的公正性和公平性，调动组织成员的积极性。

3. 高速和高效作用

在刚性管理中，组织的指挥、协调等管理活动都是强制性的，都是以法规政策、规章制度、命令指示等方式实现的，因而具有高速和高效的作用。高校后勤社会化改革以来，各校根据市场经济规律，建立了一套既为校内师生服务，又为市场服务的发展方针和规章制度，有效地促进了高校后勤服务工作。

（三）高校后勤的刚性管理

高校后勤是保证高校正常运行的基石，是建设和谐校园的重要元素，高校后勤需要有序的刚性管理。

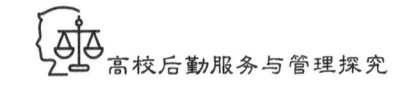

1. 发挥高校后勤刚性管理的基础和保障作用

高校和社会有着千丝万缕的联系，在人们的道德水平不高，依然需要外在约束的情况下，后勤管理的刚性管理要充分发挥它的基础性、保障性作用。运用刚性管理，可以把后勤的各项制度和工作规范落到实处，保障后勤正常的秩序，为全校师生提供有效的后勤保障。同时，后勤的刚性管理也给师生带来了安全感和依托感。这样，他们就可以安心地把重点放在学习和工作上。

2. 依靠刚性管理对高校后勤工作实施监督和控制

高校后勤工作面对高校的方方面面，面对各种利益冲突与矛盾，需要实行有效的监督和控制。通过刚性管理，做到在规章、制度、政策、法令面前人人平等，对待同样性质、同样情节的问题进行同样的处理，充分体现刚性管理的公正性和公平性。

3. 实施高校后勤的刚性管理延伸效率管理

高校后勤的刚性管理强调按一定的方式、规程和标准要求去做好后勤工作，强调整个后勤体系的科学架构和合理运作，从而达到高效的结果，为师生提供快捷、及时、优质的后勤服务。

二、柔性管理模式

柔性管理是高校后勤管理的另一种基本模式。它体现了"以人为本"的理念和"人性化管理"的要求，是根据人的心理和行为规律提出来的。它采用非强制性方式，通过管理把组织意志变为员工的自觉行动。

（一）柔性管理的基本特点

1. 驱动的自觉性

柔性管理是通过诱导和启发，使员工树立正确的价值观，形成一种自我教育、自我提高、自我约束、自我实现的管理机制，把管理者的意志和组织的目标转化为人们的自觉行动，不断激励和释放他们的积极性和创造力。因此，它对员工的驱动不是靠权力、靠制度，而是靠员工的自觉性。

2. 影响的持续性

柔性管理注重内在的影响，通过心理提升影响员工行为，从而能持续地产生激励作用。把柔性管理运用到后勤文化层面，就能形成一种整体的、持久的激励力量，让组织成员受到文化氛围的熏陶，让人们按照组织文化的要求行动。

3. 激励的有效性

在社会的物质生活不断丰富的今天，组织成员的综合素质大大提高，他们的工作不仅仅是为了生活，更重要的是为了实现自我价值。员工的主体意识和心智、价值观和情感意志等柔性因素逐步成为调动员工积极性的重要因素，柔性管理以"个性化"为标志，强调员工思维的跳跃性、反应的敏捷性、创造的多维性，从而实现激励的有效性。

（二）柔性管理的作用

1. 激发组织成员的自觉性

柔性管理的价值观、风格、规范、精神是全体组织成员一致认同，并共同遵循的一种内在心理，通过意识观念的渗透、同化，影响组织成员的行为方式，使组织有一种无形的吸引力，从而激发组织成员自觉遵守组织规范。

2. 激发组织成员的主动性

柔性管理以人为中心，进行人性化管理，使组织与组织成员建立一种良好的情感联系，形成休戚与共的集体意识，产生强大的凝聚力和向心力，因而能深层次地端正组织成员的工作动机，发挥组织成员的主观能动性。

3. 激发组织成员的创造性

组织成员的创造性由创造性意识、创造性思维过程和创造性活动组成，创造性思维是核心。创造性思维又包含发散思维，它与创造性思维关系最为密切，是创造性思维的核心。组织成员的发散性思维表现在行为上，即个人的创造性。

（三）高校后勤的柔性管理

在高校后勤实施柔性管理，对组织来讲，强调感情留人、事业留人、待遇留人；对组织成员来讲，强调以人为本，遵纪守法，服务育人；对师生来讲，强调诱导、启发，正面教育，激发广大师生遵守规章制度、提高自我管理的自觉性。三方面相辅相成，发挥校园文化在后勤管理中的激励和制约。

1. 规章制度要取得师生的理解和支持

制订高校后勤管理的规章制度，要充分听取师生员工的意见，使各项规章制度符合大多数教职员工的心理特征，符合高校及后勤的实际情况，从而得到他们的理解与支持，把管理者的意志和目标变为广大师生的自觉行动，使柔性管理的驱动力得到充分发挥。

2. 注重对师生的情感投入

后勤管理部门要经常倾听师生的心声，针对师生的合理要求，增强服务意识，提高服务质量，解决师生的困难和要求，让他们感受到亲人般的热情和家庭般的温暖，从而使他们产生强烈的归属感，树立主人翁精神。

3. 理解、尊重师生的基本需求

师生员工是高校的主体，为师生员工服务是高校后勤部门的基本职责。要理解、尊重和尽可能地满足师生员工的基本需求，使他们对管理目标享有"参与性"与"选择性"，从而在一定程度上增加自由度，拓展个性发展空间，在实现目标的过程中发展自我，展示自我，形成自我管理的有效机制。

4. 遵守服务承诺

高校后勤要通过柔性管理调动组织成员的积极性，全心全意为师生服务，实现服务承诺，为师生员工提供一个良好的学习、工作、生活环境。要积极拓展服务项目，提升服务水平，完善服务职能，多为师生办实事好事。如完善后勤服务监控体系，健全依托通信网络的快速咨询、投诉反映和处理机制，完善投诉处理及工作满意率调查统计台账；开展后勤服务标准化建设，启动ISO9001质量管理体系的认证工作，建立并运行有效的质量管理体系，促进后勤管理的系统化、科学化和规范化，进一步提升整体管理水平；为师生提供金龙卡充值服务、水电费充值服务、公寓住宿服务、票务服务、通信服务和毕业生离校手续办理等服务工作，让师生享受"一站式"后勤服务；严格遵守食品卫生制度，开设特色餐厅，调整食堂经营模式，为高校各部门的建设和发展提供重点支持和保障。

三、融合管理模式

引进刚柔相济融合的后勤管理的新模式。刚柔相济是在管理中以刚性为基础，以柔性管理为补充，具有综合性、相容性和互补性的管理模式。高校后勤管理既要有规章制度的刚性制约，又要有以人为本的柔性管理，两者相辅相成，互为补充。这种模式具有两大方面的特色。

（一）各取所长，互为补充

刚性管理和柔性管理都是高校后勤管理的基本模式，都是在长期的管理实践中总结提炼出来的，都有其各自的优点和特色。刚性管理通过制定和完善后勤管理的各项规章制度，依靠强有力的执行力来规范后勤秩序，对后勤工作具有基础和保障作用，并能有章可循，公平、公正地评价员工绩效，使后勤工作快速高效地为师生提供服务。但是，它也存在一些明显的缺陷。刚性管理把员工作为接受监督的对象，使员工处于消极的被管理状态，无法充分调动员工积极性和主观能动性；严格的规章制度也不利于灵活协调组织与外部环境的关系变化，使组织缺乏审时度势的应变能力；而且，制度和条款无法涵盖所有组织部门和职工的任务范围和职责权利，有些工作又是不能用制度来管理的，即使员工完全遵守规章制度和上级的安排，自身的潜能也得不到较好的发挥。柔性管理则是通过人性化管理，把组织的意识转变为员工的自觉行动，在调动员工的自觉性、主动性、创造性方面具有其独特的优势，弥补了刚性管理的不足。当然，柔性管理也是有弊端的，由于它不强调统一的制度管理，容易造成管理柔弱无力、效率低下；由于它强调个性化、差异性，容易对管理造成公平缺失；由于它表现为权利的模糊性、量的非线性，会带来权利影响的失效性和效果的滞后性。这些弊端与不足，恰恰又是刚性管理的优势所在。

（二）刚柔相济，和谐统一

把高校后勤的刚性管理和柔性管理有机融合，就形成了刚柔相济的高校后勤管理的新模式。这是一个优势互补、和谐统一的新模式，它实现了高校后勤管理以法管理和以德管理的统一，组织管理和自我管理的统一，后勤管理和后勤服务的统一，制度管理和思想教育的统一。

一是以法管理和以德管理的和谐统一。"以法管理"就是规章制度的管理，这是刚性的、强制性的。"以德管理"是道德规范的约束，是柔性的，非强制性的。规范校园公共生活秩序的手段多种多样，其中法律和道德是最基本的手段。师生社会公德的确立与遵守，需要法律和规章制度的制定和执行来保障；破坏公共秩序的行为，不仅需要道德谴责，更需要法律和校纪来制约。在校园公共生活中，道德可以用来调节、规范人们的行为，预防犯罪和不法行为的产生，是法律的最好补充，它能解决许多法律自身解决不了的问题。高校后勤管理要把法律制度建设和道德规范建设紧密结合起来，形成有机的整体，达到高度的和谐统一。

二是组织管理和自我管理的和谐统一。组织管理即他律，包括法规、政策、制度、纪律等对行为主体的约束，自我管理则是自律，是行为主体对自我的约束。高校后勤管理既要有组织的约束力，做到有章可循，有法可依，坚持原则，敢抓敢管，也要有师生对后勤管理各种规章制度的自觉认知，通过自我认识、自我约束把制度要求内化成自身的基本素质，内化为师生的自觉行动，去实现组织目标。

三是后勤管理和后勤服务的和谐统一。高校后勤具有管理和服务两种功能，既要通过严格管理，维护正常的秩序和良好的环境，又要以优质服务去满足教学、科研和师生生活的基本需要，管理涵盖着服务，服务是管理实施操作过程的具体化。服务与管理是后勤工作的手段和途径。要把服务与管理两者完美结合起来，全面提升管理服务的能力和水平，实现后勤管理和后勤服务的和谐统一。

四是制度管理和思想教育的和谐统一。制度管理是用规章制度来规范组织成员的行为，强制性地进行约束和规范，使被管理者从不习惯到习惯，逐步养成自觉性；思想教育则启发自觉，注重疏导，重在提高觉悟。教育是管理的重要基础，管理又是教育的重要内容，两者相辅相成，营造和谐的学习工作环境，达到后勤管理的总体目标。

第四节 高校后勤管理原理与方法

一、高校后勤管理的基本原理

高校后勤管理的基本原理是后勤集团工作人员在管理人、财、物、事的时候所依据的原则，是采取有效手段进行管理活动的基本要求。高校后勤集团在现代企业制度的建设过程中，只有在正确原则的指导下，才能实施有效的管理，实现高校后勤管理的目的。正确地认识并掌握学校后勤管理工作的基本原理，必须吸取现代管理学的思想精髓，依据高校后勤活动的规律，总结高校后勤工作的实践经验。学校后勤管理的基本原理有系统原理、人本原理、服务原理和效益原理。

（一）系统原理

系统原理是现代管理科学的一个最基本的原理。它是指人们在从事管理工作时，运用系统的观点、理论和方法对管理活动进行充分的系统分析，以达到管理的优化目标，即从系统论的角度来认识和处理企业管理中出现的问题。

系统是普遍存在的，它既可以应用于自然和社会事件，又可应用于大小单位组织的人际关系之中。因此，我们可以把任何一个管理对象都看成是特定的系统。组织管理者要实现管理的有效性，就必须对管理进行充分的系统分析，把握住管理的每一个要素及要素间的联系，实现系统化的管理。

管理的系统原理源于系统理论，它认为应将组织作为人造开放性系统来进行管理。它要求管理应从组织整体的系统性出发，按照系统特征的要求从整体上把握系统运行的规律，对管理各方面的前提做系统的分析，进行系统的优化，并按照组织活动的效果和社会环境的变化，及时调整和控制组织系统的运行，最终实现组织目标，这就是管理系统原理的基本含义。

1. 系统存在的基本条件

系统就是若干相互联系、相互作用、相互依赖的要素结合而成的，具有一定的结构和功能，并处在一定环境下的有机整体。系统的整体具有不同于组成要素的新的性质和功能。具体来讲，系统的各要素之间、要素与整体之间，以及整体与环境之间，存在着一定的有机联系，从而在系统的内部和外部形成一定的结构。可以讲，要素、联系、结构、功能和环境是构成系统的基本条件。

要素是指构成系统的基本成分。要素和系统的关系，是部分与整体的关系，具有相对性。一个要素只有相对于由它和其他要素构成的系统而言，才是要素；而相对于构成它的组成部分而言，则是一个系统。联系是指系统要素与要素、要素与系统、系统与环境之间的相互作用关系：一方面它表明系统内的要素处于不断的运动之中。系统中任何一个要素的变化都会影响其他要素的变化，进而影响系统的发展。同时，要素的发展也要受到系统的制约，这是因为系统的发展是要素或部分存在和发展的前提。另一方面，作为一个整体的系统与它周围的环境进行物质、能量和信息的交换，形成了从系统的输入端到系统输出端的物质流、能量流和信息流。总之，事物是在联系中运动，而运动发展着联系。

结构是指系统内部各要素的排列组合方式。每一个系统都有自己特定的结构，它以自己的存在方式，规定了各个要素在系统中的地位与作用。结构是实现整体大于部分之和的关键，结构的变化制约着整体的发展变化，构成整体的要素间发生数量比例关系的变化，也会导致整体性能的改变。总之，系统的整体功能是由结构来实现的。

功能是指系统与外部环境在相互联系和作用的过程中所产生的效能。它体现了系统与外部环境之间的物质、能量和信息的交换关系。系统的功能取决于过程的秩序，如同要素的胡乱堆积不能形成一定的结构一样，过程的混乱无序也无法形成一定功能。从本质上说，功能是由运动表现出来的。离开系统和要素之间及其外部环境之间的物质、能量和信息的交换过程便无从考察系统的功能。

环境是指系统与边界之外进行物质、能量和信息交换的客观事物或其总和。系统边界将起到对系统的投入与产出进行过滤的作用，在边界之外是系统的外部环境，它是系统存在、变化和发展的必要条件。虽然由于系统的作用，会给外部环境带来某些变化，但更为重要的是，系统外部环境的性质和内容发生变化，往往会引起系统的性质和功能发生变化。因此，任何一个具体的系统都必须具有适应外部环境变化的功能，否则，将难以获取生存与发展。

2. 系统的特征

系统是客观存在的，具有普遍性。从系统组成要素的性质来看，可以划分为自然系统和人造系统。自然系统是由自然物组成的，它的特点是自然形成的，如生态系统、星际系统等；人造系统是人们出于某种目的而制造的系统，如生产系统、交通系统、商业系统、管理系统等。还有从系统与环境的联系程度来看，可以划分为封闭系统和开放系统；从系统的状态与时间的关系来看，可以划分为静态系统和动态系统等。无论是何种分类的系统，它们都具有以下几个共同的特征：

(1) 整体性

系统的整体性又称为系统性，通常理解为"整体大于部分之和"，这就是说，系统的功能不等于要素功能的简单相加，而往往是要大于各个部分功能的总和。它表明要素在有机地组织成为系统时，这个系统已具有其构成要素本身所没有的新质，其整体功能也不等于所组成要素各自的单个功能的总和。根据整体性的这一特点，我们在研究任何一个对象的时候，不能仅研究宏观上的整体，也不能仅研究各个孤立的要素，而是应该了解整体是由哪些要素组成的，以及在宏观上构成整体的功能。这就是说，人们在认识和改造系统时，必须从整体出发，从组成系统的各要素间的相互关系中探求系统整体的本质和规律，把握住系统的整体效应。

(2) 层次性

较为复杂的系统都有一定的层次结构，其中低一级的要素是它所属的高一级系统的有机组成部分。系统与要素、系统与环境是相对的，就自然界而言，从宇宙大系统到基本粒子系统，存在着若干层次，各层次之间又相互交叉，相互作用。从社会生活来看，公共领域和非公共领域是社会生活的基本领域，以此可以把现代社会的管理划分为公共管理和企业管理两大类型。而在公共管理和企业管理之下，还可划分为许多不同层次的管理子系统。这样逐层都有着系统与要素的关系。一般而言，系统的运动能否有效、效率高低，很大程度上取决于能否分清层次。因此，研究系统的层次性对于实行有效管理具有重要的意义。当我们面临一个复杂系统时，首先，应搞清它的系统等级，明确在哪个层次上研究该系统。其次，运用分析和综合的方法，根据系统的实际情况把系统分为若干个层次，然后把系统的各个部分、各个方面和各种因素联系起来，考察系统的整体结构和功能。在此基础上，进一步明确层次间的任务、职责和权利范围，使各层次能够有机地协调起来。

(3) 目的性

所谓目的性，是指系统在一定的环境下，必须具有达到最终状态的特性，它贯穿于系统发展的全过程，并集中体现了系统发展的总倾向和趋势。一般而言，系统的目的性与整体性是紧密联系在一起的，若干要素的集合，就是为了实现一定的目的，可以讲，没有目的就没有要素的集合。因此，人们在实践活动中首先必须确定系统应该达到的目的，以明确系统可能达到什么样的最终状态，以便依据这个最终状态来研究系统的现状与发展。其次，实行反馈调节，使系统的发展顺利导向目的。例如，企业就是以营利为目的而进行生产和服务的经济组织，在市场经济下，企业的生命力在于其经济效益，因此，经济效益的最大化是企业组织追逐的根本目标。由于经济效益是通过企业盈利来实现和衡量的，管理者必须运用反馈控制的方法，使企业的其他目标能够顺利地服务和服从于这一总目标。

(4) 适应性

任何系统都存在于一定的环境之中，都要和环境有现实的联系。所谓适应性，就是指系统随环境的改变而改变其结构和功能的能力。系统在适应性方面涉及三种不同的情况：第一，系统原有稳定状态被破坏后，逐渐过渡到一个新的稳定状态，即依靠系统本身的稳定性来适应环境的改变。第二，当系统稳态被破坏后，靠系统内部或人为提供的一个特殊机制，抗拒环境的干扰，修补被破坏的因素，致使系统回到原来的稳定状态。像大学组织在传统上是有能力阻挡外界力量（象牙之塔）并将它们的工作环境限制在一定范围的因素之内的。大学组织作为生命有机体一样向前进化，它所面临的困境是如何在适应社会的改变中保持大学的内在发育逻辑。大学组织要保持学术发展的完整性，必须具有修复功能的机制，以超稳定的形态来表明大学组织的适应性。第三，系统由于突然的、强大的干扰，稳态结构迅速被破坏，一个新的稳定形态迅速形成。

在实际工作中运用系统原理研究、管理问题，应做到以下四点：一是对管理的对象进行系统分析，包括对系统要素、结构、功能、集合、联系、历史等方面的分析。管理的决策和措施就是建立在系统分析基础之上。二是根据系统的目的性特征，要坚持一个系统只有一个目的，其子系统要围绕这个目的形成合力，统筹运动。三是根据系统的整体性特征，必须树立全局观念，不要孤立地看问题，局部利益服从整体利益，处理好国家、单位和个人的关系，克服本位主义及自给自足的小生产思想。四是根据系统的层次性特征，各个系统都应建立合理的层次结构，上一层次只管下一层次，下一层次只对上一层次负责。要求领导只做本级领导岗位职责的事，各层做好各层的事，职责分明，各司其职，各负其责。

3. 系统管理的基本原则

系统管理理论，即把一般系统理论应用到组织管理之中，运用系统研究的方法，兼收并蓄各学派的优点，融为一体，建立通用的模式，以寻求普遍适用的模式和原则。它是运用一般系统论和控制论的理论和方法，考察组织结构和管理职能，以系统解决管理问题的理论体系。

(1) 动态原则

该原则是指任何管理系统的正常运转，不仅要受到系统本身条件的限制和制约，还要受到其他有关系统的影响和制约，并随着时间、地点及人们的不同努力程度而发生变化。

(2) 整分合原则

该原则的基本要求是充分发挥各要素的潜力，提高组织的整体功能，即首先要从整体功能和整体目标出发，对管理对象有一个全面的了解和谋划；其次，要在整体规划下实行明确的、必要的分工或分解；最后，在分工或分解的基础上，建立内部横向联系或协作，使系统协调配合、综合平衡地运行。

(3) 反馈原则

它指的是成功的、高效的管理，离不开灵敏、准确、迅速的反馈。

(4) 封闭原则

该原则是指在任何一个管理系统内部，管理手段、管理过程等必须构成一个连续封闭的回路，才能形成有效的管理活动。该原则的基本精神是组织系统内各种管理机构之间，各种管理制度、方法之间，必须具有相互制约的管理，管理才能有效。

(二) **人本原理**

人本原理，是管理学四大原理之一，顾名思义就是以人为本的原理。它要求人们在管理活动中坚持一切以人为核心，以人的权利为根本，强调人的主观能动性，力求实现人的全面自由发展。同时，通过激励调动和发挥员工的积极性和创造性，引导员工去实现预定的目标。其实质就是充分肯定人在管理活动中的主体地位和作用。然而，任何管理理论的提出都有其阶级和时代背景，人本原理也不例外。随着科学技术的日新月异和经济全球化的到来，各个领域的管理哲学和管理实践都发生了翻天覆地的变化，人本原理也被赋予了新的时代意义。

管理的人本原理，就是指组织的各项管理活动，都应以调动和激发人的积极性、主动性和创造性为根本，追求人的全面发展的一项管理原理。人本原理特别强调人在管理中的主体地位，它不是把人看成是脱离其他管理对象的要素而孤立存在的人，而是强调在作为管理对象的整体系统中，人是其他构成要素的主宰，财、物、时间、信息等只有在为人所掌握、为人所利用时，才有管理的价值。具体地说，管理的核心和动力都来自人的作用。管理活动的目标、组织任务的制订和完成主要取决于人的作用，人的积极性、主动性和创造性的调动和发挥。没有人在组织中起作用，组织将不被称为组织，各种资本物质也会因没有人去组织和使用而成为一堆无用之物。因此，管理主要是人的管理和对人的管理。管理活动必须以人及人的积极性、主动性和创造性为核心来展开，管理工作的中心任务就在于调动人的积极性，发挥人的主动性，激发人的创造性。因此，人本原理讲求和解决的核心问题是积极性问题。

1. 具体实施原则

依据新人本原理的内容，可以延伸出如下几条管理原则：

（1）激励原则

激励——保健因素理论是美国的行为科学家弗雷德里克·赫茨伯格（Fredrick Herzberg）提出来的，又称双因素理论。这是激励原则的理论根源。他告诉我们，满足人类各种需求产生的效果通常是不一样的。物质需求的满足是必要的，没有它会导致不满，但是仅仅满足物质需求又是远远不够的，即使获得满足，它的作用往往是很有限的，不能持久。要调动人的积极性，不仅要注意物质利益和工作条件等外部因素，更重要的是要从精神上给予鼓励，使员工从内心情感上真正得到满足。

（2）行为原则

现代管理心理学强调，需要与动机是决定人的行为基础，人类的行为规律是需要决定动机，动机产生行为，行为指向目标，目标完成需要得到满足，于是又产生新的需要、动机、行为，以实现新的目标。掌握了这一规律，管理者就应该对自己的下属行为进行行之有效的科学管理，最大限度地发掘员工的潜能。

（3）能级原则

所谓能级原则是指根据人的能力大小，赋予相应的权力和责任，使组织的每一个人都各司其职，以此来保持和发挥组织的整体效用。一个组织应该有不同层次的能级，只有这样才能构成一个相互配合、有效的系统整体。能级原则也是实现资源优化配置的重要原则。

（4）动力原则

没有动力，事物不会运动，组织不会向前发展。在组织中只有强大的动力，才能使管理系统得以持续、有效地运行。现代管理学理论总结了三个方面的动力来源：物质动力、精神动力、信息动力。物质动力指管理系统中员工获得的经济利益及组织内部的分配机制和激励机制；精神动力包括革命的理想、事业的追求、高尚的情操、理论或学术研究、科技或目标成果的实现等，特别是人生观、道德观的动力作用，将能够影响人的终生；为员工提供大量的信息，通过信息资料的收集、分析与整理，得出科学成果，创造社会效益，使人产生成就感，这就是信息动力的体现。

（5）纪律原则

无规矩不成方圆。作为现代社会的组织，没有纪律也是不可能长期生存下去的。因此，组织内部从上到下都应该制定并遵守共同认可的行为规范，违反了纪律就应该得到相应的惩罚。

2. 实现方式

人本原理是现代管理发展的必然趋势和客观要求，任何一个组织的管理者在管理实践中都必须以人本原理作为管理的主导思想，在管理的全过程中实行以人为中心的管理，在最大限度内激发组织成员的积极性、主动性和创造性，有效地实现组织目标。人本原理的实现方式有以下几种类型。

（1）动力管理

动力是推动工作或事业向前发展的一种力量。作为一个管理者，每当在组织中发现低效率、无秩序、积极性不高等问题时，首先需要检查的就是推动工作进行的动力是否充足。没有动力，管理就不可能进行有序运动。因此，管理必须要有强大的动力。一般来讲，管理的基本动力有三种类型：物质动力，它不仅是对个人的物质刺激，更重要的是组织的经济效益。经济效益是推动管理发展的动力，是检验管理实践的标准。只有将物质利益与管理活动结果结合起来，才能大大提高经济效益。也就是说只有把对组织的贡献与从组织得到的物质利益紧密结合起来，才能形成动力。精神动力，它是指组织及其成员的观念、理想、信仰等精神方面的追求所形成的管理动力，它包括理想教育、日常的思想政治工作、精神奖励等。精神动力是客观存在的，它能弥补物质动力的缺陷，而且本身就有巨大的威力，在某些特定的情况下，还可以成为决定性的力量。信息动力，它是指信息的传递所构成的反馈对组织活动发展的推动作用。从管理的角度来看，信息作为一种动力，有超越物质和精神的相对独立性。在信息化社会，信息冲击产生的压力会转变成你追我赶的竞争动力，它对组织活动起着直接的、整体的、全面的促进作用。物质动力、精神动力和信息动力，是促使管理活动不断地持续下去的力量，管理不仅要有这些动力，更为重要的是需要管理者正确地运用这些动力，能够顺利地实现组织目标。而管理者要有效地实现动力管理，就必须从根本上重视人的需要。

（2）柔性管理

柔性管理是相对刚性管理而言的。在刚性管理中，哲学中的人本主义原理的组织管理者是以制度和职权为条件，利用约束、监督、强制和惩罚等手段对组织成员进行管理。而柔性管理是以情感和文化为基础。运用尊重、激励、引导和启迪等方式进行管理。从本质上说，柔性管理是一种"以人为本"的管理，它是组织管理者依据组织成员的心理和行为规律，以人性化的工作方式和管理思维，在组织成员中形成一种潜在的说服力，从而把组织的意志变为组织成员的自觉行动。因此，实行柔性管理应从情感管理入手，实行民主管理、自我管理和文化管理。

（3）人才管理

善于发现人才、培养人才和合理使用人才是人才管理的根本。将人本原理的思想落实到人才管理中去，就要求管理者在工作中实现人岗匹配、人尽其才、才尽其用的目标。实现这一目标需要做好以下工作：

第一，人才测评。人才测评是建立在心理学、管理学和人才学等学科基础上的一种综合性人才评价系统，它通过心理测试、行为观察分析、情景模拟演练等，对人才的素质、结构和兴趣等方面能够得出一个比较客观的认识,这种认识为管理者认识人才价值、挖掘人才潜能提供帮助和指导。具体来讲,人才测评能够为组织提供整体的人力资源状况和水平,为组织做好人力资源规划打下基础,在人员的招聘和员工的培养和使用等方面进行有针对性的管理。

第二,能级管理。能级是现代物理学的概念,能是做功的本领,能量有大有小,把能量按大到小排列,犹如阶梯。在组织管理中,机构、人员等都有一个能量的问题,能量大,作用大。现代管理的任务就是建立一种使组织的每个人都能"各尽其能"的运作机制,为组织合理地配备人才和使用人才打下坚实的基础。实行能级管理,就可以达到这个目的。因为能级管理就是要在管理系统中建立一套合理的能级,即根据每个组织和个人的能量大小安排其地位和任务,使人的职位与能力相称。它要求管理的内容能够动态地处于相应的能级中去,以此充分发挥人的能力。随着知识经济的发展和市场经济的完善,对人的能力要求日益增高。能力的内在结构不仅包含着知识、智力和技能,更为重要的是指人的创新能力,这意味着以人为本,必须以人的能力为本。因此,管理者在实施能级管理的过程中,要突出发现能力、使用能力和开发能力三大环节。具体来讲,每个组织都要根据其组织使命和不同岗位特点,确定组织认可的能力范围。同时,对组织成员的个人能力进行科学测定,在此基础上实现按能配岗、按岗配人的人岗配置使用模式。即:将具有不同能力的组织成员配置到不同的岗位上,实现组织成员的能力的优化组合,使能力与能级相符。而处在不同能级的组织成员,则享受不同的待遇,组织成员的能力越高,结构越合理,得到的待遇就越好。它说明在注重能力与职位、岗位和责任相匹配的同时,还要将责任、权力和利益统一起来。而能力开发则是管理者按照组织长远发展的需要,采取各种有效的激励措施促使组织成员将潜在能力转化为现实能力,促使组织成员不断提高已有的能力。组织成员的能力一旦得到开发,其能力水平会发生变化,此时组织成员所处的能级也必须与之动态对应。只有这样,才能做到人尽其才,发挥组织的最佳管理效能。

第三,工作丰富化。组织管理者要实行以人为本的管理,就必须创设一个让人全面发展的场所,间接地引导人自由地发展其潜能。从企业组织来讲,为了提高工作效率,必须进行专业分工,而且每个人担负的工作越单纯,工作的效率会越高。这样企业只需要员工长期重复做某项工作,它必定引发出相应的问题:员工成为机械手,就意味着无法看到个人的工作和整体工作的联系,失去了享受劳动成果的欣慰感。又由于企业对员工的知识与能力的要求有限,员工长期从事于某一道工序,必然会感到枯燥无味甚至厌倦。可以讲,效率的获取是以员工的片面发展为代价的。如何将工作效率与员工多方面的技能发展相结合,是实现人本原理的重要问题。管理者运用工作丰富化的管理手段,可以妥善地解决这一问题。所谓工作丰富化,是指通过改进工作设计,丰富工作内容,赋予更多的尝试机会,来增加工作本身的刺激性和挑战性,使职工获得发挥聪明才智和取得个人成就的机会。

在企业环境中，可采取以下措施促进工作丰富化：在工作方式、工作次序和作业速度方面给职工以更大的自由，使每个职工对自己的工作负有明确的责任；安排和鼓励职工定期轮换工作岗位和工种；扩大职工的工作范围，让职工参与某项业务活动的全过程，使职工明确认识到自己的工作对企业整体发展的意义及所做出的贡献等。劳动者只有看到了自我发展的可能性，才能不断提高工作的积极性、主动性和创造性。工作丰富化，使工作不再是一种烦琐的、冗长的、沉重的劳作，而是一种具有丰富意义和乐趣、讲究质量的生活方式。它能够在提高工作效率的同时，起到增进员工满足感的作用。

3. 管理环境分析

在借鉴或者设计人本管理模式时，要考虑组织自身的物质和文化基础。

（1）组织的业务性质与特点

不同行业、不同组织有自身不同的性质和特点，对人员也有不同的要求。

（2）组织的主要矛盾

人本管理的模式往往是组织在解决发展过程中遇到的主要矛盾与主要问题时逐步形成的。

（3）组织传统及人员情况

人本管理模式与组织开创时形成的传统及人员结构存在内在联系。大庆油田开始建设时，吸引了一大批复员转业军人，他们把解放军的一套优良传统：如思想动员在先、党员及干部冲锋在前等作风带进了大庆，所以才能在很短的时间里，在极其艰苦的条件下，取得巨大成功。

（4）组织环境

组织环境也是影响人本管理模式形成的主要因素。

（5）领导人的风格与创新精神

组织文化必然打上组织领导人的烙印，组织文化实际上是创始人理念的组织化。

（三）服务原理

服务在字义上来说是履行某一项任务或是任职某种业务，在中文地区及法国等，也将它当作为了公众做事，替他人劳动的含义。其他一般西洋地区的这个词是经济用语，涵盖所有在买卖过程后不会有物品留下，提供其效用来满足客户的这类无形产业。这也就是英国经济学家科林·格兰特·克拉克（Colin Grant Clark）所提到"斐帝－克拉克法则"中所谓的"第三产业"。在现代社会上，服务的含义越来越广泛。以产品和服务区别来说，服务是具有无形特征却可给人带来某种利益或满足感的可供有偿转让的一种或一系列活动。服务通常是无形的，并且是在供方和顾客接触面上至少需要完成一项活动的结果。

当今社会，服务主要涉及：一是在顾客提供的有形产品上所完成的活动。二是在顾客提供的无形产品上所完成的活动。三是无形产品的交付。四是为顾客创造氛围。

服务主要具有以下特性：

· 101 ·

第一，服务的无形性。商品和服务之间最基本的，也是最常被提到的区别是服务的无形性，因为服务是由一系列活动所组成的过程，而不是实物，这个过程我们不能像感觉有形商品那样看到、感觉或者触摸到。

第二，异质性。服务是由人表现出来的一系列行动，而且员工所提供的服务通常是顾客眼中的服务，由于没有两个完全一样的员工，也没有两个完全一样的顾客，那么就没有两种完全一致的服务。

服务的异质性主要是由于员工和顾客之间的相互作用及伴随这一过程的所有变化因素所导致的，它也造成了服务质量取决于服务提供商不能完全控制的许多因素，如顾客对其需求的清楚表达的能力、员工满足这些需求的能力和意愿、其他顾客的到来及顾客对服务需求的程度。由于这些因素，服务提供商无法确知服务是否按照原来的计划和宣传的那样提供给顾客，有时候服务也可能会由中间商提供，那更加大了服务的异质性，因为从顾客的角度来讲，这些中间商提供的服务代表服务提供商。

第三，生产和消费的同步性。大多数商品是先生产，然后存储、销售和消费，但大部分的服务却是先销售，然后同时进行生产和消费。这通常意味着服务生产的时候，顾客是在现场的，而且会观察甚至参加到生产过程中来。有些服务是很多顾客共同消费的，即同一个服务由大量消费者同时分享，比如一场音乐会，这也说明了在服务的生产过程中，顾客之间往往会有相互作用，因而会影响彼此的体验。

服务生产和消费的同步性使得服务难以进行大规模的生产，服务不太可能通过集中化来获得显著的规模经济效应，问题顾客（扰乱服务流程的人）会在服务提供过程中给自己和他人造成麻烦，并降低自己或者其他顾客的感知满意度。另外，服务生产和消费的同步性要求顾客和服务人员都必须了解整个服务传递过程。

1. 全面提升综合保障能力

提升高校后勤的综合保障能力，让"后勤船队"日渐强大，并不是说让高校后勤的规模无限扩大，而是因为"后勤船队"必须和整个"学校船队"的规模相适应，后勤这一"龙尾"甩动所产生的力量能够有力推动"巨龙"的腾飞。我们可以从四个方面着手提升后勤综合保障能力：首先，提高后勤实体的运营能力，按照现代企业制度的要求，壮大和发展一批后勤服务企业，使之成为高校后勤市场化服务的主体。其次，按照因地制宜、因校制宜的原则，鼓励以多种形式推进高校后勤社会化改革，跳出单一"社会化"的思维和做法，拓宽"社会化"的内涵，探索新的改革思路，如按地区打通校际壁垒、实现高校后勤资源共享，建立高校后勤企业联盟等。再次，扩大高校后勤与社会企业的合作，积极引进有资质的优质社会企业参与高校后勤服务，使一批有志于服务高校的社会专业化公司发展壮大，建立跨学校、跨地区的服务，并实现规模生产和连锁经营，最终形成高校与社会企业双赢的局面。最后，走品牌经营之路。着力提高后勤实体的市场竞争力，并适时实现品牌输出，基本实现高校后勤服务的社会化、专业化、现代化水准，极大提升高校后勤的综合保障能力。

2. 科学管理打造优质服务

提高高校后勤服务的水平，也可以从四个方面着手：首先从加强规范管理入手，普及 ISO 标准化管理，制订高校后勤行业如食堂、公寓、超市等的规范、技术标准、评价体系，逐步实现高校后勤行业自律管理和有序发展。其次，采用先进技术与现代物流手段，普及智能化系统，推行后勤电子商务，实现服务数字化和信息一体化，使管理和服务更加高效、便捷。再次，加强高校后勤队伍建设，引入现代人力资源管理理念，优化队伍结构，合理构建薪酬体系，创造良好的用人、留人的机制和环境，全力打造一支"懂经营、善管理、有技术、能服务"的综合型、高素质团队。最后，建立相应的后勤服务市场监管体系及高校后勤保障和服务竞争体系。构建行之有效的内控和外控运转机制，加强对过程的监督和管理，形成闭环式整改提高模式，完善科学评价体系，真正将服务做精做细。探索高校后勤意外事故社会化处理途径，分散和降低后勤服务风险，保证高校后勤服务的安全性及学校的稳定与发展。

3. 引领需求培育市场理念

大学生在步入社会之前，必须形成相应的市场经济意识，并基本做到与社会接轨，方能在日后激烈的竞争中占据一席之地。高校后勤在研究并满足大学生服务需求的基础上，尝试从引领需求的视角出发来帮助大学生培育市场意识和社会意识。

4. 育人功能体现人文精神

高校坚持"育人为本"的战略，主题是实施素质教育，方法是实行全员育人、全方位育人和全过程育人。高校后勤作为学校一个重要组成部门，必然要参与到学校育人的过程中去。被全国高校后勤共同奉为宗旨的"管理育人、服务育人"理念，正是后勤参与全员育人过程中起到的特定功能的直接体现。无论是高校后勤实体，还是社会企业，甚至是个体经营者，只要进入了高校后勤服务市场，都应当把"管理育人、服务育人"当作一种责无旁贷的社会责任，在员工中培养和树立"三嫂"式的典型人物，为高校培养人才、提升高等教育质量做出应有的贡献。

（四）效益原理

所谓管理的效益原理，是指组织的各项管理活动都要以实现有效性、追求高效益作为目标的一项管理原理。它表明现代社会中任何一种有目的的活动，都存在着效益问题，它是组织活动的一个综合体现。以企业组织为例，影响企业效益的因素是多方面的，如：科学技术水平、人员素质、成果效用、管理水平、资源消耗和占用的合理性等。从管理的这一具体因素来看，管理的目标就是追求高效益。有效地发挥管理功能，能够使企业的资源得到充分的利用，带来企业的高效益。反之，落后的管理就会造成资源的损失和浪费，降低企业活动的效率，影响企业的效益。向管理要效益，管理出效率，已成为人们的共识。

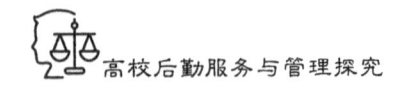

1. 效益原理体现的原则
（1）价值原则

即效益的核心是价值，必须通过科学而有效的管理，对人、对组织、对社会有价值的追求，实现经济效益和社会效益的最大化。

（2）投入产出原则

即效益是一个对比概念，通过以尽可能小的投入来取得尽可能大的产出的途径来实现效益的最大化。

（3）边际分析原则

即在许多情况下，通过对投入产出微小增量的比较分析来考察实际效益的大小，以做出科学决策。

2. 效益、效果和效率的区别与联系

效益是与效果、效率既相互联系，又相互区别的概念。

效果指人们或组织通过某种行为、力量、手段、方式而产生的结果。这种结果其中有的是有效益的，有的是无效益的。例如，有的企业生产的产品虽然质量合格，但产销不对路，在市场上卖不出去，积压在仓库里，最后甚至会变成废弃的物质。这些产品是不具有效益的。所以，只有那些为社会所接受的效果，才是有效益的。

效率是指特定的系统在单位时间内的投入与所取得的效果之间的比率。这个比率是一个经常用来衡量管理水平的标准。例如，要衡量企业管理的水平，就必须考察企业投入的资金、技术、人力、物力等因素与所获得的利润之间的比率。在一定的时间内，如果消耗的物资、能量等因素越少，而产生的效果越大，就意味着效率越高；反之，如果消耗的物资、能量等因素越多，产生的效果越小，就意味着效率越低。

效益是某种活动所要产生的有益效果及其所达到的程度，是效果和利益的总称。它可分为经济效益和社会效益两类，其中经济效益是人们在社会经济活动中所取得的收益性成果；社会效益则是在经济效益之外的对社会生活有益的效果。经济效益和社会效益，两者既有联系又有区别。经济效益是讲求社会效益的基础，而追求社会效益又是促进经济效益提高的重要条件。两者的区别主要表现在，经济效益比社会效益更加直接些，显而易见，可以运用若干经济指标来计算，而社会效益则难以计量，必须借助于其他形式来间接考核。

一般而言，企业组织所开展的诸多管理活动就是为取得经济效益而服务的，企业追求良好的经济效益，不仅是企业出于积累资金自我发展的需要，而且更为重要的是能够促进社会进步、国民经济的发展及社会生产力的提高，因此，经济效益与社会效益从根本上说应该是一致的。但是，当有的企业从局部考虑问题，或者采取不合理、不合法的手段获得经济效益时，二者就会产生矛盾，管理的作用就在于要消除这种矛盾，力求将经济效益与社会效益有机地结合起来。

3. 管理活动遵循效益原理的基本途径

所有的管理都是致力于提高效益，但并不是所有的管理都是有效的。从管理的角度来看效益的提高，涉及的因素是多种多样的，如管理思想、管理制度、管理方法、管理环境和管理措施，等等，这些因素对管理效益的影响是十分重大的，尤其是像管理者的思想观念、行为方式，能够直接影响着管理的决策、组织、领导和控制的一系列活动，并对管理效益产生着直接的作用。因此，遵循效益原理，就要求管理者把握以下三个方面：

（1）确立可持续发展的效益观

由于自然资源的短缺与自然环境的恶化已成为整个人类社会生存和发展的重大威胁，因此，组织管理者在提高效益的过程中，必须确立可持续性的发展观。所谓可持续性的发展，就是满足目前的需要而不危害下一代权利的需要。

将可持续性发展与效益原理结合起来，就是要兼顾需要与可能，在讲究经济效率的同时，保持与生态环境和社会环境的协调发展，即：既要注重技术的先进性、经济上的合理性，又要注重对社会的效用性和天人合一的和谐性。对那些在生产过程中排放出大量的工业废气、污染周围环境的企业，或以次充好、质量掺假而高价出售产品的企业，社会必须通过经济、法律、行政和教育的手段给予严厉的制裁，创造出一种具有约束力的激励环境，使各组织能够正确处理好经济效益和社会效益、局部效益与全局效益、短期效益和长远效益、间接效益和直接效益等方面的关系，把过程与结果、动机与效果有机地结合起来。

（2）提高管理工作的有效性

管理学家德鲁克认为：作为管理者，不论职位高低，都必须力求有效。管理的有效性，应是管理的效率、效果和效益的统一。其实现的重要途径是要确立有效管理的评价体系。一是在评价标准上要注意直接的成果和价值的实现。从组织获取的产值、利润等方面看组织目标实现的状况，以考察组织在产品或服务的质量方面所获得的效果和效益。而价值的实现则是比对直接成果的追求体现出更高水平的管理，是一种深层次的管理，像组织文化、经营哲学、组织形象的塑造、开发并向市场推出民众欢迎的产品、服务特色等，就是大价值意义上的管理追求。二是在评价内容上应以工作绩效和贡献为主，并分清主客观条件对工作绩效的影响。具体来讲，对管理者的评价主要结合德、能、勤、绩等方面的内容加以考察；对管理集体的评价，要考察其管理上服务态度与质量，与相关管理部门的协调性等。三是在评价方法上应综合不同评价主体的评价结果。一般来说，评价主体可以是管理者（机构）本身，也可以是上级主管或职工，还可以是有相互工作往来、服务关系的其他管理者或管理部门。只有综合这些不同评价主体的结果，并做到定性与定量相结合，才能保证评价结果的全面性、客观性和公正性。

（3）处理好局部利益和全局利益的关系

全局效益是一个比局部效益更为重要的问题。如果全局效益很差，局部效益提高就难以持久。不过，局部效益是全局效益的基础，没有局部效益的提高。全局效益的提高也是难以实现的。局部效益和全局效益是统一的，有时又是矛盾的。因此，当局部效益与整体效益发生冲突时，管理必须把全局效益放在首位，做到局部效益服从整体。管理者在实践中把握这一关系：

一方面，应该遵循整体优化原则。因为整体优化是决策的关键步骤。它要求经过系统的分析和综合，提出各种不同方案、途径和办法，从不同的方案中，选出符合整体优化原则要求的方案，做出科学的决策。无论在哪一类组织中，从事任何一项工作，都应该考虑两个以上的方案，并将远期和近期、直接和间接的效果进行整体分析比较，因事、因时、因地制宜做出整体而科学的评价。通过比较分析各种方案带来的影响和后果，进而考虑各种方案所需的人力、物力、财力等要素的条件，选择最优方案。在选择整体优化方案之后，有时还要进行局部试验，成功之后进行全面推广，实行由点到面的工作方法。

另一方面，遵循要素有效性原则。任何一个组织的管理都离不开人、财、物、时间和信息，它是由这些互为作用的要素组合而成。为取得组织整体效益的最优化，管理者必须充分激发每个要素的作用。这一原则要求管理者用科学手段来处理系统内的矛盾，以便做到人尽其才、财尽其用、息（信息）尽其流。在现代管理中，人是管理要素中的主宰，只有充分发挥人的积极性、主动性和创造性，才能使系统内各要素各尽所能，为组织创造更多、更好的经济效益和社会效益。

（4）追求组织长期稳定的高效益

管理者要追求组织长期稳定的高效益，一方面，不仅要"正确地做事"，更为重要的是要"做正确的事"。这是因为效益与组织的目标方向紧密相连。如果目标方向正确，工作效率越高，获得的效益越大；如果目标方向完全错误，工作效益越高，反而效益会出现负值。因此，管理者在管理工作中，首要的问题是确定正确的目标方向，搞好组织的战略管理，并在此前提下讲究工作的高效率。只有这样，才能获得较高的经济效益和社会效益。另一方面，组织管理者必须具有创新精神。如企业管理者不能只满足眼前的经济效益水平，而应该居安思危，不断地推行新产品，以高质量、低成本的优势去迎接市场的挑战。只有不断地积极进行企业的技术改造、技术开发、产品开发和人才开发，才能保证企业有长期稳定的较高的经济效益。

4. 运用效益原理管理者应注意的问题

管理者在实际工作中运用效益原理，应做到以下四点：一是在任何管理活动中都必须坚持两种效益相统一的观点。社会效益是前提，经济效益是根本，两个效益一起抓；二是坚持整体性原则，既要从全局效益出发，又要从局部的效益着眼，以获得最佳的整体效益；三是作为管理者，在思想上必须明确，工作中不能只讲动机，更重要的是要讲实效，不能当一名忙忙碌碌的事务主义者；四是要善于把长远目标与当前任务相结合，增强工作的预见性、计划性，减少盲目性、随意性，达到事半功倍的效果。

二、高校后勤管理的基本方法

高校后勤管理方法是在后勤管理活动中为实现管理目标、保证管理活动顺利进行所采取的工作方式。后勤管理原理必须通过管理方法才能在管理实践中发挥作用。管理方法是管理原理的自然延伸和具体化、实际化，是管理原理指导管理活动的必要中介和桥梁，是实现管理目标的途径和手段。后勤管理方法一般可分为：法治方法、行政方法、经济方法等。

（一）法治方法

法律是社会规则的一种，通常是指由社会认可国家确认立法部门制定规范的行为规则，并由国家强制力（即军队、警察、法庭、监狱等）保证实施的，以规定当事人权利和义务为内容的，对全体社会成员具有普遍约束力的一种特殊行为规范（社会规范）。法律是维护人民权利的工具。

高校后勤管理的法治方法是指通过各种法律、法令、条例和司法、仲裁工作，调整高校后勤中的经济活动和经济活动中发生的各种关系，以保证和促进高校后勤工作顺利展开的管理方法。

法治，是一个法律原则，法律是社会最高的规则，具有凌驾于一切的地位，不得轻慢。所谓"凌驾于一切"，指的是任何人包括管治机构、法律制订者和执行者都必须遵守，没有任何人或机构可以凌驾于法律，政府（特别是行政机关）的行为必须是法律许可的。这些法律本身是经过特定的立法程序产生的，以确保法律符合人民的集体意愿。

法治至少存在两个主要概念：狭义的法治认为法治本身并不包含"公正"，但为人提供一个寻求公正的法律框架和程序，依据法律治理事情；广义的法治扩展了狭义的概念，内涵包括保障人权及各种自由等基于法治的个人实质权利。

（二）行政方法

行政方法即行政管理方法，是指行政机关及其工作人员为实现行政目标，从公共组织内外部环境和管理对象的实际情况出发，在一定的管理思想和原则指导下所采取的各种措施、手段、办法技巧的总和。是指国家行政机关和行政人员为贯彻行政管理原则，实现行政管理功能而采取的措施、手段和办法、技巧的总称。行政方法是行政管理系统的有机组成部分。一个行政系统不仅要有正确的指导思想和科学的指导原则，还应当有使这些指导思想和原则付诸实践的环节和途径，这就是行政方法中的各种手段和措施。正是由于具备这些手段和措施，才使行政组织机构有条不紊地运作起来，使得各种各样的公共行政管理问题得到解决。

行政方法的内容包括三个方面：①基本手段。主要有行政指令手段、法律手段、经济手段、思想工作手段。②行政程序。它不只是一种办事的手续，也是一种规范行政行为的法律程序。③技术方法。

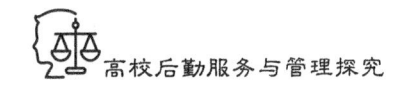

1. 行政方法的特点

（1）权威性

行政方法所依托的基础是管理机关和管理者的权威。管理者权威越高，他所发出指令的接受率就越高。所以管理者必须以自己的优良品质、卓越才能去强化自己的管理权威，而不能仅仅依靠职位带来的权力来强化自身权威。强制性行政方法是建立在隶属关系和行政权力基础之上的，上级组织和部门发出的指令、指示、规定和要求，下级被管理者都必须认真执行。如果下级随心所欲，阳奉阴违，敷衍了事，上级有权追究其责任。

（2）直接性

行政方法借助于行政权威和行政服从，直接告诉人们做什么、不允许做什么。不需要与被管理者协商、征询意见即可做出决定，因而存在单向性。有利于迅速解决问题，提高工作效率。无偿运用行政方法进行管理，上级组织对下级组织人、财、物的调动、使用可以不遵循等价交换原则，一切均根据行政管理的需要进行。

（3）实效性

行政方法在实施的具体方式上是因时间、地点、条件和对象的变化而变化的，因此，如果对象和时间变化，具体的实施方式也必须随之改变。

2. 行政方法的优点

一是行政方法能明显提高管理的效率。行政方法采用垂直性的管理方式，依靠权威性和强制性，要求下级无条件服从上级的指示、指令、规定。因此，在行政机构设置合理，行政层次划分清楚，行政岗位安排得当，行政手段运用科学，指（令）示下达适当的前提下，运用行政方法对于提高管理效率起着重要作用：①使被管理系统集中统一，通过发布命令、贯彻实施、检查督促、调节处理等程序，把人们的意志和行动统一起来、组织起来；②有利于贯彻党和国家的方针和政策，有利于国家直接控制关系国计民生的决策和措施；③便于管理职能的发挥，如发挥高层领导的决策、计划作用，充分依靠政权机关的权威性对各个领域进行组织、指挥，通过行政管理、行政层次、行政手段进行控制；④便于处理特殊问题，以应付意外事件，如针对性地发布行政命令、对特殊的个性问题采取强有力的措施予以处理等办法。

二是行政方法便于处理特殊问题。行政方法实效性强，它能针对具体的问题及时发出指示，提出要求，较好地处理特殊问题和管理活动中出现的新情况。

三是行政方法是管理思想变为现实状态的中间媒介。任何一个组织（团队）的管理思想和原则，只有在获得了实现它的具体方法时，才能产生实际效用。同理，任何行政管理理论也只有在具备了一整套与之相适应的行政方法时才能够在现实管理活动中得到体现。

四是行政方法是实施其他管理方法的必要手段。

3. 行政方法的局限性

行政方法也存在一定的局限性，它受到领导者水平的影响，易产生随意性、主观性。

因权力集中，管理层次较多，信息传递迟缓或失真，以及垂直指挥，横向沟通困难，又因低层次领导主要听命于高层领导，易造成下一级领导有职、少权、无责的现象。因此，在管理工作中不能单纯使用行政方法，要和其他管理方法结合起来使用。

如果在实际工作中过分强调和依赖行政方法，而忽略了教育、法律、经济等方法的综合运用，容易产生主观主义，发展到一定程度则会导致权力的滥用和决策的失误。

运用行政方法进行管理，一般不侧重考虑经济利益，也不完全讲究等价交换的原则，而在现实生活中，满足人们的物质利益要求和考虑价值补偿问题是调动下属积极性和使组织产生活力的重要因素，因此，在实际管理活动过程中，仅仅使用行政方法容易使管理系统的动力和活力不足。行政方法的管理效果与领导人的水平有密切关系。行政命令的执行效果、管理好坏，在很大程度上取决于行政领导人的知识水平、领导艺术、道德修养、人格魅力等。

4. 行政方法的具体形式

按形式分，可分为传统行政方法和现代行政方法。

传统行政方法主要包括法律政策方法、行政指令方法和经济方法。

现代行政方法主要包括目标管理方法、战略管理方法、标杆管理方法、政府全面质量管理。

目标管理方法是一种以目标为导向，以人为中心，以成果为标准，使组织行政方法和个人获得最佳业绩的现代管理方法。即由管理者与被管理者共同参与来确定目标、执行目标与评估目标成果的管理制度与方法。目标管理方法的特点：以人为中心，以工作为中心，以成果为中心，注重自我管理和自我控制，强调整体性和协调性。运用目标管理方法的主要作用：目标管理有利于提高行政效率；目标管理有利于突出以工作为中心；目标管理有利于调动人的积极性和创造性；目标管理有利于明确责任，强化责任。目标管理的程序：制定目标、实施目标、成果评价。

战略管理方法是指对公共组织在一定时期的全局的、长远的发展方向、目标、任务和政策，以及资源调配做出的决策和管理艺术。公共组织的战略管理的主要目的：服务于国家竞争力的提升，明确政府的角色和行为方式，以及公共政策的走向，为企业组织和民间组织的发展创造并提供良好的秩序和政策环境。公共组织的战略管理分为四个步骤：界定公共组织的内外环境；公共组织所处的位置是能否实施战略管理的关键。根据公共组织的内外环境，一般可制定四种管理战略，即极小——极小战略、极小——极大战略、极大——极小战略、极大——极大战略。

标杆管理方法是指公共组织通过瞄准竞争的高目标，不断超越自己，超越标杆，追求卓越，成为强中之强的组织创新和流程再造的过程。标杆瞄准的类型：内部标杆瞄准、外部竞争对手标杆瞄准、行业内部标杆瞄准、跨行业标杆瞄准、内外部综合标杆瞄准。标杆瞄准的流程：整体规划与标杆项目的选定、内部数据的收集与分析、外部数据的收集与分

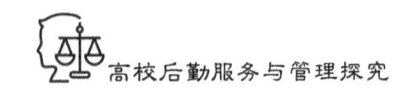

析、标杆项目的绩效改进、持续改进。

政府全面质量管理是一种全员参与的、以各种科学方法改进公共组织的管理与服务的，对公共组织提供的公共物品和公共服务进行全面管理，以获得顾客满意为目标的管理方法、管理理念和制度。政府全面质量管理的标准包括：可靠性、回应性、服务能力、服务渠道、服务礼貌、沟通、诚信、安全感、善解人意、有形性。推行政府全面质量管理的步骤：政府高层领导者的领导与支持、策略性规划、以顾客为导向、考评与分析、训练与奖惩、赋予组织成员活力与团队合作、质量保证。

行政方法的有效性主要取决于管理者的权威和素质。科学的行政方法是以管理对象和管理活动的客观规律为基础、以管理成效为目的的，要取得好的管理成效，必须正确地行使行政权力，才能充分发挥权威的作用。

（三）经济方法

经济方法是指依靠利益驱动，利用经济手段，通过调节和影响被管理者物质需要而促进管理目标实现的方法。

经济方法的实质是围绕着物质利益，运用各种经济手段正确处理好国家、集体与劳动者个人三者之间的经济关系，最大限度地调动各方面的积极性、主动性、创造性和责任感，促进经济的发展与社会的进步。

1. 经济方法的特点

（1）利益性

经济方法是通过利益机制引导被管理者去追求某种利益，从而间接影响被管理者行为的一种管理方法。

（2）关联性

不但各种经济手段之间的关系错综复杂，而且每一种经济手段的变化都会影响到社会多方面经济关系的连锁反应。

（3）灵活性

一方面，经济方法针对不同的管理对象，如对企业、职工个人，可以采用不同的手段。另一方面，对于同一管理对象，在不同情况下，可以采用不同方式来进行管理，以适应形势的发展。

（4）平等性

经济方面承认被管理的组织或个人在获取自己的经济利益上是平等的。社会按照统一的价值尺度来计算和分配经济成果；各种经济手段的使用对于相同情况的被管理者起同样的效力，不允许有特殊。

2. 经济方法的主要形式

经济方法的主要形式有：价格、税收、信贷、经济核算、利润、工资、奖金、罚款、定额管理、经营责任制等。

(1) 价格

价格是商品价值的货币表现，价格是计量和评价劳动的社会标准。价格的高、低、涨、落，会直接影响生产企业和消费者的经济利益，从而影响他们的生产和消费行为。国家运用价格这一杠杆来调节生产与供求，调整一部分国民收入的分配，促进企业加强经济核算，提高经营管理水平。企业在价格政策规定的范围内，根据市场供求情况制定产品价格。

(2) 税收

税收是国家取得经济收入的重要来源，也是国家管理社会生活的重要手段之一。国家根据宏观控制的需要，合理制定不同的税种和税率，来调节生产和流通，调节一部分企业的利润水平。如果国家为鼓励某些产业的发展，就会在税收政策上对某些产业进行一定的倾斜，比如我国的高新技术产业的税收优惠政策。

(3) 信贷

信贷是银行存款、贷款等信用活动的总称。信贷是最为灵活、有效的经济杠杆。银行信用活动一方面以存款和储蓄形式，集中社会闲散资金；另一方面，按照社会发展需要以贷款形式发放给生产经营单位，通过这两个方面达到管理协调社会经济活动的目的。

(4) 利润

在市场经济条件下，利润是反映经济组织经济效益的综合指标。利用利润杠杆来进行管理，总公司对分公司（利润中心）的管理，通常都是把一定的经济责任、经济权限、经济利益和利润指标紧密结合在一起的。一般根据利润指标的完成情况决定各个单位的奖金和生产发展基金总额。

3. 经济方法的运用

经济方法可以有效地调节各种经济活动和各方面的经济利益关系，它有利于国家在宏观经济条件下，对经济活动进行宏观调控；有利于促使经济组织按客观经济规律办事，提高管理水平，实现良好的经济效益；有利于把管理对象的物质利益与其劳动成果挂钩，激励和调动职工的工作积极性和创造性。但经济方法的运用应注意不要单纯依靠经济方法来进行管理，应将它与教育等方法有机地结合起来，以免产生"一切向钱看"的不良倾向。特别是要注意按客观规律办事，应加强思想教育和精神方面的激励，注意对经济手段的不断改进与完善。

第五章 高校学生公寓与饮食管理

第一节 高校学生公寓管理及服务

高校学生公寓是学生集中居住、生活与学习的重要场所，公寓管理也涉及很多方面，包括日常生活的管理、人身安全和财产安全等多方面的管理，但终究都可以归结为对"人"和"物"两方面的管理。一方面，高校后勤社会化后，管理的"人"在不断变化。随着高校近年来的扩招，学生数量剧增，学生本身更具个性化，而后勤服务人员的流动也更加频繁，这些都使学生公寓管理压力加大。另一方面，"物"的不断完善。高校后勤社会化的持续深化，造成学生公寓的数量、规模已经大大超过以往。同时，公寓内部的设备及设施也在不断更新完善，从而使得公寓管理面临新的难题。高校公寓管理服务是一项复杂而长远的系统工程，不管是"管人"还是"管物"都离不开人和信息化的手段，对"管人"和"管物"的人和信息化有什么样的要求也是今后高校学生公寓管理研究关注的重中之重。鉴于此，本书重点从"管人"和"管物"的人和所采用的信息化手段这两方来论述。

一、公寓管理与服务概述

（一）公寓管理与服务的定位和演变

1. 确保学生安全

在推进高校后勤社会化改革过程中，对学生公寓的管理，特别是对公寓内学生的思想教育、日常行为管理和安全管理要始终作为高校教育和管理的一项主要职责，不能有丝毫忽视和松懈，不能推向社会，不能留下教育和管理工作的空白点。学生公寓安全工作关系学生的人身和财产安全。各类学生公寓都要按照国家和当地人民政府有关部门的规定，制定完善的安全保卫制度。对学生公寓的住宿、用电、用水、饮食、防火、防盗等方面的安全工作要明确责任，明确机构，加强管理和监督。高等学校和物业管理部门要积极配合公安部门做好学生公寓周边环境的治安管理工作。要落实责任追究制，杜绝一切可能诱发事端的苗头和隐患，防止各类安全事故和治安案件的发生。学校和物业管理部门在学生公寓安全管理工作中要明确职责。各高校要做到组织健全、机构落实、责任明确、人员到位。

学生的思想教育与日常行为管理主要由高校负责,学生公寓安全设施的安装及维护主要由物业管理部门负责。物业管理部门要设立安全保卫机构,成立专职队伍,切实担负起管理范围内的安全保卫工作。本着对学生人身和财产安全负责的态度,改善学生公寓的服务和管理,要把公寓安全保卫工作作为工作重点,特别是严格日常管理,努力做到值班门卫到位、巡逻执勤到位、检查整改到位、制度落实到位。由几所高校共同使用的学生公寓,应由各高校分别派人组成领导小组统筹管理,协调学校、业主、物业管理等部门之间的关系,通过明确的制度规定,落实安全责任。各高校、物业管理部门都要重视学生公寓矛盾纠纷的排查和调处工作,要把握后勤社会化条件下学校矛盾纠纷的新特点,抓住苗头,加强预测、预防、化解工作。要积极配合公安部门做好学生公寓周边环境的治安管理工作,经常互通信息,认真分析、排查影响学校稳定的不安全因素,发现问题,及时解决。

2. 与时俱进提供更人性化的服务

高校公寓管理中心一定要按照"以人为本"的管理思想,与时俱进提供更人性化的服务,以贴心细心的服务推动高校后勤服务工作的人性化发展。人性化管理是当前高校学生公寓管理的趋势。学生公寓管理部门要切实做好管理工作,最重要的是转变观念,以"一切为了学生,为了学生的一切,为一切的学生"为工作的出发点,了解新时期大学生的心理和行为特点,一切从关爱学生出发,遵循教育规律和青年学生身心发展规律,掌握各时段(开学、考试、放假、节日)学生的思想动态,贴近学生的生活,进行换位思考,急学生之所急,想学生之所想,为学生提供及时、周到、满意的服务。"以人为本"绝不能仅仅停留在口号上,针对严重制约公寓管理部门服务好学生的"尴尬",要解决管理员"进宿舍难",首先要解决的是公寓管理一线员工对学生的感情问题,要让同学对公寓管理一线员工有认同感就必须要改进以往的为"管"而管的管理理念,在宿舍管理中面对朝气蓬勃的大学生,如何走近学生做学生的贴心人,如何在高校后勤公寓管理这个领域中做好服务育人,如何在学校后勤社会化、市场化的形势下确立学生公寓管理的市场?这是管理人员(管理者和一线员工)和服务者一个必须破解的重要课题。把学生看成是自己的晚辈,用公寓管理一线员工的爱心、诚心、耐心、宽容心感染学生。当学生遇到这样那样的心情不畅、恋爱受挫、家庭矛盾、生病住院、经济状况等困难时,公寓管理一线员工就应尽力解决学生的实际难题及思想工作。公寓管理一线员工"用情、用心"服务的许多实例告诉我们这样一个信息,管理学生是不能单纯地依靠"刚性管理",要有"柔情",即管理要有"以人为本"的"人性化"。

与时俱进提供更人性化的服务就是要在公寓管理中树立起"用心服务,用情工作,用法管理"的管理理念,把管理和服务工作做好,而不是仅仅是做对。"用心服务,用情工作,用法管理"内涵的本身就充分地体现了管理上的"人性化"。学生公寓管理中,公寓管理一线员工只有将"用心服务"和"用情工作"及"用法管理"结合起来才能让远离父母的学生对宿管人员产生可以信赖和可以亲近的感觉,才能真正地体现公寓管理工作的人性化，才能破解后勤宿舍管理部门做好"育人"工作的难题。用心服务看似简单的一句话，其实要真正做到，却也不容易。用心就是要用脑，就是要在服务的过程中尽可能地为学生所想，就是要在服务的细节中下功夫，只有这样才能在服务中创造感动，才能拉近与学生的感情距离。"用情工作"的实质就是在服务中要求管理人员对学生、对服务工作要有"感情"，在工作中对学生的要求能抱以"热情"，在为学生的服务中要充满"激情"方能做好服务工作。如何"用情工作"，没有对学生的关爱之情是难以感动学生的，尤其是对管理人员产生误解的学生，如果不是用真情去工作是很难想象会有好结果的。构建和谐的学生公寓必须"用法管理"；依法管理的前提是立法，公寓管理中心管理的依据就是各种管理的规章制度，而人性化是各种规章制度建立的指导思想，各种管理制度建立的指导思想则成了区别"以人为本"还是"以管为本"的关键，管理人员（管理者和一线员工）建立规章制度的主要指导思想是如何管人，现在管理人员（管理者和一线员工）建立规章制度的指导思想则主要要求管理人员（管理者和一线员工）如何做好服务工作，方便服务对象。

（二）公寓管理与服务的主体和责任

1. 以学生为本，强化服务思想，全面推进"三结合"管理

当前，按照全面提高学生素质教育要求和"管理育人、服务育人、环境育人"的宗旨，建立"学生辅导员进公寓参与管理，学生自我管理和社会化物业管理"三结合的学生公寓管理模式，在学工部、公寓办和学生辅导员统一组织下，通过三方协调配合和相互沟通，形成强化学生公寓管理的合力。

学生辅导员积极参与管理。学生辅导员要树立把工作做到学生宿舍的管理思想，经常深入所带年级（班级）学生所住宿的每幢（层、室）学生公寓。学生辅导员及时了解和掌握学生思想和行为动态，有针对性地做好学生思想政治工作和行为指导工作；和所在楼的物业管理人员保持紧密联系，帮助解决学生生活中的实际问题；在宿舍区内开展各项健康有益的文化体育活动和党、团组织活动及文明寝室活动、心理健康咨询等，实地了解和体会学生的生活困难情况，更好地落实帮困助学工作。

学生自我管理。充分发挥学生在公寓管理中的主体作用，发挥参与管理的学生和有关学生代表的社会工作积极性。公寓办组建公寓楼学生民主监督机构，及时反映学生的合理建议和要求，并监督本楼各项制度的执行，如高校成立的"学生护家员"队伍，主要负责收集学生对于宿舍工作的意见与建议，向学生宣传公寓管理的服务理念等。物业部门设置一定比例的工作岗位，为贫困学生提供勤工助学的机会。通过从事管理和服务工作等勤工助学方式，提高学生遵纪守法的自觉性，培养学生自我教育、自我管理、自我服务、自我约束能力，把学生参与宿舍自我管理作为进行法制教育、行为规范和品德教育等素质教育的重要渠道。

社会化物业管理。配合高校后勤社会化改革，学生公寓要结合社会化物业管理模式进

行管理。学生公寓的物业管理部门承担着"管理育人、服务育人"的责任和"保安、保洁、保修、保绿"的任务,其主要职责是为入住学生提供优质高效服务,以规范合理的管理来保证学校各项工作顺利进行。物业部门要在总务处领导下,结合公寓管理实际,做好学生公寓的物业管理工作。

2. 优化管理程序,提高管理水平,强化主体责任

公寓管理程序上的优化主要需在公寓管理的法制化和民主化上做文章。法制化的目的主要是为了明确公寓管理部门与每个住校学生之间的权利及义务问题,具体做法如建立各种公寓管理的规章制度、与每个住校学生签订住宿协议等。这样,管理上就有一个明确的方向,有助于提高自己的管理水平。随着学生法治意识、权利意识的增强及对知识、情感、信息、文化和精神生活表现出的强烈欲望,决定了他们需要有更高层次的服务内容和服务设施来满足。如何来满足他们,他们到底需要的是什么样的服务?解决这些问题就需要用民主化的管理。民主化管理就是在学生公寓楼内通过选拔优秀学生干部,组成自发性的群众组织——公寓学生管理委员会,赋予他们从事公寓管理一定的权利和义务,让他们参与各种公约及规章制度的制定和修改,具体负责公寓文化建设的设计、开展和实施等工作。这样一个来源于广大同学、最了解公寓真实情况的组织,他们在工作上最具代表性、最贴近学生的生活,在"自我管理、自我教育、自我服务"的"三自"体系中,充分唤起广大学生的自律意识,真正达到管理的主客体统一。这样的一个统一使得物业公司公寓管理部门能够更加明确自己的服务方向,为广大学生提供更为优质的服务,赢得同学的满意,进而达到育人的目的。

优化管理程序,提高管理水平,强化主体责任是高校公寓管理义不容辞的责任,绝不能推给其他单位。高校公寓管理部门应该主动联系物业公司做好相关工作,并选拔优秀教师特别是优秀年轻教师进驻学生公寓担任公寓思政辅导员,与学生同吃、同住、同学习,负责具体做好学生的日常思想品德、行为规范、法律法规及爱国主义、集体主义、社会主义教育,负责了解学生公寓里学生的思政情况,并在第一时间联系管理部门做出相应处理或汇报给学校处理。此外,对进驻学生公寓的思政辅导员要建立并强化激励机制,高校公寓管理部门应对思政辅导员在学生公寓的工作表现进行考核,以更好地推进公寓思政工作的开展与强化。思政教育虽不是高校公寓管理的主要工作任务,但公寓里学生思想政治情况的好坏将直接影响学生公寓管理工作,所以,高校公寓管理部门要积极配合学校做好相关工作的同时也应积极想方设法加强与学校、学生的交流与沟通。

二、加强公寓人力资源管理

(一)做好岗位设置与分析,发挥制度的效力

1. 优化高校公寓管理岗位,提升服务学生能力

加强公寓人力资源管理,做好岗位设置与分析,人员配置是在组织设计的基础上进行

的。人员需要量的确定主要以岗位设计出的职务数量和类型为依据。基于"人员——职位（务）搭配"的工作标准化劳动分工，学生公寓管理队伍人员可以分为公寓组织管理人员和一线管理服务人员，前者主要为承担维护学生公寓"系统的运行"及保证学生公寓管理队伍"稳定性、效率和生产力"的管理人员，后者主要是从事学生公寓日常管理、安全保卫等工作的一线生产作业人员。按此标准，结合各高校学生公寓模式实际情况，学生公寓管理队伍的组织架构一般是"中心——校区/片区——楼栋——值班——保洁/保安"等人员配备体系。高校对学生公寓部门构成、岗位设置、权责关系等的设计，对各项管理流程和业务流程及公寓内部协调与控制程序的梳理，有利于建立学生公寓管理直线职能制结构。

优化高校公寓管理岗位，提升服务学生能力，对学生公寓楼进行整合，根据校区分布和住宿学生人数进行责任分区，设置责任区主管，这是学生公寓部的主体，相当于现代企业的生产车间。接受学生公寓部部长领导，对其负责，并接受办公室、质量督查、生活指导等职能部门的业务指导和监督。质量督查组。其主要职责是对学生公寓管理服务质量进行监督检查，是相对专业化的监督管理队伍，相当于现代企业的质检部。接受学生公寓部部长领导，向其报告工作、对其负责，并及时将督查巡查过程中发现的问题通报给各责任区主管，对各公寓责任区进行业务指导、评比考核和督促整改。生活指导组。其主要职责是对学生宿舍内务卫生和住宿安全进行监督检查，其职能定位与质量督查组相同。其不同之处在于，质量督查组督查范围为学生公寓的公共区域管理服务质量，行为相对人为学生公寓工作人员；生活指导组督查范围为学生宿舍内务卫生和住宿安全，行为相对人为住宿学生。维修组（队）。维修组（队）既是学生公寓部小型维修工作的主管部门，也是开展小型维修业务的实际操作者，保障学生公寓水电暖的正常供应和各类家具的正常使用，相当于现代企业的工程部。接受学生公寓部部长领导，独立开展小型维修业务、跟踪监督学生公寓部委托社会企业开展的维修工程。行政办公室。行政办公室是学生公寓综合事务管理部门，负责人事、财务和采购等行政综合事务，配合部长统筹协调各个组成部门，负责各类数据统计汇总分析，为学生公寓部部长提供决策依据和咨询参考，是学生公寓部的神经中枢和交通枢纽。

学生公寓管理直线职能的岗位设置将传统的直线制结构调整为直线职能制结构，进而向直线职能参谋制结构过渡。特别是对传统作业流程的重新设计和科学安排，更为有效、合理地把内部各个班组成员组织起来，为实现共同目标和需要履行、承担的责任而协同努力，提升服务学生能力，这既保证了组织的集中统一指挥，又能发挥专业人员的才能、智慧和积极性，使专业化管理有了很大程度的提高，从而有助于提高组织的管理效率；同时，高级管理者的负担也有所减轻，使他们摆脱了大量日常性事务、程序性工作，腾出更多的时间和精力思考和布局全局性的战略问题。

2. 合理设计薪酬体系，调动公寓管理人员的工作积极性

按照按劳分配的原则建立科学合理的薪酬分配体系，使高校公寓管理人员的薪酬严格与劳动量挂钩，充分调动公寓管理人员的工作积极性。按照"人定岗、岗定责、责定分、分计酬"的分配办法，参照社会先进同行业的标准确定各类人员应承担的劳动工作量，并根据每人承担的工作量和工作的性质确定相应的待遇。此外，还推行奖励工资，每月根据员工完成工作质量的好坏进行奖罚，引导高校公寓管理人员在服务上向高标准看齐。建立现代企业的用人机制，在用人上打破常规，在人才引进上拓宽渠道，加大力度，吸引大专以上学历的人员加盟公寓管理，对内树立"唯才是举，量才是用，不拘一格选用人才"的用人机制，在内部营造"能者上、平者让、庸者下"、干部能上能下、人才能够脱颖而出的良好氛围。合理设计薪酬体系，导入精细化管理体系，使各项工作都有法可依，有章可循，学生和公寓管理方的责、权、利界定明确，员工按制度办事、按程序工作已形成规范。建立行之有效的监督约束机制，有效推进工作，确保制度落实到位，公寓管理按照后勤工作要"严、细、实、勤"的要求，制定各项工作检查、评比制度，成立工作检查小组，通过多种形式，对公寓各个岗位每天都进行严格的检查。通过检查，掌握各岗位的工作状态，查找到存在的问题，使各岗位员工的各项工作全过程和工作质量时刻处在可控状态之中，对检查中发现的问题进行及时的督促整改，并且根据检查记录，依据《员工奖惩管理规定》对员工进行考核和奖惩。通过上述做法进一步提高员工的工作自觉性和积极性，增强员工爱岗敬业的意识，培养脚踏实地的工作作风，确保公寓管理各项工作落实到位。

薪酬是涉及员工切身利益的敏感问题，稍有不慎就会带来意想不到的后果。为了确保薪酬改革的成功，公寓管理在设计薪酬制度时要组织有关部门进行大量调研，对各单位薪酬制度、薪酬水平和存在的问题进行摸底，在科学论证的基础上，有针对性地统筹设计薪酬制度。这既能体现公平原则，又能更好地激励公寓管理人员为高校后勤服务做贡献。要树立业绩导向，打破"干好干坏一个样"的大锅饭现象，以薪酬制度设计为切入点，通过严格绩效考核、竞聘上岗等措施，强调以业绩论英雄，在内部树立鲜明的业绩导向。构建良性互动的公寓管理薪酬体系，在劳动效率持续提升的前提下，关注公寓管理人员的职业生涯发展和薪酬福利改善，注重内部公平性和外部竞争性，把握好效率与公平的平衡，着力打造高效、可持续发展的薪酬激励体系。本着"效率优先、注重公平"的原则，体现保障职能和激励职能。体现保障职能主要包括基本工资、津补贴和保险福利，体现激励职能为专项奖励和效益工资，通过合理设计薪酬体系，调动公寓管理人员的工作积极性。

3. 完善绩效考核，促进高校公寓管理工作良性发展

完善绩效考核，促进高校公寓管理工作良性发展就要加大对一线工作人员的考核。对照学生公寓一线普通工作人员岗位职责任务、工作规范、质量标准（实体法）对其执行劳动纪律情况、工作规范情况、工作绩效情况进行现场指导和量化考核。此外，质量督查员作为学生公寓专门的质量工作人员,可随机对上述人员工作情况进行监督检查,对巡查中发现的问题进行详细记录,要求直接责任人签字确认,并及时向所在责任区主管进行通报,要求其督促相关人员限期整改,要对监督检查人员进行考核。在学生公寓,专司监督检查工作人员因为其所有工作都被数十双眼睛从背后盯着,这数十双眼睛就是来自基层一线的普通职工。如果学生公寓每月公布的服务质量动态排名稍有不公正、不公平,马上就会招致这些有着切身利益关系的普通一线职工的投诉。质量督查员还要在周例会上通报监督检查情况及各公寓楼存在的问题,所以说,学生公寓做出的每一项监督检查结论及奖惩意见都需要有充足的支撑材料。在完善监督机制的同时,建立有效的激励机制。对岗位职责实行目标管理,将一线工作人员的表现和思想政治教育进公寓的成效作为年度考核的指标,加大奖惩力度,使思想政治工作进公寓在制度上形成常抓不懈、常抓常新的长效工作体系。

完善绩效考核,要体现绩效优先的原则。大多数高校学生公寓管理目前采用较多的是岗位工资和绩效工资相结合的制度。学生公寓工作考评的主要作用为反馈工作、人员任用、报酬管理和员工表彰等提供客观依据,制定了不同岗位的绩效考核办法,在公寓管理服务中发挥了积极的作用。首先,应建立甲方、后勤内部、服务对象"三位一体"的考评机制;其次,要根据学生公寓不同的岗位目标进行考评,既看个人的主观努力,也看客观环境的影响。考核办法要做到简洁、量化、突出重点而全面。根据岗位工作要求制定公寓管理服务不同岗位的考核办法,如长效管理检查考核办法、员工月度工作考核办法、保洁服务质量考核办法、绩效工资考核发放办法、员工违纪处理办法、管理服务标准考核等,增强服务意识,提高业务素质,规范服务行为。要使薪酬制度有效实施,必须营造公平公正氛围。在操作过程中,坚持按程序办事,建立一种公平、公正的机制。考核是对现实工作做出适时和全面的评价,特别是质量督查与日常管理的有机结合和相互融合,便于查找工作中的薄弱环节,便于发现与现实要求的差距,便于把握下一步工作的重点和未来努力的方向,从而使学生公寓管理服务质量得以不断改善和提升。

(二)注重培训与竞聘,发挥绩效和考核的作用

1. 积极开展管理培训

人的素质和能力不是自然形成的,第一,有计划地加强业务培训,加强系统的管理基础理论学习和基本训练及学生公寓管理的各项规章制度,明确工作的职责范围和岗位责任,掌握服务的要求和标准、服务程序和规范、服务的职业道德,了解高校规律、学生公寓管理规律、大学生心理特征、安全知识、水电管理知识、应急事宜处置程序等,增强业务工作能力,提高科学管理水平。加强管理员的管理知识和业务技能培训。第二,采取"请进来""走出去"等方式实施灵活多样的培训形式。"请进来"即是请相关领域专家及富有经验的管理员,对校内的管理服务队伍集中授课培训。"走出去"即送优秀员工去接受学历教育或者是去外地取经,通过与外界的交流,获取新鲜的知识,还可以由有经验的

管理员通过传、帮、带的形式提高管理水平。第三，加强管理员文化知识培训。学生公寓管理工作看起来是一项简单劳动，但要做好这项工作并不容易。灵活的工作方法、落实制度的监控能力、引入计算机进行公寓管理、高效率的公寓管理服务工作、健康向上的精神文明和文化建设，都要求管理服务人员具有一定的文化知识。因此，应该鼓励管理员积极进修，以提高学生公寓管理服务队伍的文化水平和改变学生公寓管理队伍的知识结构，增强管理实效，创新管理方法和手段。

2. 有效开展职业素质培训

高校公寓管理工作的实质和核心就是为教学和科研服务，服务工作是公寓管理的核心工作。公寓管理最重要的职能是服务职能，做好服务工作是公寓管理人员的第一任务。有效开展职业素质培训，使公寓管理人员树立正确的人生观、价值观和道德观。树立服务观念，坚持以人为本，想师生之所想、急师生之所急，服务于师生，把自己当作服务者，把广大师生当作服务对象，竭力为广大师生服务。在服务中管理，在管理中服务，做到岗在人在，人不离岗，自觉履行岗位职责，无论是上级领导指派的任务，还是学生交付的工作都要认真负责，尽可能地快速办理，不拖拉，不推诿。公寓管理工作质量的好坏与管理水平的高低关键在于公寓管理人员的素质。提高其综合素质是提高高校教学质量、学术水平和办学效益的重要保障。业务能力素质是高校公寓管理人员的基本素质，是顺利完成岗位工作任务的根本保证。高校公寓管理人员要不断提升自己的思想政治水平、文化知识水平和心理素质，按照事情轻重缓急，有条不紊地处理好各种纷繁复杂的公寓管理事务。要加强政治思想培训，主要解决为谁服务的问题。通过政治理论学习，树立"三服务三育人"的思想，培养高尚的职业道德，热爱本职工作，热心为学生服务。要提升业务培训，主要解决怎样优质、高效服务的问题。通过学习管理科学知识与各项规章制度等，明确岗位职责，规范操作程序，提高科学管理水平。强化文化培训，对文化水平较低的职工做出安排，补好文化课，挑选优秀职工送出去进修，提高学生公寓管理队伍的文化水平，改变学生公寓管理队伍的知识结构。

3. 有效落实竞聘上岗制度

竞聘上岗是选贤任能的有效手段。实行竞聘上岗，英雄不问出处，阳光下操作，公开、公平、公正，拓宽了选人用人的渠道，为政治素质、管理能力和专业技能都比较强的人才提供了自我展示的平台。高校公寓管理采用竞聘上岗制度是将领导赞同与学生公认结合起来，把个人意愿和组织考察结合起来，可以开阔视野，在更大的范围发现人才；可以好中选优，提高选拔人才的质量；还可以优化结构，提高高校公寓管理队伍的整体素质；可以人尽其才，使优秀人才在更合适的岗位发挥更明显的作用。

高校公寓管理落实竞聘上岗制度就要坚持以提高服务质量和保障能力为核心，按照"市场化运营、企业化管理"的基本原则，推进体制机制不断改革，理顺高校后勤与学校的权益关系，使后勤服务成为一个真正的实体。对条件成熟的后勤下属经营性实体进行公司制改造，建立"产权明晰、权责明确、事企分开、管理科学"的现代企业制度。在国家新一轮事业单位劳动人事制度改革的大背景下，在学校人事部门的指导下，按照社会化、企业化的要求，推行全员聘任制和劳动合同制。完善干部竞争上岗、职工竞聘上岗、外聘员工择优上岗的用人机制，形成更加有效的激励与奖罚机制。实行竞聘上岗就是要引入竞争机制，使员工经常用"有为才有位"来提醒、警示自己，努力再努力，进取再进取，与一流对标，向先进看齐，以真正形成千帆竞发、你追我赶、生机勃勃、干事创业的生动局面。高校公寓管理落实竞聘上岗制度有利于解决内部能上能下的问题。流水不腐，户枢不蠹。实行竞聘上岗就是要逐步建立一个干部既能上也能下的机制，把整个公寓管理队伍激活。它的导向是能者上，平者让，庸者下。高校公寓管理落实竞聘上岗制度给人的昭示是"能下"将同"能上"一样成为一种常态。

（三）加强沟通与协作，发挥工会与团队的优势

1. 加强制度建设，促进民主管理

规章制度的制定和落实是搞好学生公寓管理的基础，"没有规矩，不成方圆"，没有制度就没有管理，制度是管理的标尺。根据教育部学生教育管理的有关规定，结合学校的实际，编制《学生公寓管理服务手册》，主要包括《学生住宿管理规定》《学生宿舍考核细则》《学生宿舍卫生检查标准》《大学生公寓管理服务中心工作条例》《大学生公寓管理服务中心考核办法》《大学生公寓管理工作人员评价体系》等。这些制度既有对学生的要求，也有对公寓管理人员的规章；既有工作内容的规范，又有操作流程和方法，充分调动了工作人员和学生参与宿舍管理的积极性和主动性，使学生宿舍成为学生工作的一线阵地。要按照"市场化运营、企业化管理"的基本原则，推进体制机制不断改革，理顺后勤与学校的权益关系，使后勤服务集团成为一个真正的实体。对条件成熟的后勤下属经营性实体进行公司制改造，建立"产权明晰、权责明确、事企分开、管理科学"的现代企业制度。

加强制度建设，促进民主管理，充分体现"严在当严处，爱在细微中"学校公寓管理的宗旨。实行辅导员进公寓登记和入住学生公寓制度，使公寓管理教育服务工作与学生思想政治工作紧密结合起来；发挥好公寓管理中心主任、管理区长、楼长、层长、舍长、宿舍成员在各自职责范围内的作用，形成严格有效的公寓管理工作组织指挥链；发挥学生自我管理的能动作用，学生楼管会、"宿舍文明监督队"各司其职，检查学生在公寓楼内的安全隐患和不文明行为。在学生公寓中，实行半军事化管理，对公寓内的安全隐患实行日巡和月检制度；严格的门卫管理、长期坚持出早操、晚间宿舍定时熄灯、晚归登记通报、每天的宿舍卫生检查、限定条件的校外住宿规定、宿舍中违纪批评与学生处分在公寓公告栏中的公布、宿舍工作责任制与责任追究制等做法，交织出学校公寓严格管理网络的程序化和严密化，为学校良好校风和学风的形成奠定坚实的基础。学校要制定实施《辅导员入驻学生宿舍制度》《辅导员值班制度》《学生工作干部谈心制度》《辅导员考核制度》等，

要求学生工作干部每天进学生公寓，辅导员入驻学生公寓，在各学院公寓楼设立专用辅导员工作室和辅导员值班室、谈心室，确保上班时间有学生工作干部在公寓楼内上班，下班时间有辅导员在公寓楼内值班。根据不同时期的形势需要，坚持学生工作干部"重点时间加内容，重点区域加人员"的上班或值班制度，如毕业生离校前夕、国家法定节假日和社会形势敏感时期等特殊时间段。学生工作干部基本上做到"同住、知情、关心、引导"，即与学生同住学生公寓，了解学生思想动态，关心学生思想、生活，引导学生正确处理各种问题，开展经常性的思想政治工作。

2. 健全关爱制度，提升队伍建设

针对近年来高校公寓管理工作任务日益艰巨繁重，从服务学生、服务高校后勤社会化建设出发，通过完善公寓管理人员职业保障制度、积极为高校公寓管理人员排忧解难、完善关爱公寓管理人员工作机制等几个方面，进一步推动和改进关爱高校公寓管理人员的措施。要加强经常性思想政治教育，坚持不懈地用中国特色社会主义理论体系和习近平总书记系列重要讲话精神武装头脑，教育引导广大公寓管理人员牢固树立大局意识、核心意识、看齐意识。

健全关爱制度，提升队伍建设。要合理安排高校公寓管理人员的工作和休息，根据人员和管理区域配置、制定和落实轮休制度；加强年休假制度落实情况督导检查，推动年休假常态化。要完善公寓管理人员心理咨询服务和危机干预机制，严格落实年度体检制度，建立公寓管理人员健康电子档案，开展职业病危害因素基本情况普查，健全针对性健康干预措施。要完善职业保障制度，进一步加强职业待遇保障、健全职业风险保障、完善医疗救治机制。要积极为高校公寓管理人员排忧解难，改善他们的工作生活条件，对条件艰苦、生活困难的高校公寓管理人员提供帮助，实施精准扶贫。建立日常慰问、特困救助制度，竭诚为公寓管理人员考虑，真心实意、力所能及地为他们解决一些生活中遇到的实际困难，让他们在细微之处感受到亲人般的温暖。积极为公寓管理人员创造良好的工作条件和生活条件，解除他们的后顾之忧，千方百计提高他们的工资待遇，确保公寓管理人员安心工作，从而全身心地投入服务学校、服务学生的工作中去。

3. 发挥工会与团队的优势，营造校园文化，增强凝聚力

在教育系统后勤改革不断深入的背景下，后勤管理面临的既有新的发展机遇，也有发展中的问题。如何抓住机遇，解决发展中的问题是工会的中心，发挥工会与团队的优势，营造校园文化，增强凝聚力。工会要使员工对教育改革有正确的认识就要加强学习，通过学习提高思想认识。工会要根据党支部制定的学习计划，在员工中形成良好的学习氛围，工会干部要做努力学习的带头人。工会就要在员工中倡导爱岗敬岗，做好本职工作，鼓励员工自我学习，以多种形式帮助员工提高业务能力。工会要配合行政制定和完善岗位管理制度，要切实做好员工权益维护工作，工会应当顺应职工合理的要求，维护员工的正当权益。要认真听取员工的意见、建议，了解员工的思想，关心员工的生活，建立困难员工档

案;做好员工与领导之间的"桥梁",推进民主管理建设,建立职工代表大会制度。工会要做好与员工切身利益有关的职工保障工作。如医疗保险、体检等,努力为职工提供良好的服务。根据单位的实际情况,创造条件组织职工开展各类活动,提高职工的素质修养,丰富职工的生活,鼓励职工参与工会开展的各项活动。工会要做好和完善自身的建设工作,严格工会财务制度。工会干部要注意学习工会法、劳动法等有关的法律法规,积极参加各项培训,以提高自身能力和为职工服务的能力。另外,工会还应该及时开展送温暖活动,特别是后勤战线的老劳模、特困户,要关注他们的健康和合理建议、意见,无条件解决的,可以向上级部门或职能部门反映情况以取得支持。工会还应该定期组织一些活动,丰富业余生活,如在教师节时可以组织"茶话会""座谈会";在春天的时候组织员工春游、踏青、诗朗诵、运动会等,通过多种形式的活动增加员工的团队精神和合作意识。在特殊的节日,如春节、中秋节,工会还应该发放一定的福利,切实落实送温暖工作,通过多种形式打通工会与员工的"最后一公里",让他们感受到工会组织的关怀与温暖。

三、用信息化手段提高公寓管理服务质量

(一)"互联网+"思维与公寓管理服务的信息化

1. 互联网和"互联网+"

互联网是网络与网络之间所串联成的庞大网络,这些网络以一组通用的协定相连,形成逻辑上的单一巨大的国际网络。这种将计算机网络连接在一起的方法称作"网络互联",在这基础上发展出覆盖全世界的全球性互联网络称为"互联网",即是"互相连接一起的网络"。"互联网+"代表一种新的经济形态,即充分发挥互联网在生产要素配置中的优化和集成作用,将互联网的创新成果深度融合于经济社会各领域之中,提升实体经济的创新力和生产力,形成更广泛的以互联网为基础设施和实现工具的经济发展新形态。在"互联网+"高校公寓管理的大环境下,高校公寓管理可以充分利用公司网站建立自己的宣传沟通平台,加强与学生、与各院的沟通,避免在公寓管理、服务上出现信息真空。此外,还可设立微信群、微博、论坛,让学生自由讨论,提出他们的问题,应积极联系校方相关管理人员一起参与学生的各种讨论,并对学生提出的问题给予及时处理。这样的一个与校方一起与学生交流、回答、解决问题的过程既做好了管理,又加强了与校方的联系,还提升了自身的服务质量,同时,也实现了管理、服务、育人"三位一体"。"互联网+高校公寓管理"是今后高校公寓管理工作的一个趋势。"互联网+高校公寓管理"融合分析公寓的所有管理服务事务,将学生公寓各管理服务部门紧密联系在一起,实现了学生公寓的数字化协同管理与服务,将有效解决高校学生公寓管理服务中的难题。现在的大学生正在步入以网络为主体的"数字化生活"时代,网络对学生的学习方法、生活态度和思想观念有广泛而深刻的影响。

2. 公寓管理服务的信息化

学生公寓信息化建设是当前高校公寓发展的新要求。高校学生管理正在不断地向智能

化、网络化迈进。为了进一步配合学校学生管理工作，有效促进教育的现代化和管理的信息化，学生公寓管理需要加强自身的信息化建设则显得责无旁贷。提高管理效率，提升服务质量，逐步完善学生公寓的育人功能，力争实现教育部规定的学生公寓"两育人"，即服务育人、管理育人的要求。

建设学生公寓信息化管理平台，实现公寓信息管理的自动化、智能化和标准化。建立稳定而高效的公寓信息管理系统是实现高校学生公寓管理的科学化、程序化、专业化的客观需求。推进学生公寓的信息化建设，要不断延伸保障服务的空间和时间，不断挖掘保障服务的利益和内涵，全面提升学生公寓的事务办理、管理协调、公寓文化、生活服务等信息环境，进一步创新服务理念、创新管理机制，实现公寓管理水平和服务效益的全面提高。在高校学生公寓管理的实践中，通过高校公寓管理信息化系统可以设计学生宿舍基本信息查询功能、卫生通报、检查信息功能、学生宿舍违章违纪信息、班主任进宿舍信息、学生宿舍异动信息、学生走读程序办理等，加强了宿舍管理部门和院系学工办等部门的互动联系；各类信息查询、处理更为方便、及时、透明；简化了部分程序，提高了工作效率。建设"线下"24小时一站式学生公寓服务中心和"线上"学生公寓数字服务网站，将学生公寓管理、事务审批、维修工作、文化建设、意见投诉等项目融合，保证服务的一体化、规范化和便捷化。开发移动客户端功能。通过手机实现事务办理、学生工作、通知公告、文化建设、师生互动和公寓品牌宣传的功能。通过智慧公寓平台，加强各相关单位协同合作，使服务流程科学化和规范化，服务效率便捷高效。根据学生公寓智能化的发展需求，学生公寓信息管理系统将会和门禁系统、智能水电系统等管理系统连接，不断完善宿舍资源的管理和考核。

（二）中国制造2025与公寓管理服务智能化

1. 工业4.0为公寓管理服务升级提供了可能

"互联网+"制造就是工业4.0。"工业4.0"是德国推出的概念，美国叫"工业互联网"，我国叫"中国制造2025"，这三者本质内容是一致的，都指向一个核心，就是智能制造。互联工业4.0的核心是连接，要把设备、生产线、工厂、供应商、产品和客户紧密地联系在一起。工业4.0连接产品数据、设备数据、研发数据、工业链数据、运营数据、管理数据、销售数据、消费者数据。工业4.0将无处不在的传感器、嵌入式中端系统、智能控制系统、通信设施通过CPS形成一个智能网络。纵观整个工业4.0时代的发展，如何找到高效、创新的突破口成了摆在目前高校公寓管理工作面前的难题。高校公寓管理作为大多数高校日常运作中的重要组成部分，承担高校后勤工作的重大责任。随着信息化进程的推进，不少高校也引入了视频监控系统、安全管理系统等技术，提升了管理效能和管理覆盖面。创新的思维已经深深地融入变革之中，相信在不久的将来，创新的力量会为整个高校公寓管理发展提供源源不断的动力。

工业4.0为公寓管理服务升级提供了可能。工业4.0使学生公寓管理系统具备对公共空间进行规划、对公共资产进行登记备案、清查、管理功能，节省人力物力，避免效率低，错误多，学生公寓管理系统提升资产管理精确度，对损坏、陈旧设备进行备案、淘汰、更新。对学生宿舍用电情况进行智能化控制、一旦有学生在宿舍使用大功率电器，智能电控系统就会自动切断电源，避免发生安全事故。智能烟雾报警装置的安置可以有效提示学生或者管理员，在具体某楼栋、某楼层、某寝室有烟雾出现，大大降低发生大规模火灾的概率，保护了学生的财产与人身安全。学生公寓服务系统使得学生可以利用网络、学生公寓管理系统客户端、微信平台等实现网上提建议、报修、查看校园新闻、了解天气、投诉、查成绩、交水电费等功能，其中，网上报修可以实现预约与评分功能，避免等待及需求时间与满足时间相对延迟。学生想提意见或者投诉都是层层反映，先是宿舍长、楼管阿姨，慢慢层级上报，现在直接在平台上反映问题，节省上报时间，提高意见采纳及投诉处理效率。学生公寓管理员或者学生申报所需物资以前要走好多部门，找领导、签字盖章等一系列烦琐程序，现在在平台上审批，提高了工作效率、服务效能和学生满意度。

2. 从智慧城市到智能公寓

智慧城市就是运用信息和通信技术手段感测、分析、整合城市运行核心系统的各项关键信息，从而对包括民生、环保、公共安全、城市服务、工商业活动在内的各种需求做出智能响应。其实质是利用先进的信息技术，实现城市智慧式管理和运行，进而为城市中的人创造更美好的生活，促进城市的和谐和可持续发展。为解决城市发展难题，实现城市可持续发展，建设智慧城市已成为当今世界城市发展不可逆转的历史潮流。当前，全球信息技术呈加速发展趋势，信息技术在国民经济中的地位日益突出，信息资源也日益成为重要的生产要素。智慧城市正是在充分整合、挖掘、利用信息技术与信息资源的基础上，汇聚人类的智慧，赋予物以智能，从而实现对城市各领域的精确化管理，实现对城市资源的集约化利用。

由于信息资源在当今社会发展中的重要作用，发达国家纷纷出台智慧城市建设规划，以促进信息技术的快速发展，从而达到抢占新一轮信息技术产业制高点的目的。因此，高校学生公寓智能化管理也应运而生，它通过运用现代化的管理手段提升高校管理者的管理水平。随着现代化科技水平的不断提升，高校公寓智能化管理水平会越来越先进，越来越完善。智能公寓是在现有公寓管理系统的基础上强化智能化理念，智能系统可以将配置情况、短缺情况、使用年限、品种、规格、单价、数量等基本情况存储在信息库中，管理人员可以随时调用打印出表册，一则可以取代烦琐的设施设备账目，二则可以一目了然随时掌握有关情况。该系统在学生的学籍资料数据库的基础上，根据住宿安排的原则，自动完成学生住宿安排，形成专门的学生住宿档案数据存放在数据库中。学生公寓住宿管理智能化主要通过学生公寓住宿管理信息系统实现，公寓管理部门可以通过道闸、监控、人脸识别、门禁等各种技术，对各种数据进行更新、维护，可以随时对学生公寓住宿信息进行自动检索、查询、统计和分析，从而准确了解住宿学生的住宿情况和房间、床位的利用情况，提供空房间、空床位统计明细表。通过智能化管理实现学生足不出公寓即能享受社会化、人性化、高水平、全方位的延伸服务，并形成和完善服务工作的监督检查功能，建构"数据无边界、管理有边界"的智慧公寓。

（三）用信息化手段提高公寓管理服务质量

1. 搭建完备的公寓信息化系统

在学生公寓管理中运用信息化技术，公寓管理实现了计算机技术化，不仅可以提高本部门管理的自动化和智能化，促使管理模式的合理化、管理方法的科学化、管理过程的规范化、管理数据的精确化、管理效果的最优化、管理效率的最大化、管理质量的标准化，还能为高校教育管理实现整体信息化创造条件。

搭建完备的公寓信息化系统，推进智慧校园建设，建立以学工系统为平台的智慧管理模块。学工系统设定为基础数据、学工管理、公寓管理三大模块。公寓管理系统能够实现公寓管理信息化、精细化、人性化功能。公寓管理系统可实现学生入住、调宿、退宿、停宿、请假、留宿等申请，并结合宿舍门禁系统进行住宿生考勤统计；公寓管理人员可通过移动终端实现内务检查、违禁违纪检查、住宿生考勤查询等功能；相关职能部门、系部、班主任可实时查询宿舍床位信息、内务检查统计、宿舍违禁违纪通报、住宿生考勤统计等情况，并可通过移动端进行情况反馈。增强公寓对住宿学生情况的管理，实现公寓各项服务快捷、有效、便利，做到学生管理与公寓管理的无缝连接。迎新系统（报到、选房、卧具），管理系统（学生和房源信息、调宿、行为），服务系统（员工信息、来访、物资、巡查、考评等等），离校系统，搭建完备的公寓信息化系统，牢固树立"三个一切"的办学理念，想学生之所想，急学生之所急，"一站式"服务体系大大方便学生生活。公寓管理员要积极适应学校管理理念的发展，适应公寓管理信息化新形势，努力提高自身素养。每学期都应该对公寓管理员进行集中培训，年底组织"比武"操作大赛，极大地调动员工工作积极性。公寓管理系统、门禁管理系统、一卡通系统及物业报修集成一起，实现了远程报修、住宿统计、远程门禁监控为一体。通过转变理念、模式立新、形式创新，促进我国高校公寓管理工作迈出坚实一步。

2. 信息化与智能化的核心是便捷和质量

在努力提高住宿硬件条件的同时，要充分借鉴现代文明总结出来的科学的管理方法，利用信息化手段，对公寓的管理实现计算机网络智能化，提供便捷和高质量的服务。学生公寓的日常管理涉及人员管理、住宿管理、水电管理、安全管理等诸多方面，积极吸纳现代管理的绩效考核、人力资源管理等有效的管理方法，重视现代科学技术的投入与应用，提高服务质量、安全系数和管理效率。服务要实现亲情化。公寓是学生在校学习期间的"家"，要让他们感受到家的温暖，就要提供力所能及的方便服务，如生活中常用的小五金工具、针线包、打气筒、列车时刻表、交通地图等，为学生提供方便。学生公寓内水电气控制和管理由计算机控制和管理系统自动完成。计算机控制和管理系统可以自动对公寓内各宿舍的水电气消耗量进行动态计数并自动完成水、电、气三表抄收形成专用数据库，公寓管理人员可以随时对水电气的用量、费用等需要的数据进行打印报表。对实行限额供应水电气的公寓宿舍，该系统可以对超额或欠费宿舍自动报警甚至自动截断供应。对防火要求较严格的公寓，可根据需要在系统中选配限电或自动识别系统，以预防火灾的发生。重视学生对公寓管理和服务的意见和建议，拓宽信息收集渠道，及时反馈学生提出的问题，解决疑难，加强正面引导，关注学生关心的热点、难点、感兴趣的问题，教育引导学生，想学生之所想，急学生之所急。强调亲情化和沟通式服务，注意"家文化"的提炼，创造学生公寓管理服务品牌。现代化是需要学校大量的资金投入，是要有一个逐渐完善的过程，在积极争取硬件设备升级的同时，不能放松软件的建设，与学生建立和谐的关系是做好服务管理工作的保证。

管理服务学生既是一个公共产品供给过程，又是一个蕴含理想、信念、价值观的全面育人过程。运用大数据的过程分析和轨迹刻画，能够及时发现学校层面、学工层面、教务层面等管理服务机制存在的不足和服务质量欠缺。运用管理服务大数据的根本在于客观、全面和动态把握高校学生成长成才存在的问题，为学生提供个性化、定制式精准管理服务，从而提升管理服务育人的针对性和实效性。此外，校园管理服务大数据还能够精准描述定位失联学生、抑郁易感学生、宿舍"过宅族"等特殊学生个人或群体，进而能够实施有针对性的定制式教育引导策略。运用大数据提升高校管理服务水平和质量既是一个集成不同部门、层次信息数据的系统性工程，又是一个面向世界一流大学创新管理服务体系和实施高校治理现代化的改革创新工程和全面育人工程。

（四）共建公寓信息化平台，共育创新高素质人才

1. 信息化的基础是互通互联，资源整合

共建公寓信息化平台，实现公寓信息化平台的综合数据融合功能。当前，高校学生正处于信息化、数据化时代，学生在校园可以随时随地 WiFi、5G 上网，并在各种社交平台进行参与和互动，所以，需要建立一个体系，对各种信息进行大数据分析。从学生公寓发展的层面需要资源融合和共享，实现科学化、精细化管理。为更好地为学生及学校有关部门提供个性化服务、推荐服务、情景导航、一站式服务，实现信息透明、数据开放、增值服务等，实现无缝对接服务，随时随地不受时空限制的服务，在学生公寓管理的迎新、门禁、常规管理等相关技术信息通过系统建立有效整合跨部门服务资源和各类管理信息资源数据融合平台。

通过互通互联的信息化，整合各级各类教育资源，分类别建设高校教育资源库。建成教学资源类、教育管理类、交流沟通类、教务教学类、视频音频类教育资源共享库群，以此推进教育均衡化发展。基本满足现代远程教育、终身教育、教育教学和图书资源共享、考试、招生、师资培训等的需要。通过部署防火墙、上网行为管理等设备，构建安全可控的教科网出口，为网内用户提供互联网访问及公众用户访问教科网资源的通道，并实现与

CERNET互联互通，形成科学规范的信息化教育管理体系，为政府宏观决策提供科学依据，为公众提供公共教育信息，不断提高教育管理现代化水平。

2. 公寓信息化平台与校园各网络平台的共建共享

校园网内创建资源共享平台、增强管理服务意识，网站设有校务公开、上级来文、通知公告等栏目，学校的相关文件、通知等及时上网。通过登录学校网站，查看是否有新通知、最新的学校新闻、新充实的内容等，以便及时地知道自己该干什么，该学点什么，别人在干什么，学校发生了什么事，学校将发生什么事。有条件的高校要建立班级网站及学校论坛，使班级管理数字化、直观化，增强班级管理的透明度，使管理更趋于科学，将使论坛成为师生讨论问题、互述心声的温馨家园。充分利用网络互动环境进行网络培训、网络教研，促进教师专业成长，加强教师的信息素养，提高教师适应新课程改革的能力，提升教学能力和水平，创建网络环境下教师专业成长的新模式。

实现网内信息资源共享。让学生公寓信息系统成为公寓管理人员的管理手段和服务工具，不仅提高学生公寓的管理过程的规范化、管理方法的科学化、管理模式的合理化、管理质量的标准化，还可以实现公寓信息自动化、智能化、精确化，使管理工作效率得到大幅提升，管理效果更加优化，也可以为高校实现整体信息化管理创造条件。因此，需要加大对公寓信息化管理的投入，不断完善学生宿舍信息系统。在公寓管理信息系统建设上，要充分利用好"学生管理信息系统"的系统性优势，力求改变以往各类管理系统的简单功能，着力学生公寓内部管理的完善和外部功能的互动，从而为学生公寓管理服务工作的健康开展提供坚实支撑，真正实现并达到服务育人、管理育人的目的，更好地为广大师生提供高效优质的服务，实现信息化管理服务的功能优化与提升。

3. 共建智慧公寓，共育创新高素质人才

共建智慧公寓，共育创新高素质人才，以计算机网络技术为代表的信息技术正推动教育和教育管理手段、方式发生根本性改变。不言而喻，计算机技术的发展和运用最终会要求公寓管理的计算机网络化，全面实现管理的信息化。这要求更新公寓管理观念，牢固树立全局观念、人本观念、动态观念、效益观念；造就和培训适应新形势下的公寓管理队伍；借助信息技术手段，建设和管理好学生生活的"虚拟社区"（或叫"虚拟公寓"）网站。网站上除了信息发布，还必须有社区BBS、公寓管理员信箱和住宿信息、电话号码、火车时刻、飞机班次、水电气费等网络查询功能，积极将现实世界、书本世界和虚拟世界有机结合。通过网络服务平台给学生提供方便快捷的生活网络服务，为学生公寓创建全面发展的新空间。重视网站互动性的建设，特别开设"校长信箱""留言板"等互动栏目。在学校网站的留言板上，对于各界朋友提出的所有意见和建议，要认真对待、仔细研究，能够马上回复的要予以及时回复。对于一些比较棘手的问题，要通过校务会研究讨论，并在最短时间给予答复。特别是很多在外务工的家长对于自己的孩子在学校学习的情况非常关心，因此，要让学校网站成为这些家长了解学校发展和孩子成长的正确渠道。学校也通过这个渠道，听取更多家长的建议和鼓励，有力地推动学校健康发展。尝试开通"学科互动"版块，以论坛的形式进行。各学科板块可设置集体备课、在线答疑、资源共享等栏目，真正通过校园网实现学校教学的网络化，共建智慧公寓，共育创新高素质人才；还要加强班级主站及师生博客建设，将中国现代教育网的"在线办公室"引入，构建以网站为平台的在线学习交流方式。在"多媒体预约系统""成绩查询系统"的基础上，开发"学籍管理系统""工资管理系统""考勤管理系统""在线备课系统""视频播放系统""校园OA办公系统"，创建"校友录"，为学校与校友搭建沟通交流平台。在学生公寓文明和文化建设管理中，将公共的和各宿舍的卫生安全、公物保护、公益劳动、遵章守纪、好人好事、违章违纪、文化活动等情况的检查记录、登记报表陆续输入计算机内，经过一段时间的积累，按照一定的评分比例，经计算机处理后即可得出一定的数据资料，再按照一定的标准处理，最后可获得评比"文明公寓""文明宿舍""文明个人""先进集体""积极分子"等所需要的各种数据和名单。共建智慧公寓，共育创新高素质人才，可以确保公寓信息系统的有效使用和数据处理的规范化、标准化。公寓管理的信息化、智能化、精确化已成为公寓管理环节的重要一环。

第二节　高校学生饮食管理服务与管理

本节以某高校饮食服务中心管理为例。

一、中心职责范围

饮食服务中心承担全校师生饮食供应保障服务，主要负责学生饭菜的烹调制作、售卖及其就餐场所的服务管理等工作。下设中心办公室、保障餐厅、调剂餐厅和特色餐厅四个部门。

二、中心办公室及其岗位设置

中心办公室负责对外接待、宣传报道、文案处理、员工培训考核、工作监督检查、咨询投诉处理和办公软件维护，以及与各部门之间的协调工作。

（一）中心主任

1. 岗位职责

（1）全面主持饮食服务中心整体工作；

（2）负责中心各餐厅饭菜制作、售卖及就餐场所服务等统筹管理工作；

（3）负责与官方食品监督检验、检疫等机构的沟通与协调工作；

（4）负责中心整体事务的协调与督导工作；

（5）完成集团交办的其他工作。

2. 工作方式与要求

（1）按照就餐师生日常就餐需要，安排并督促各餐厅做好一日三餐的餐饮服务保障工作。

（2）按照国家食品安全法、集体餐饮服务管理规定相关文件要求，做好学校饮食安全管理工作，确保饮食安全事故零发生。

（3）按照学校制定的学生食堂相关财务指标要求，督促各餐厅做好日常经营核算、饭菜单品核算和固定资产管理等工作，维持学生食堂正常开展。

（4）按照国家劳动合同法及学校用人管理办法，做好本中心招聘人员的管理工作。

（5）按照民族饮食风俗习惯，做好穆斯林学生就餐供应工作。

①伊斯兰餐厅招聘的炊事工作人员要求熟悉穆斯林政策和生活习惯，且穆斯林员工人数不少于餐厅总人数的30%。

②民族餐厅所需的原材料采购，肉类必须按照民族生活习惯经阿訇屠宰方可，定点采购，带包装原料必须标注清真标识，禁止采购酒精类饮料、猪肉、狗肉、驴肉、骡肉和各种动物血，以及不带鳞的鱼等原料。

③尊重穆斯林师生的生活习惯，禁止非清真食品进入伊斯兰餐厅。

④按照穆斯林传统，做好穆斯林古尔邦节、开斋节等节日期间饮食供应。

⑤其他统一执行学生食堂工作制度。

（二）办事员

1. 岗位职责

（1）负责中心的宣传工作及中心内外公文、函电、传真件的收发、传达、传阅、转办、催办、归档；

（2）协助负责餐厅的经营核算、食品安全卫生检查等工作；

（3）负责中心各岗位员工招聘入职申报、业务培训、离职解聘等人事管理工作；

（4）负责办公室人员考勤、考评及其日常工作的管理；

（5）做好中心相关办公系统和设备的维护与保养、低耗物资采购工作；

（6）完成中心主任交办的其他任务。

2. 日常常规工作方式与要求

时间	内容	标准要求	备注
7：50—8：00	办公室卫生	1. 墙面、地面干净无尘、无污渍	
		2. 门窗、文件柜干净无尘、无污渍	
		3. 电脑、文件盒表面干净无尘	
		4. 桌面物品摆放有序，不杂乱	

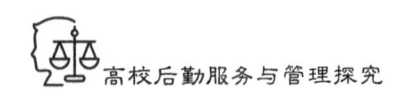

续表

时间	内容	标准要求	备注
8：00—12：00 （14：30—17：20）	日常工作	1. 听取中心领导安排工作任务	
		2. 认真思考工作开展的具体方法	
		3. 联系相关部门确定工作时间进度	
		4. 确定工作方案并汇报领导审核	
		5. 按照方案计划和要求认真落实	
		6. 工作当日完成进度及其结果汇报	
		7. 外出工作或下班之前请存好文档	
		8. 午休时关闭大功率电器（空调）	
		9. 午休时关窗锁门	
17：20—17：30	工作收尾	1. 整理工作台面，文件归类存放	
		2. 办公电脑关机并切断电源	
		3. 关闭大功率电器，做到人走电断	
		4. 检查用电安全并关窗锁门后离开	

3. 上报文件工作方式与要求

（1）中心办事员依据工作需要起草文件，行文要符合公文标准。

（2）将完成文件初稿交中心主任审阅，并予以修正。

（3）将修改后的文件提交分管领导批示。

（4）需要报告学校有关部门的，由集团办公室上报，属于集团内部事宜，经过分管领导批示后，中心进行处理。

（5）问题处理后，要进行结果检查，没有解决问题的要继续上报领导，进行批示解决。

4. 网上意见处理工作方式与要求

（1）产品问题发生后，可从不同渠道将投诉问题进行整理，主要有校务信息平台、后勤服务网站和中心办公电话投诉，以及向中心员工反映问题。

（2）投诉问题进行初步分类：属于学校其他部门责任范围，向投诉人说明情况，帮助其查找相关部门联系方式；属于后勤处报修内容，向投诉者说明情况，代为网上报修；属于中心责任范围，进行问题处理。

（3）投诉问题处理，为投诉者解决问题。对问题进行检查处理，不达标重新上溯中心，进行问题分类协助处理。

（4）追溯问题产生的原因，员工职责履行失误，追究责任人责任，其他原因造成的，让员工学习经验引以为戒。

5. 新闻报道工作方式与要求

（1）根据中心重大工作事件安排和各部门日常工作中突出亮点事件收集素材。

（2）依据后勤服务工作宣传需要，编写新闻稿件，调整相关工作图片。

（3）登录后勤数字化大厅网页，进入新闻发布平台。

（4）将编写好的新闻稿件和图片嵌入到新闻发布模块，并调整好字体和位置后予以保存。

（5）完成后经中心领导审核后予以发布。

6. 账务报销工作方式与要求

（1）整理报销单据，所购物品必须由供应商提供发票（国家统一正规发票）或收据，做到账、物数据一致。

（2）物资配送到相关部门后，经该部门验收人员和负责人入库验收核对后，在《低值易耗单》或《固定资产单》签字确认（供方负责人签字、需方验收人和负责人签字）。

（3）填写报销单，注明款项支付原因，且经办人在报销单上签字后，票据统一装订。

（4）报销单据经主任审核后签字加盖中心公章。

（5）报主管副总经理处审批签字后，由财务部办理报销手续。

7. 员工培训工作方式与要求

（1）按照中心人员管理和日常业务开展需要，拟定详细的工作计划，包括培训时间、地点、人员、内容和培训方式。

（2）依据培训方案，协调相关部门提前联系确定培训场所和培训主讲人，确定召开时间，并通知参加培训的人员。

（3）提前30分钟到达培训地点与场所提供方筹备好所需要的培训学习设施（如需准备记录本和签字笔的提前准备好，人手一份）的筹备和培训会场的布置工作。

（4）组织参加培训人员签到、按照安排引导入座，参与相关业务内容的培训工作。

（5）按方案时间安排宣布培训工作开始，说明培训工作的主题、目的和意义，并简要介绍培训主讲人。

（6）培训主讲人根据培训内容要求实施培训工作，在培训过程中，协助主讲人维持培训会场秩序，并填写培训记录表。

（7）培训结束后组织员工安全、文明地离开培训会场，防止大声喧哗。

（8）评估本次培训效果并完成培训记录整理归档工作。

8. 物资采购工作方式与要求

（1）整理汇总各部门上报部门每周采购计划，包括部门低耗常备物品及近期因工程等原因急需购置的物品。

（2）报送中心主任对采购内容进行审核，签字盖章后送主管领导审批，方可进行采购。

（3）将各部门低耗物资进行分类汇总、填写采购单，完成后和采购计划报告（领导审批）报送物流中心进行采购。

（4）需求物品经物流中心采购后配送到本中心，进行清点数量、验收质量，数量核对、质量检查无误后，方可办理入库。

（5）通知中心各部门领用低耗物品，领用发放时必须填写发放登记表，经部门领用人签字后，方可办理实物出库。

（三）检验员

1. 岗位职责

（1）负责化验室设备器材、药品试剂等的日常维护、应用与管理；

（2）负责各餐厅饭菜制作过程中关键环节的安全检查工作；

（3）负责各餐厅饭菜留样保存、留样记录的登记等工作；

（4）负责各餐厅饮食原料、成品的常规检测工作；

（5）负责检验室档案资料的建设管理工作；

（6）完成领导交办的其他工作任务。

2. 日常检测工作方式与要求

时间	内容	标准要求	备注
7：50—8：00	化验室卫生	1. 墙面、地面干净无尘、无污渍	
		2. 门窗、文件柜干净无尘、无污渍	
		3. 电脑、文件盒表面干净无尘	
		4. 桌面物品摆放有序，不杂乱	
8：00—12：00 14：30—17：20	日常工作	1. 检查员工仪容仪表	
		2. 检查中心各餐厅卫生	
		3. 检查加工过程是否符合标准	
		4. 检查入库半成品与成品质量	
		5. 做好各项检查记录并归档	
		6. 留样化验并做好记录	
		7. 当日工作完成进度及其结果汇报	
		8. 外出工作或下班之前存好文档	
		9. 午休时关闭大功率电器（空调）	
		10. 午休时关窗锁门	
17：20—17：30	工作收尾	1. 整理工作台面，文件归类存放	
		2. 办公电脑关机并切断电源	
		3. 关闭大功率电器，做到人走电断	
		4. 检查用电安全并关窗锁门后离开	

3. 餐厅检查工作方式与要求

序号	工作内容	时间	标准要求	备注
1	检查	8：10	检查餐厅采购的原材料存放情况，加工过程环节控制	
			敦促员工具有良好仪容仪表、精神面貌、服务规范、操作技能、团队精神	
2	监督	全天	各餐厅环境、饮食卫生符合饮食相关标准，销售中的价格合理、质量、计量无误	
3	安全	全天	做好日常检查监督工作，防患于未然	

（四）核算员

1. 岗位职责

（1）协助餐厅经理搞好日常物资及账务管理工作；

（2）负责原材料、辅料、设备和炊具等验收入库，出入库原料物品要严格验核、过秤和点数，并当场由经办人签字，发现问题及时解决；

（3）负责餐厅所用票据的领用、缴销，并严格遵守集团和中心有关财务规定；

（4）负责各种收入与支出账务的核对工作，外欠账务（物）的收缴与回收；

（5）每月25日与中心财务人员对库房物资进行盘点，确保账物相符；

（6）积极完成所在餐厅经理交办的其他任务。

2. 方式与要求

序号	工作时间	工作内容	工作要求
1	5：30—5：40	班前准备	穿工服、戴工帽、系围裙 洗手、消毒；班前会议
2	5：40—6：00	物资出库	根据早餐需要，做好风味领料
3	6：10—8：00	售饭	餐厅早餐售卖
4	8：00—9：30	物料验收入库	物资采购验收、核对数量 班组领料发放、登记
5	9：30—11：00	账务核对	物流账单核对 沟通产品质量 查看库存物资数量 核算班组领料情况
6	11：00—12：00	中央厨房原料计划申报	汇总菜案计划，报送中央厨房净菜车间 汇总主食计划，报送米饭、面食车间 汇总豆制品计划，报送豆制品车间
7	12：00—13：00	售饭	午餐售卖

续表

序号	工作时间	工作内容	工作要求
8	13:00—13:30	就餐	餐厅员工餐就餐
9	13:30—15:00	午休	下班之前更换工作衣帽,并存放于个人更衣柜中,非个人用品不得带出餐厅操作间
10	15:00—15:10	签到更衣	下午班次签到,不得迟到 穿工服、戴工帽、系围裙
11	15:10—16:00	汇总申报计划	统计汇总餐厅各班组副食计划 采购计划经餐厅经理审核后,报送物流中心采供部
12	16:00—18:00	餐厅账务核算	统计餐厅采购支出总数 核算各班组领料数据 处理日常账务工作
13	18:00—19:00	盘存、保洁	盘存库存物资,核对账务记录 整理库房存放物资,清洁库房卫生 整理办公室账务等工作
14	19:00—19:30	晚餐	餐厅员工晚餐就餐
15	18:00—18:30	下班更衣	将工服存放至指定位置,保持工服的干净卫生

三、保障餐厅及其岗位设置

饮食服务中心保障餐厅主要承担学校师生基本伙食服务的保障工作,负责学校餐厅早、中、晚一日三餐的饭菜保障供应服务。

（一）部门经理

1. 岗位职责

（1）负责餐厅日常经营工作,现场组织指挥,保证一日三餐正常供应;

（2）督促检查伙食质量、服务质量、卫生安全状况,提高服务质量和服务意识,重视就餐者意见;

（3）注意节约,加强经营成本核算,做好节能降耗工作,审核经费收支情况;

（4）加强员工思想教育和业务能力培训,关心员工生活,逐步改善员工工作、生活条件;

（5）坚持请示汇报制度,发现重大情况迅速处理,并立即报告上级领导;

（6）完成领导交给的其他工作。

2. 方式与要求

序号	内容	时间	标准要求	备注
1	出勤	7：00—7：30	按时上岗，不迟到，不早退，随传随到	
			墙面、地面、门窗、文件柜、电脑、文件盒干净无尘、无污渍，桌面物品摆放有序，不杂乱	
2	日常工作	7：30—19：00	统筹安排餐厅日常事务 落实各项规章制度，及时汇报本餐厅工作 运用餐饮管理系统加强管理，严格检查每个操作环节，保证饭菜质量，每月推出新品种 厉行节约，杜绝浪费，严格成本核算，提高社会效益和经济效益 按照食品安全法和"五四制"的要求，定岗、定责分片包干，做好个人卫生和餐厅卫生，严防食物中毒 督促员工遵守操作规程，确保生产安全 利用员工考勤系统认真做好考勤、考评工作，个人有事时填写假条报中心主任批示，批准后方可离岗 做到纪律严明，办事公正，勤政廉洁，实事求是 合理调配劳动力、合理分配劳动报酬 实行民主管理，虚心听取员工的意见，制定改进措施 随时留心后勤网站，及时了解师生意见并及时解决	
3	收尾工作	18：30—19：00	检查餐厅卫生，全面检查餐厅水电气安全及设备情况，安排留守值班人员	

（二）厨师长

1. 岗位职责

（1）全面负责餐厅后厨各项管理工作；

（2）制定当日食谱，负责协调高、中、低档菜、蒸炸类的烹制；

（3）改进饭菜品种和质量，随季节变化随时进行投料标准和单菜成本核算；

（4）根据就餐情况合理制订次日菜品供应计划，并制订原料需求计划；

（5）认真填写好认证表格，做好餐厅相关文件体系贯彻落实工作；

（6）完成餐厅经理临时交办的任务。

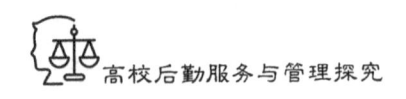

2. 工作流程与方式要求

序号	内容	时间	标准要求	备注
1	签到	6：15（15：00）	准时到岗，不迟到	
2	更衣	6：15—6：25 15：00—15：10	工装整洁干净，工服、帽、围裙无污点油渍 工号牌应佩戴在胸前工作服左上方、口袋上方的位置 头发短而整齐、不留胡须、不佩戴任何首饰 不留长指甲，指甲内无污垢物	
3	安排工作任务	6：25—6：35 15：10—15：20	布置工作任务，责任到人 明确任务完成时间和标准要求	
4	领取原料	6：35—7：05 15：20—15：50	按照当天用量领取原料，并签字确认	
5	工作督促	7：05—8：00	督促工作人员完成早餐小菜制作、肉类上浆等工作，并检查质量	
6	原料预加工	8：00—10：00 15：50—16：30	按时完成过油、腌、煸、炒等原料预加工工作	
		10：00—11：00 16：30—17：00	完成为面案制作臊子、蔬菜焯水等预加工工作	
7	炒制菜品	11：00—12：40 17：00—18：30	检查协调各岗位工作流程，加快出品速度	
	检查出品质量	11：00—12：40 17：00—18：30	所有菜品按照色、香、味、形、料、量来出品	
8	收尾检查	12：40—13：00 18：30—19：00	检查后厨卫生清理情况 各卫生区域无积水、无油渍 厨具清理情况，厨具进保洁间 未使用完原料存放情况，常温保存原料进三防柜，低温保存原料进冷库	
9	记录填写	18：30—19：00	各类记录按时完成，填写规范真实	

（三）**安全卫生班长**

1. 岗位职责

（1）负责餐厅卫生检查监督工作，确保餐厅卫生清扫及时、环境干净整洁；

（2）负责餐厅日常安全监督检查工作，排查并消除安全隐患；

（3）负责餐厅一般设施、设备维修工作；

（4）完成餐厅经理临时交办的其他工作任务，

2. 工作流程与方式要求

序号	内容	时间	标准要求	备注
1	签到	6：15（15：00）	准时到岗，不迟到	
2	更衣	6：15—6：25 15：00—15：10	工装整洁干净，工作服、帽、围裙无污点油渍 工号牌应佩戴在胸前工作服左上方、口袋上方的位置 头发短而整齐、不留胡须、不佩戴任何首饰 不留长指甲，指甲内无污垢物	
3	检查、督促、整改	6：25—11：00 15：10—17：00	餐厅卫生干净、无蚊蝇 按照日清表条目规定逐个检查	
4	售饭	11：00—12：40 17：00—18：40	戴口罩、手套，口罩上遮鼻，下遮口 文明礼貌服务 菜品重量按照标准售卖	
5	收尾检查记录填写	12：40—13：00 18：40—19：00	根据日清要求检查原料存放情况 完整填写日清表 关好门窗，关闭不使用的电源	

（四）菜案班长

1. 岗位职责

（1）全面负责菜案各项工作；

（2）负责编制原料计划单，确保餐厅用料充足；

（3）指导班组成员按要求完成切配任务，确保无安全事故；

（4）负责验收物流服务中心配送原料的质量；

（5）认真填写好各类表格，完成餐厅经理临时交办的任务。

2. 工作流程与方式要求

序号	内容	时间	标准要求	备注
1	签到	6：15（15：00）	准时到岗，不迟到	
2	更衣	6：15—6：25 15：00—15：10	工装整洁干净，工作服、帽、围裙无污点油渍 工号牌应佩戴在胸前工作服左上方、口袋上方的位置 头发短而整齐、不留胡须、不佩戴任何首饰 不留长指甲，指甲内无污垢物	
3	工作布置	6：25—6：35 15：10—15：20	明确任务完成时间及其标准要求	

续表

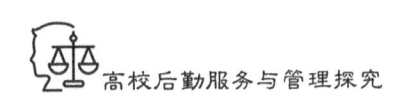

序号	内容	时间	标准要求	备注
4	早餐工作督促	6：35—7：35	工装整洁干净，工服、帽、围裙无污点油渍 工号牌应佩戴在胸前工作服左上方、口袋上方的位置 头发短而整齐、不留胡须、不佩戴任何首饰 口罩上遮鼻，下遮口 不留长指甲，指甲内无污垢物	
5	原料切配	7：35—8：00 15：20—15：50	完成面案面食馅料、臊子切配 完成豆制品切配	
6	原料收取	8：00—8：50 15：50—16：10	完成物流中心、净菜车间原料收取工作 原料要新鲜，符合加工或炒制要求，不合格原料当场拒收	
7	切配清理	8：50—10：50 16：10—16：50	指导菜案技师完成自购的原料切配 安排完成切配结束后卫生清理 上报明日菜品计划	
8	开餐人员调配	10：50—12：50 16：50—18：40	安排人员完成午餐售卖工作 及时协助厨师出菜	
9	收尾检查	12：50—13：00 18：40—19：00	检查卫生清理情况，确保厨具进保洁间 未使用完原料存放情况，常温保存原料进三防柜，低温保存原料进冷库	
10	记录填写	18：30—19：00	按照记录、表格说明填写记录	

（五）菜案技师

1. 岗位职责

（1）按照菜案班长要求完成切配任务，确保无安全事故；

（2）负责原料接收、菜品售卖工作；

（3）搞好区域内环境和灶具卫生；

（4）完成餐厅经理临时交办的任务。

2. 工作流程与方式要求

序号	内容	时间	标准要求	备注
1	签到	6：15（15：00）	准时到岗，不迟到	
2	更衣	6：15—6：25 15：00—15：10	工装整洁干净，工作服、帽、围裙无污点油渍 工号牌应佩戴在胸前工作服左上方、口袋上方的位置 头发短而整齐、不留胡须、不佩戴任何首饰 不留长指甲，指甲内无污垢物	

续表

序号	内容	时间	标准要求	备注
3	接受工作任务	6：25—6：35 15：10—15：20	明确任务完成时间及其标准要求	
4	早餐售卖工作	6：35—7：35	根据班长安排，完成早餐售卖工作 完成早餐后厨具设备的回收整理工作	
5	原材料切配	7：35—8：00 15：20—15：50	根据班长安排完成面案面食馅料、臊子切配 完成豆制品切配	
6	原料收取	8：00—8：50 15：50—16：10	协助班长完成物流中心、净菜车间原料收取工作	
7	原材料切配	8：50—10：50 16：10—16：50	根据班长安排完成净菜车间无法加工的原料切配 完成切配结束后区域卫生清理	
8	菜品售卖	10：50—12：50 16：50—18：40	根据班长安排完成菜品售卖工作 售卖菜品重量按成品标准执行	
9	收尾工作	12：50—13：00 18：40—19：00	责任区域卫生清理 清理厨具，完成后放置于保洁间内消毒 未使用完原料存放，常温保存原料进三防柜，低温保存原料进冷库	

（六）炒菜厨师

1. 岗位职责

（1）按照厨师长要求做好高中低档菜、蒸炸品的制作；

（2）负责剩饭剩菜处理工作；

（3）搞好区域内环境和灶具卫生；

（4）完成餐厅经理临时交办的其他工作任务。

2. 工作流程与方式要求

序号	内容	时间	标准要求	备注
1	签到	6：15（15：00）	准时到岗，不迟到	
2	更衣	6：15—6：25 15：00—15：10	工装整洁干净，工作服、帽、围裙无污点油渍 工号牌应佩戴在胸前工作服左上方，口袋上方的位置 头发短而整齐、不留胡须、不佩戴任何首饰 不留长指甲，指甲内无污垢物	
3	接受工作任务	6：25—6：35 15：10—15：20	明确任务完成时间及其标准要求	

续表

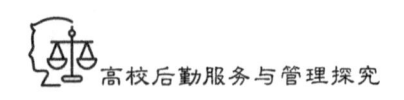

序号	内容	时间	标准要求	备注
4	早餐菜品准备	6：35—8：00	完成早餐小菜制作、肉类上浆等工作	
5	原料预加工	8：00—10：00 15：50—16：30	按时完成过油、腌、煸、炒等原料预加工工作	
		10：00—11：00 16：30—17：00	完成为面案制作臊子、蔬菜焯水等预加工工作	
6	炒制菜品	11：00—12：40 17：00—18：30	按时完成菜品烹制，保证菜品质量	
7	收尾工作	12：40—13：00 18：30—19：00	责任区域卫生清理 清理厨具，完成后置于保洁间进行消毒 未使用完原料存放，常温保存原料进三防柜，低温保存原料进冷库 剩饭剩菜处理，无法保存的及时倾倒 完成剩饭剩菜处理记录填写	

（七）服务领班

1. 岗位职责

（1）全面负责就餐大厅各项服务管理工作；

（2）督促服务员做好餐厅大厅内外就餐区卫生清扫、餐具回收等工作；

（3）严格按照中心卫生要求检查区域卫生；

（4）完成餐厅经理临时交办的任务。

2. 工作流程与方式要求

序号	内容	时间	标准要求	备注
1	签到	6：15（15：30）	准时到岗，不迟到	
2	更衣	6：15—6：25 15：30—15：40	工装整洁干净，工作服、帽、围裙无污点油渍 工号牌应佩戴在胸前工作服左上方、口袋上方的位置 头发短而整齐、不留胡须、不佩戴任何首饰 不留长指甲，指甲内无污垢物	
3	安排工作任务	6：25—6：35 15：40—15：50	明确任务完成时间及其标准要求	
4	餐厅外围清扫工作	6：25—7：00 15：50—16：20	安排清扫餐厅外围，无积水、无杂物	

续表

序号	内容	时间	标准要求	备注
5	早餐卫生清扫	7：00—10：00	安排早餐期间收碗、收残食、擦桌子等工作	
6	餐厅卫生保洁	10：00—11：00 16：20—17：00	安排餐厅卫生保洁工作 安排售饭台地面清理	
7	开餐卫生清理	11：00—13：00 17：00—19：00	安排开餐期间收碗、收残食、巡视、擦桌子等工作	
8	收尾检查	13：00—13：30 19：00—19：30	检查卫生清理情况 按时关闭餐厅大灯	

（八）服务员

1. 岗位职责

（1）负责就餐大厅内外卫生保洁工作；

（2）负责就餐区卫生清扫、餐具回收等工作；

（3）完成每日报表领取工作，早中晚餐送留样工作；

（4）完成餐厅经理临时交办的任务。

2. 工作流程与方式要求

序号	内容	时间	标准要求	备注
1	签到	6：15（15：30）	准时到岗，不迟到	
2	更衣	6：15—6：25 15：30—15：40	工装整洁干净，工作服、帽、围裙无污点油渍 工号牌应佩戴在胸前工作服左上方、口袋上方的位置 头发短而整齐、不留胡须、不佩戴任何首饰 不留长指甲，指甲内无污垢物	
3	接受工作任务	6：25—6：35 15：40—15：50	明确任务完成时间及其标准要求	
4	餐厅外围清扫工作	6：25—7：00 15：50—16：20	清扫餐厅外围，无积水、无杂物	
5	早餐卫生清扫	7：00—10：00	早餐期间收碗、收残食、擦桌子等工作 完成送留样工作 完成报表领取工作	
6	餐厅卫生保洁	10：00—11：00 16：20—17：00	餐厅卫生保洁工作 售饭台地面清理工作	

续表

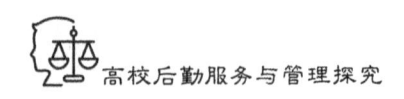

序号	内容	时间	标准要求	备注
7	开餐卫生清理	11：00—13：00 17：00—19：00	开餐期间收碗、收残食、擦桌子等工作 完成送留样工作	
8	收尾工作	13：00—13：30 19：00—19：30	餐厅卫生清理及其桌椅整理整齐 卫生保洁用具清理干净后按照规定位置放置	

（九）凉菜班长

1. 岗位职责

（1）在厨师长领导下，根据当日食谱保质保量制作凉菜、卤肉，确保色、香、味、形俱佳；

（2）指导凉菜技师提高饭菜烹调制作技术，不断更新菜色品种；

（3）准确核算成本，保证品种和质量，做好日常工作记录；

（4）搞好区域内环境和灶具卫生；

（5）完成餐厅经理临时交办的其他工作任务。

2. 工作流程与方式要求

序号	内容	时间	标准要求	备注
1	签到	6：15（15：00）	准时到岗，不迟到	
2	更衣	6：15—6：25 15：00—15：10	工装整洁干净，工作服、帽、围裙无污点油渍 工号牌应佩戴在胸前工作服左上方、口袋上方的位置 头发短而整齐、不留胡须、不佩戴任何首饰 不留长指甲，指甲内无污垢物	
3	安排工作任务	6：25—6：35 15：10—15：20	明确任务完成时间及其标准要求	
4	早餐菜品制作	6：35—7：00	完成早餐凉菜制作	
5	安排领取原料	6：35—7：05 15：20—15：50	安排凉菜技师领取当天原料，并签字确认	
6	原料预加工	7：05—10：00 15：50—16：30	完成当日所需原料的切配工作 完成凉菜使用卤肉的蒸制工作 完成蔬菜焯水工作	
		10：20—10：50 16：30—17：00	完成凉菜拌制工作，遵循凉菜制作要求	

续表

序号	内容	时间	标准要求	备注
7	菜品售卖	10：50—12：50 16：50—18：40	完成菜品售卖工作，菜品重量符合标准 服务态度好	
8	收尾工作	12：40—13：00 18：40—19：00	责任区域卫生清理； 清理厨具，完成后放置于保洁间进行消毒 未使用完原料存放，常温保存原料进三防柜，低温保存原料进冷库	

（十）凉菜技师

1. 岗位职责

（1）根据凉菜班长安排，根据当日食谱保质保量制作凉菜、卤肉，不断更新菜色品种，确保色、香、味、形俱佳；

（2）准确核算成本，保证品种和质量；

（3）搞好区域内环境和灶具卫生；

（4）完成餐厅经理临时交办的任务。

2. 工作流程与方式要求

序号	内容	时间	标准要求	备注
1	签到	6：15（15：00）	准时到岗，不迟到	
2	更衣	6：15—6：25 15：00—15：10	工装整洁干净，工作服、帽、围裙无污点油渍 工号牌应佩戴在胸前工作服左上方、口袋上方的位置 头发短而整齐、不留胡须、不佩戴任何首饰 不留长指甲，指甲内无污垢物	
3	接受工作任务	6：25—6：35 15：10—15：20	明确任务完成时间及其标准要求	
4	领取原料	6：35—7：05 15：20—15：50	领取当天原料，并签字确认	
5	原料预加工	7：05—10：00 15：50—16：30	完成当日所需原料的切配工作 完成凉菜所需卤肉的蒸制工作 完成蔬菜焯水等工作	
		10：20—10：50 16：30—17：00	按照凉菜制作要求完成凉菜拌制工作	
6	菜品售卖	10：50—12：50 16：50—18：40	完成菜品售卖工作，售卖菜品重量按照成品重量标准执行	
7	收尾工作	12：40—13：00 18：40—19：00	责任区域卫生清理 清理厨具卫生，并放置在保洁间进行消毒 未使用完原料存放，常温保存原料进三防柜，低温保存原料进冷库	

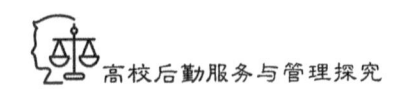

（十一）面案班长

1. 岗位职责

（1）全面负责面案各项日常具体工作；

（2）按照当日食谱做好稀饭、包子、花卷等面食的制作和售卖工作；

（3）负责面食品种定时更新，并做好成本核算工作；

（4）认真填写好工作记录表格；

（5）完成餐厅经理临时交办的任务。

2. 工作流程与方式要求

序号	内容	时间	标准要求	备注
1	签到	6：15（15：00）	准时到岗，不迟到	
2	更衣	6：15—6：25 15：00—15：10	工装整洁干净，工作服、帽、围裙无污点油渍 工号牌应佩戴在胸前工作服左上方、口袋上方的位置 头发短而整齐、不留胡须、不佩戴任何首饰 不留长指甲，指甲内无污垢物	
3	安排工作任务	6：25—6：35 15：10—15：20	明确任务完成时间及其标准要求	
4	早餐工作检查	6：35—8：50	检查早餐工作准备情况 调配早餐售卖人员	
5	面食类原料准备	8：50—10：00 15：20—16：20	安排完成面案包子、饺子、面食等馅料拌制，制作、蒸制工作 安排米线等原料的准备，预加工工作	
6	原料收取	10：00—10：30 15：50—16：10	安排完成中央厨房主食类成品、半成品原料收取，当场验收	
7	原料整理卫生清理	10：30—10：50 16：10—16：50	安排整理面食需要的用具 安排完成整理结束后卫生清理 上报明日主食类计划	
8	人员调配	10：50—12：50 16：50—18：40	安排人员完成中餐、晚餐售卖工作	
9	收尾检查	12：50—13：00 18：40—19：00	检查辖区卫生清理情况 检查厨具清理情况，确保厨具定置摆放 未使用完原料存放，常温保存原料进三防柜，低温保存原料进冷库	
	记录填写	18：30—19：00	各类记录、表格填写工作	

(十二) 面案技师

1. 岗位职责

（1）按照班长的工作安排，完成包子、花卷、花样馒头及各类面食的制作和供应、销售工作；

（2）协助班长做好面食品种的成本核算；

（3）负责责任区域内的卫生清理；

（4）完成餐厅经理临时交办的其他工作任务。

2. 工作流程与方式要求

序号	内容	时间	标准要求	备注
1	签到	6：15（15：00）	准时到岗，不迟到	
2	更衣	6：15—6：25 15：00—15：10	工装整洁干净，工作服、帽、围裙无污点油渍 工号牌应佩戴在胸前工作服左上方、口袋上方的位置 头发短而整齐、不留胡须、不佩戴任何首饰 留长指甲，指甲内无污垢物	
3	安排工作任务	6：25—6：35 15：10—15：20	明确任务完成时间及其标准要求	
4	早餐售卖	6：35—8：50	完成早餐售卖，及时补充早餐数量、品种	
5	面食类原料准备	8：50—10：00 15：20—16：20	完成面案包子、饺子、面食等馅料拌制、制作、蒸制工作 完成米线等原料的准备，预加工工作	
6	原料收取	10：00—10：30 15：50—16：10	收取中央厨房主食类（半）成品原料，验收存放	
6	原料整理卫生清理	10：30—10：50 16：10—16：50	整理面食需要的用具 完成整理结束后卫生清理 上报明日主食类计划	
7	菜品售卖	10：50—12：50 16：50—18：40	按照成品重量标准完成菜品售卖工作 售饭期间保持良好的服务态度和形象	
8	收尾工作	12：50—13：00 18：40—19：00	责任区域卫生清理 清理厨具，完成后放置于保洁间进行消毒 未使用完原料存放，常温保存原料进三防柜，低温保存原料进冷库	

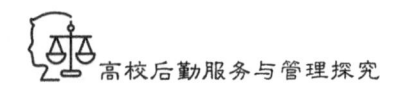

（十三）肉案技师

1. 岗位职责

（1）按照菜案班长要求完成肉类切配任务，确保无安全事故；

（2）负责冷库的日常管理、保养和使用工作；

（3）搞好区域内环境和灶具卫生；

（4）完成餐厅经理交办的任务。

2. 工作流程与方式要求

序号	内容	时间	标准要求	备注
1	签到	6：15（15：00）	准时到岗，不迟到	
2	更衣	6：15—6：25 15：00—15：10	工装整洁干净，工作服、帽、围裙无污点油渍 工号牌应佩戴在胸前工作服左上方、口袋上方的位置 头发短而整齐、不留胡须、不佩戴任何首饰 不留长指甲，指甲内无污垢物	
3	接受工作任务	6：25—6：35 15：10—15：20	明确任务完成时间及其标准要求	
4	设备检查	6：35—6：45	检查冷库、冰箱运转是否正常，否则，及时报修	
5	原材料切配	6：45—8：00 15：20—15：50	完成片类肉食品种加工，要求肉片薄厚均匀	
6	原料收取	8：00—8：30	协助班长完成肉类原料收取，验收质量，不合格当场拒收	
7	原材料切配卫生清理	8：30—10：50 15：50—16：50	完成块类等肉食原料切配 切配完成后清理区域卫生，要求加工机械、水池干净无污渍	
8	菜品售卖	10：50—12：50 16：50—18：40	根据班长安排完成菜品售卖工作 售卖菜品重量按照成品重量标准执行	
9	收尾工作	12：50—13：00 18：40—19：00	责任区域卫生清理 未使用完原料存放，常温保存原料进三防柜，低温保存原料进冷库 清理厨具，完成后放置于保洁间进行消毒	

（十四）洗消组长

1. 岗位职责

（1）全面负责餐厅洗消间各项管理工作；

（2）负责小组人员工作任务分解，督促其完成餐具洗消和辖区卫生清理等工作；

(3) 严格按照中心卫生要求检查区域卫生；

(4) 完成餐厅经理交办的任务。

2. 工作流程与方式要求

序号	内容	时间	标准要求	备注
1	签到	6：15（16：00）	准时上岗，不迟到、早退	
2	更衣	6：15—6：25 16：00—16：10	工装整洁干净，工作服、帽、围裙无污点油渍 工号牌应佩戴在胸前工作服左上方、口袋上方的位置 头发短而整齐、不留胡须、不佩戴任何首饰 不留长指甲，指甲内无污垢物	
3	安排工作任务	6：25—6：35 16：10—16：20	明确任务完成时间及其标准要求	
4	餐具消毒工作	6：25—7：05 16：10—16：50	完成餐具消毒工作 严格按照消毒流程消毒	
5	餐具清洗	7：05—10：00	安排早餐期间餐具清洗工作	
6	餐具、洗碗间卫生保洁	10：00—11：00 16：20—17：00	安排将筷子整理进筷子消毒车 安排洗碗机清洗回收后的餐具	
7	开餐餐具洗消	11：00—13：50 17：00—19：40	负责开餐期间餐具清洗、消毒等工作	
8	收尾检查	13：50—14：00 19：40—19：50	检查洗消间卫生清理情况，填写记录表	

（十五）洗消员

1. 岗位职责

(1) 负责回收餐具的清洗消毒工作；

(2) 负责洗消间场所及其设备卫生清理等工作；

(3) 完成餐厅经理临时交办的任务。

2. 工作流程与方式要求

序号	内容	时间	标准要求	备注
1	签到	6：15（16：00）	准时上岗，不迟到、早退	
2	更衣	6：15—6：25 16：00—16：10	工装整洁干净，工作服、帽、围裙无污点油渍 工号牌应佩戴在胸前工作服左上方、口袋上方的位置 头发短而整齐、不留胡须、不佩戴任何首饰 不留长指甲，指甲内无污垢物	

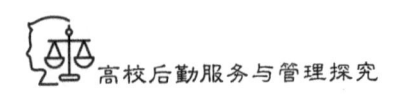

续表

序号	内容	时间	标准要求	备注
3	接受工作任务	6：25—6：35 16：10—16：20	明确任务完成时间及其标准要求	
4	餐具消毒工作	6：25—7：05 16：10—16：50	完成餐具消毒工作 严格按照消毒流程消毒	
5	餐具清洗	7：05—10：00	完成早餐期间餐具清洗工作	
6	餐具、洗碗间保洁	10：00—11：00 16：20—17：00	完成筷子整理进筷子消毒车工作 完成洗碗机清洗工作	
7	开餐餐具洗消	11：00—13：50 17：00—19：40	完成开餐期间餐具清洗、消毒等工作	
8	收尾工作	13：50—14：00 19：40—19：50	完成工作用具清理、摆放工作	

第六章 高校后勤管理信息化建设实践

第一节 高校后勤管理服务平台建设实践

一、需求分析

（一）建设后勤管理服务平台的必要性

1. 传统的后勤保障业务需要一个门户来集成

随着国家高等教育的全面发展和高校后勤管理服务事业的逐年进步，近年来，管理信息化已进入后勤管理服务的各个领域。由于高校后勤保障工作涉及师生员工学习、生活、工作的方方面面，其业务包括生活服务、预订服务、住房服务、水电服务、商贸服务，等等。随着"互联网+"的逐渐深入，高校校园信息化也在突飞猛进地发展，后勤管理信息化也深入具体的管理服务业务。当前，高校后勤管理服务的业务基本上都有信息化管理模块，但由于模块众多，入口复杂，师生员工在使用后勤线上服务时极其不便，存在找链接难、找服务难的问题，在各个后勤管理服务系统间游走，却难以系统解决问题，享受优质后勤管理服务。因此，建设一个后勤保障服务门户，让服务对象登录门户后，可以像政府服务中心一样，一站式解决问题，是树立网络环境下后勤管理服务新形象，提升服务体验，提高管理水平的重要途径。

2. 零散的后勤保障服务数据需要一个门户来展示

随着信息化建设水平的提升，后勤管理信息化水平高低，已不局限于应用系统的多少和业务范围的宽窄，管理业务信息化程度高，只能说明基础较好，而不能真实体现后勤管理信息化服务效率。实现"大门"到大厅、后勤管理服务系统到后勤管理服务体系的转变，整合零散后勤服务应用系统，实现系统应用的统一展示；实现后勤管理服务大数据，通过统一身份认证，将用户在各个系统中的数据有机整合，并在统一的窗口集中显示，数据层面的应用系统整合，是高校后勤管理信息化水平高低的重要体现。数据整合分两个层面，一个是后勤管理服务应用系统之间的整合，另一个是后勤管理服务应用系统与校内其他业务平台的整合，如后勤管理服务数据与财务数据、人事数据、学校数据中心之间的整合。

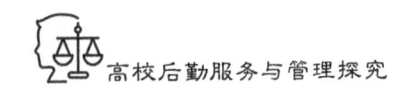

3. 后勤与服务对象间需要一个窗口来沟通

后勤保障服务牵涉面广，涉及师生员工切身利益，往往是学校舆论的热点和师生员工关注点，而传统工作模式下，师生员工享受后勤管理服务和参与服务监督的途径有限，基本为现场操作，流程复杂、效率低。后勤管理服务需要一个信息化平台，来了解服务对象的诉求，在解决服务对象实际问题的同时，让服务对象了解后勤管理服务的运行规律与实际困难，从而推动和谐后勤建设。建立一个窗口，就是在统一身份认证的支持下，使服务对象登录平台后，能在一个平台内享受权限范围内所有服务，并且针对所有服务给出自己的感受和评价。

4. 后勤管理者需要一个平台来统领业务

作为一个后勤管理者，科学的决策需要数据的支撑，需要了解服务对象对服务行为的反应。如幼儿园孩子报名，需要精准预测幼儿数量及组成，便于教师队伍的组织和班额的设置；如水电管理，需要水电支出构成数据，便于分析漏损和不正常消费，做出管理应对；如房产管理，需要分析不同类别职工住房情况及学校房源情况，以适时调整住房安排政策；如维修管理，需要分析项目执行情况，监督项目实施流程，以及时应对特殊情况，提升维修项目执行效率和资金使用效率。建立一个平台，就是要在统一身份认证的前提下，将各后勤管理服务应用系统组成一个大厅，使管理者登录大厅后，能在相应权限内操作各应用系统，对所属业务进行线上操作。

（二）后勤管理服务平台功能需求

作为一个整合后勤管理服务业务的平台，要求其最大限度地体现后勤线上服务，做到服务业务集中展示，管理功能统一管理，个人数据集成显示，为管理和服务工作提供便捷，从被动服务转为主动服务，树立后勤管理服务新形象，从传统服务转为信息化线上服务，实现后勤管理服务新突破。

1. 用户集中管理

要根据平台各子系统使用人群的特征，在学校数据中心统一规范下，建设用户中心，用户中心数据从校内各系统现有数据获取，除个人通信方式外，其他内容不可修改。通过用户中心，平台用户可管理个人联系方式，查看个人基本数据；管理用户可进行查询统计，分析用户组成情况，可根据实际工作进行权限分配，确定各子系统登录权限，各子系统业务处理权限，由子系统自身管理。

2. 权限集中控制

权限控制管理是软件建设水平的重要体现之一，高度集成、便捷灵活的权限控制是后勤管理服务平台建设的重点和难点。要通过权限控制模块，读取单点登录账号获取用户有关信息，授权平台各子系统的登录权限，登录业务子系统后，对具体业务的处理权限则由平台各子系统内部控制。

3. 数据统一展示

后勤管理服务平台既是一个业务处理平台，也是一个数据展示中心。用户登录平台后，应有一个数据展示窗口，可以展示个人人事数据、住房信息、水电消费信息等数据，可以体现个人相关业务的办理进程，如住房申请、故障报修等业务的受理进展等。

4. 服务一站式

后勤管理服务平台要能为用户提供最大便利，让用户登录后，可在各子系统中自由流转，浏览个人相关信息，享受各子系统提供的相关服务，而不需要像传统信息系统那样，处理一个业务，就要登录相应的独立的系统。将各系统的服务业务整合到一起，形成一个导向明确、操作简单的业务办理大厅，让用户登录后勤管理服务平台后，可以一站式办理所有后勤业务。

5. 管理一键化

传统信息化建设方案中，后勤管理服务的各业务信息系统从构架和数据上都是相对独立的，管理者处理不同的业务时，必须从不同的入口登录相应的系统。建设一个后勤管理服务平台，就要整合管理业务，让一个管理者在这个平台上能处理其职责权限范围内的所有业务，并且在处理业务的同时，平台能与管理者进行良好的信息互动，通过信息推送，给管理者发送业务任务和业务处理进展情况，对管理者履职尽责情况进行友好的提醒与监督，提高工作效率。

6. 移动应用丰富

高校后勤管理服务对象主要为青年学生与教职员工，他们对信息化适应程度高，且对信息化服务有较高的要求。近年来，随着智能手机的不断发展，手机购物、手机办事已逐渐深入每个人的学习生活中，在建立 PC 端综合服务平台的同时，也需建设一个简洁、实用的移动应用窗口，让用户通过手机登录后勤管理服务平台，就能享受优质后勤管理服务，为服务对象提供更便捷、更人性化的服务方式。

二、系统设计

（一）平台构架

后勤管理服务平台下设数据中心，集中展示职工在房屋租赁、幼儿入托、后勤消费、水电使用等方面的数据。数据中心数据来源于人事系统、房产系统、水电收费系统等，其中人事系统数据来自学校数据中心，其他数据来自后勤保障部门建设的业务子系统。

（二）功能模块

1. 大厅首页

大厅首页主要内容为信息发布、通知公告、服务导航等。

（1）新闻公告

此模块介绍高校后勤新闻、管理办法、紧急事件、通知通告的内容。

（2）服务指南

以流程图的形式，为用户提供后勤保障服务业务指南，让用户根据流程图，找对位置、找对部门、找对人员，依法依规，便捷办事，少走弯路，提高效率，提升管理服务工作的透明度。如周转房退房流程、水电表计报装流程、幼儿园幼儿入学报名流程等。

（3）文件下载

提供后勤保障服务相关制度、规定文件的下载服务。如周转房管理办法、水电管理办法、房屋装修管理规定等。

（4）登录入口

通过全校统一的身份认证登录窗口，用职工编号可登录后勤管理服务平台，并享受信息化的后勤管理保障服务。

2. 用户管理

（1）概述

用户管理模块调用学校数据中心数据，对后勤管理服务平台用户实现统一管理。具体功能包括数据更新、数据导入、新增用户、用户信息维护、用户信息统计与分析。

（2）用户注册

用户注册时，系统自动比对原有数据中心用户数据，通过职工编码，对原有数据的部分信息进行更新，如联系方式等，而职称职务、住房信息等数据则直接从数据中心获取。如非在校师生，采用注册审核制管理办法。

（3）用户登录

用户登录，涉及与房产系统用户资料同步匹配，用户数据与原有房产系统用户数据进行对接。

（4）用户设置

包括用户数据更新、数据导入、新增用户、用户信息维护、用户信息统计与分析。具体功能包括：新员工建立账号、为遗失密码的用户初始化密码、修改用户所在的权限组及部门、设置员工的个人信息。

3. 权限管理

（1）概述

本模块设置系统稳定运行的公共参数，配置系统用户的各类权限。做到系统数据写入时，能调用参数检测数据的准确度；不同需求的用户在不同时间段内能访问相应的数据，进行相应的操作。

（2）角色管理

角色就是用户在本系统中所属的分组，相当于用户在这个系统中的身份，一个角色下可以有多个用户。角色可以增加、修改、删除。

（3）权限设置

每个用户设置到不同的权限角色组中,以保证不同用户具有与其身份相对应的权限。可以自由设置每个权限组的权限,本系统的权限设置不仅能够设置用户的菜单项,还能针对各页面的每个功能按钮。不具备权限的功能,用户是不能看到、不能使用的。权限具体到功能点,如增、删、改、查。

4. 数据中心

用户登录平台后,可以浏览个人相关信息,包括个人信息、住房情况信息和水电消费信息等。其通过工号,在平台所属的各个子系统中查询获取,根据子系统建设进度,数据中心可以灵活拓展。

5. 管理业务

平台通过统一身份认证将后勤管理服务涉及的各应用系统整合在一起,供管理人员在权限范围内访问,用户点击链接后,进入相应的应用子系统。如房产管理系统、维修管理系统、路灯控制系统、泵房监控系统、卡表收费管理系统等。

6. 服务业务

平台将各业务部门的应用子系统的服务功能提取出来,组成一个办事大厅,用户登录平台后,可获取权限范围内的相应服务或查询相关数据。如住房申请、水电缴费、网上选房、查询统计等。

7. 业务进展

平台根据单点登录信息,在各子系统中搜索涉及当前用户的所有在办业务,点击相应链接,可显示业务详情。

三、系统创新点及努力方向

(一)系统创新点

1. 建立了一个一站式的后勤管理服务平台

通过整合管理和服务业务,建立了一个一站式后勤管理服务平台,为后勤管理工作者及服务对象提供了一种全新的体验。从设计思路上,打破了传统的各自为政、独立零散的状态,用大局、系统的观念,将各类后勤管理信息化服务组织到一个平台里面来。

2. 实现了后勤管理服务数据的集中管理与共享使用

传统后勤管理信息化的应用中,各应用系统均建设数据库,且数据库相对独立,存在部分业务数据和个人信息重复性建设的问题,本平台打破应用系统间的局限,分别建设公共信息和业务信息数据库,公共信息数据库供平台所属所有子系统共享,所有业务信息与管理者或服务对象的个人代码相关联,实现了系统间数据的共享。

3. 与学校数字校园融合对接

平台通过统一身份认证系统和融入校园门户两个措施,实现与数字校园的无缝对接。在登录设计上,为保证入口的统一,方便全校各应用系统的对接,项目通过与学校数据中心整合用户数据库,实现了统一身份认证,用户登录时采用全校统一的界面,登录成功

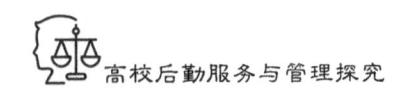

后，识别身份并跳转至后勤管理服务平台；为推广服务应用，实现学校层面一站式服务，平台与校园信息门户的 PC 端及移动应用端进行整合。由于业务的实用性强，与师生员工关联度高，迅速成为校园信息门户的热点板块。

（二）系统努力方向

虽然建成了一个黏合度高、实用性强的后勤管理服务平台，基本实现了预期目标。但由于新技术的发展和校园信息化建设整体水平的提升，平台还有如下地方应继续研究和探讨。

1. 应用地图技术，建立一个可视化的后勤管理服务窗口

随着校园网络的逐步优化，地图数据和视频数据的高速采集和传输成为可能。基于地图及 VR 技术的校园信息化应用或将成为新的风尚，对后勤管理服务平台来讲，采用地图技术实现校园水、电、气、网的管线管理，做到位置具体化、维修精准化；采用地图技术在平台各应用间实现导航，当用户需要线下处理某业务时，平台将其引导至具体的办事部门；采用 VR 技术，实现后勤管理服务、商品的在线展示，用户可在线观摩并选择。

2. 突破数据瓶颈，与财务数据对接

虽然项目建设过程中充分考虑了数据的共享，以及与学校数据中心的对接，但由于后勤管理服务业务中，不少业务涉及缴费流程，如水电购买、房租缴纳等，在线商务的费用结算问题可通过微信或支付宝支付解决，而线下的缴费业务（如房租）仍采取电子表格报送财务部门扣取，或业务部门开具收款单，财务部门代收的方式进行，没有从数据与业务流转的层面与学校财务无缝对接。而解决这个问题能很好地规避财务风险，提高工作效率，且其解决方案并不复杂。其核心在于学校财务系统开放接口，与后勤管理服务平台实现数据流转，平台相关部门的财务数据传递至财务部门后，用户到财务部门缴费或采用第三方支付方式缴费。

3. 扭转管理惯性，充实便民服务功能

虽然整合了众多后勤管理服务业务，但由于传统的工作习惯影响，业务的处理没有实现跨部门的在线操作，面向用户推出的业务也极其有限。可以重新梳理现有的教师服务、学生服务、管理部门业务，把服务摆上平台，让管理依托平台，提升后勤管理服务平台解决实际问题的能力。

第二节 职工住房管理信息系统建设实践

一、概述

（一）项目的背景、目的及意义

1. 项目的背景

当前，信息化、智能化已经成为现代社会的重要特征之一，成为衡量先进程度的重要

标准。而作为先进技术的创造和研究机构，大部分高校均没有适合高校特点的住房信息化管理工具，住房管理工具和手段均比较落后。

高校住房性质的多样性和住房改革的复杂性等因素导致高校住房管理发展水平不能满足信息化、智能化管理的需要，管理手段和理念的相对落后极大地限制了高校住房管理经验的交流及住房管理成果的共享，在一定程度上影响了高等学校整体管理水平的提高。

2. 项目的主要目的及意义

需掌握高校在职工住房信息化管理方面的期望及要求，总结高校职工住房信息化管理中存在的问题，提炼高校职工住房信息化管理的功能，开发适应高校特点的功能完备、使用方便的职工住房管理信息系统。

高校职工住房管理工作是高校行政管理的重要组成部分，其具有维持学校人才队伍稳定、促进校园和谐、推进事业发展的重要作用。高校职工文化层次相对较高，接受与探索新生事物的能力较强，对现代管理技术及网络的认知程度较高，为在高校职工住房管理中实施信息化提供了较好的基础。职工住房管理系统立足于增强服务功能，实现管理部门的网络办公和职工住房需求的网络处理，能有效改变和树立管理部门"服务至上"的形象，在实际工作中为职工提供方便和实惠。随着现代信息技术的不断普及，如何借助信息技术来推进职工住房管理，不仅仅是提高工作水平的需要，更是实现后勤管理信息化、推进高校数字校园建设的迫切需求。

（二）项目的主要内容

高校职工住房管理信息化研究是一项顺应发展潮流、联系管理实际、有着较为重要实践意义的工作。建立一个以职工住房基础资料管理为核心，以住房租赁、住房维修网络化处理为特色的一体化、流程化的管理模式，形成功能完善的高校职工住房管理信息系统。主要工作如下：

第一，充分调研部分高校职工住房管理工作的内容、流程及信息化建设现状，进行用户需求分析。

第二，从业务流程和功能模块两方面对系统进行设计，并建立起各模块之间的逻辑关系。

第三，详细研究了高校职工住房管理业务的实际处理流程，相关的信息处理及数据流向，建立信息处理模型，完成数据库设计。

第四，完成高校职工住房管理信息系统的设计与测试应用，并对运行结果进行分析，总结系统特色。

二、系统需求分析及设计

（一）系统设计的目标

高校职工住房管理信息系统立足于高校职工住房管理工作中的各项业务操作，实现住

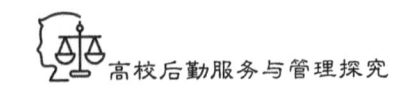

房管理信息化。系统设计的目标是：管理功能满足高校职工住房管理需要；对外服务及业务处理实现网络操作；数据安全可靠、共享方便；实现住房及职工资料网络管理；租赁及维修业务网络处理，同时提供公共信息及住房政策、信息的网上发布和查询，为职工住房提供完善、快捷、方便的服务。

（二）功能需求分析

通过对高校职工住房管理业务的分析，明确了系统的基本功能。在系统开发中，需要按功能类型以及实现的方法重新归纳，系统主要具备参数设置、基础资料管理、租赁管理、维修管理、查询统计、日志管理、权限控制七个功能。

1. 参数设置功能

在目前各类住房信息化管理工具中，基础资料所有字段均由工作人员在资料录入时输入，种种原因不可避免地导致了基础数据的不准确性，造成按关键字查询统计时的结果错误，影响分析和决策。将住房管理业务中的有关参数集中起来由管理员统一控制，解决了数据准确性和规范性的问题，有利于住房数据的查询统计，同时也增强了软件在不同使用单位的通用性。

结合目前高校职工住房管理实际，参数可分为系统类（系统备份、目录、合同模板、系统邮箱、使用单位名称等），住房类（住房性质、使用状态、区域、结构等），职工类（单位、职工类别、工作状态、职称职务等），租赁类（职称职务加分、配偶加分等），维修类（维修类型等）。管理员根据软件使用单位实际情况进行参数设置后，系统在基础数据录入、批量数据导入和数据查询统计时自动调用标准数据。

2. 基础资料管理功能

基础资料管理模块主要处理住房信息、职工信息及补贴信息等组成高校职工住房管理工作所有业务的三大基础信息，并通过住房登记实现住房与职工的一一对应，明确住房分配关系。该功能可实现信息录入、信息修改、信息查询及删除等操作，是系统运行的基础。

目前，传统高校职工住房管理工作中，基础资料没有形成数据库，职工资料的职称、职务等信息由人事部门管理，与住房管理数据的动态交换存在困难，各类资料在长期的更新中相对混乱，数据冗余和数据错误现象很多，不利于住房管理数据的准确查询和分析。系统设定严密的数据检查与判断机制，调用系统参数对界面录入数据进行可靠性检查，有效保证了基础数据的准确性。

3. 租赁管理功能

住房货币化分配改革后，高校职工住房主要存在购买和租赁两种形式，而租赁住房是高校住房管理工作的重点。目前，各高校均采用由单位证明、递交申请、排队等候、管理部门讨论、通知住户、签订协议、交纳租金等程序构成的职工住房租赁模式和"带口信、跑现场、打电话"的管理部门与职工的互动机制，其特点是所有程序均需职工本人及管理部门手工操作。对职工来讲，申请住房跑腿多、流程长、不能及时掌握个人申请受理情况、透明度不高；对于管理部门来说，审查资格、调查情况、内部审核讨论流程浪费大量人力物力，延长了工作流程，严重影响了工作效率，不能实现与租赁用户及时、有效的互动和沟通，在一定程度上影响部门形象。另外，传统管理租金计算及收取均采用人工计付和收取的手工操作模式，不仅流程复杂，而且监管难以到位，易出纰漏。

在研究当前各高校需求后，系统将租赁管理各业务流程数字化，实现用户网上申请住房，系统自动调用有关基础资料信息进行分析，职工网上跟踪个人业务处理情况，管理部门各类工作人员在权限范围内进行业务受理，做到住房租赁与租金收取关联管理、信息处理与用户互动同步。

4. 维修管理功能

职工购买校内公房时扣留了部分公共维修资金，租赁住户也交纳了租金，住房制度改革且实现住房货币化分配后，为职工住房提供公共部位的维修服务及管理是高校职工住房管理的重要内容之一。

传统管理模式下，职工必须到房产管理部门进行现场申请，并说明有关情况，审批通过后领取维修通知单联系有关单位（学校后勤管理服务部门或房产管理部门指定的维修单位）进行维修，不仅申请过程复杂，而且不利于住房维修的及时开展，在一定程度上影响了住户正常生活。

系统在分析现有职工住房维修管理后对维修管理进行创新，实现了住户的网上报修和业务的网络处理，同时系统能自动向住户反馈申请业务的受理状态，简化了流程，方便了住户。

5. 查询统计功能

由于高校职工住房管理涉及的职工信息、住房信息及住房分配变更、维修等信息相当丰富，数据更新较快，数据准确性要求高，其在很大程度上影响了管理部门政策制定及决策。传统的电子表格或纸质记录材料非常不利于各类数据的统计分析，房源情况、不同性质的住房分配及维修情况、不同类别职工的住房情况等统计数据获取相当困难，准确性很难保证。

考虑系统服务于实际工作的需要，研究采取条件组合的形式实现住房、职工、租赁、维修、货币补贴五类信息的综合查询统计。通过区域、结构、楼栋、使用状态等关键字统计住房信息；按单位、职称职务、人员类别等关键字分析职工住房状况；根据管理要求分析住房租赁情况、维修情况；统计租金收取情况等，解决了一直困扰高校职工住房管理中的"家底难摸、信息难求"的难题。

6. 日志管理功能

目前高校职工住房管理中的各项业务操作均没有明确记录，一旦出现纰漏，问责和溯源工作就很难开展。同时，由于租赁及维修等业务流程不明晰，缺乏对审批等核心业务的必要监督和记录，容易导致管理干部的纪律问题，出现管理漏洞。

系统通过对数据库操作进行监控，将所有修改数据库的行为记录下来，按录入资料、修改资料、受理申请、审批住房、审批维修五类操作对日志进行归类，监督所有管理用户的操作行为。

7. 权限控制功能

当前高校职工住房管理工作主要通过岗位职责、具体工作分配等办法实现业务工作权限的管理，刚性不强，内容不明确，容易出现"有职责不履行，无权力乱执行"的问题，导致住房管理工作中的"缺位"或"越位"现象。系统对高校住房管理中各业务环节进行整理，将所有操作权限进行明确，由高级管理员根据系统使用单位实际对各级管理员进行统一分配，很好地实现了对工作人员办事行为的控制和监督。

（三）业务流程分析

在对系统的组织结构和功能进行分析时，需从一个实际业务流程的角度将系统调查中有关该业务流程的资料都串联起来做进一步的分析。业务流程分析有助于了解该业务的具体处理过程，发现和处理系统调查工作中的错误和疏漏，修改和删除原系统的不合理部分，在新系统基础上优化业务处理流程。涉及的具体业务主要是住房租赁管理和住房维修管理，结合工作实际及管理工作的发展方向对业务流程进行分析是系统服务于实践、系统科学设计的基础。

1. 住房租赁业务流程

教职工网上填写住房租赁申请，通过数据检测后写入数据库，工作人员浏览申请表后报告管理员，管理员综合各种情况后给出处理意见并报高级管理员审批，高级管理员反馈意见后，管理员通过系统后台通知职工其申请的受理情况，职工通过电子邮箱或上网查看处理意见后到工作人员处办理相应手续，从而完成住房租赁业务过程。

为解决突发情况下住房租赁的临时快捷受理，研究允许高级管理员跨过受理及审查程序实现高级管理员直接针对某一用户实现住房租赁，但其操作记录仍写入操作日志。

2. 住房维修业务流程

住户网上填写或工作人员现场填写维修申请，通过数据检测后写入数据库，工作人员浏览维修申请后报告管理员，管理员给出处理意见并反馈给用户，用户上网或通过电子邮箱查看处理意见，并到工作人员处办理相应手续，也可以实现由管理员或高级管理员直接针对某一住户的住房维修。

三、结论及系统创新之处

（一）有关结论

1. 系统基本完成设计目标

系统实现了B/S构架下高校职工住房管理信息化、自动化。对正常运行的软件及硬件环境要求低，适应性强，运行速度快，操作灵活，界面友好，有效提高了高校职工住房管理的办公效率。

2. 系统设计科学实用

系统将目前高校职工住房管理信息化通行手段尚未涉及的周转房租赁和住房维修等两个重点工作进行流程数字化，利用权限控制和流程管理相结合，对现实管理业务进行模拟，改变了传统的租赁及维修管理模式；系统通过权限分配管理有效保证了管理业务的规范性，在一定程度上控制了管理中的"越位"和"缺位"行为；系统通过日志管理记录下管理用户的关键操作，对各类管理行为进行监控，保证了数据安全。

3. 系统运行结果准确

测试数据在系统中能正确运行并产生准确的结果，且具备较好的容错性和提示功能。如系统对电话号码、身份证号、职工编号等字段有相应的检查规则；系统能显示所设定的查询统计条件及结果，能准确记录用户对数据库的操作行为。

（二）系统创新点

1. 业务流程数字化

住房的租赁及维修管理是高校职工住房管理的重点和难点之一。传统的"打报告、等消息"模式不仅难以确保工作效率，还容易造成业务管理过程中的"缺位"和"越位"行为。系统对当前通用的租赁及维修管理工作进行业务再造，以参与管理工作的人为核心进行工作权限分配，对管理工作流程细节进行分类整合，建立申请——受理——审查——审批——反馈的业务受理机制，简化职工用户住房租赁及维修申请办理环节，实现了网络分布式处理。

2. 参数集中管理

系统将随软件使用单位变化而变化，但相对固定的基础数据集中起来统一管理，由管理员在软件使用前统一进行设置，系统工作过程中自动调用相关参数。不仅使用更加方便，而且使软件适应性更强，能符合不同用户单位的需求，也在一定程度上维护了数据安全。

3. 租金电算化

租金电算化是指将计算机技术应用到租赁业务处理工作中，用计算机代替人工计账，利用软件获取和处理租赁数据，输出各类统计和结算报表的过程。系统通过初账产生所有租赁住户的当月租金记录，月底采取扣付预交租金或扣工资的形式统一进行租金结算，如住户临时退房，则将当月租金记录支付模式改为按天支付，并进行结算。

通过租金电算化，系统方便、快捷地实现了对租金收入、支出的统计，可按楼栋、住房号、单位等统计租金收入和欠费情况，可对住户租金明细进行查询统计。

4. 权限灵活控制

系统按操作菜单划分权限，在管理用户使用菜单时进行权限检查和控制。相应权限则由高级管理员在权限控制模块对各类管理员进行分配，其既可以实现对各类管理员权限的

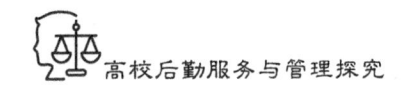

统一设置，又可以在某时间段内赋予某管理员特定权限。

（三）项目展望

1. 系统与高校数字校园门户的集成及数字平台的数据共享

数字校园是高校信息化建设和发展的趋势，数字平台是高校数字校园建设的重要内容。职工住房管理数据在高校数字平台中占有重要位置，利用数字平台上的人事信息等数据更新住房管理系统数据库，通过数字平台有条件地共享住房管理的有关数据是一个重要研究课题。

2. GIS 技术在高校职工住房管理中的应用

当前 GIS 技术向多维化、网络化发展，三维 GIS 可以实现房产图形的三维显示，使图形表达更直观；WebGIS 技术可使房产的三维信息能在管理人员之间共享，广大职工亦可通过网络访问有关三维数据。GIS 技术可使常规的信息化管理手段内容更丰富，形象更生动，服务更人性化。

第三节　校园节能监控平台建设实践

一、概述

节约意识和节约技术一直是能源管理工作中最为重要的两个问题，节约意识靠用能群体素养提高和国家及社会的合理宣传可逐渐养成，而节约技术的探索则永远在路上。充分运用物联网技术，在合理布局计量关系网络的基础上，建设基于校园地图的公共用能监管平台，发挥数据监测和数据分析对管理决策的支撑作用，是作为用能大户的高校提升能源管理水平、降低办学成本、提高办学效率的有效途径。

二、建设目标

第一，摸排校园计量网络现状，完善计量关系网络，建立布局合理、计量科学的计量系统；

第二，实现全校能源分类分项计量及运行监管功能，为学校管理者提供决策支撑；

第三，灵活的能耗数据统计与分析，实现故障的研判和用能预测，优化能源调度运行方案，有效降低能耗；

第四，能耗数据实时在线自动采集与存储、计量设备的在线访问与监测；

第五，不同类别计量设施、不同类型采集设备等异构数据源的整合、集成；

第六，建立一个能与其他平台共享数据，能从其他接口获取数据的能源消耗数据中心。

节能监控平台建设的最终目标应是实现"六化"，即：能耗数据化、数据可视化、节能指标化、管理动态化、决策科学化、服务人性化。其中，能耗数据化和数据可视化体现能源监测功能，即可通过各类终端计量表具的建设，完成能耗数据的数字化采集、统计和分析；节能指标化和管理动态化体现能源监管功能，即可通过对各类能耗数据的分析，制订合理能耗指标，实现定额化管理、预测性管理；决策科学化和服务人性化体现管理水平，是节能监控平台建设的核心目标。

三、系统规划

（一）软件架构

第一，系统交互：采用 TCP/IP 协议。

第二，系统与数据采集网关：采用 TCP/IP 协议或 485 协议，或其他通用标准协议。

第三，数据采集网关与电能表：采用 TCP/IP 协议、485 协议、MBUS 协议或其他通用标准协议。

第四，物理链路：主干网络采用光纤通信、局部光纤和通信电缆、特殊位置可以考虑无线通信。

系统采用 B/S 架构，基于面向服务构架（SOA）。

应用系统从软件层次上主要分为基础设施、数据层、服务层、展示层。各层次的作用说明如下：

1. 基础设施

基础设施是保障节能监管平台正常运行和扩充的基础。包括网络、路由器、采集仪表、数据网关、服务器、客户端硬件、服务器系统软件、数据采集、监管平台对接的应用运行的基于标准协议的信息软件。

2. 数据层

数据层是系统的基础，处理能耗数据的采集、处理、上报、接收、存储、监测、决策、控制、收费等。通过网络、硬件、采集仪表、采集器完成用电实时能耗数据的采集、预付费管理等；对于外部系统数据，通过系统的接口服务完成与外部系统的数据交换。

3. 服务层

服务层可分为基础服务层和应用服务层。基础服务层提供业务组件服务和公共组件服务。基础服务层的数据二次计算服务通过对原始采集数据进行加工处理后储存到业务数据库。应用服务层把复杂的业务逻辑、庞大的基础数据、复杂的数据格式等封装成服务，对封装的服务进行自由组合与编排，快速进行不同应用模块之间的互联互通和数据交换。

4. 展示层

展示层是面向社会的公开数据，主要展现能耗公示、用电查询、地图等。

各层次需要将业务数据和执行逻辑尽量分离，为了建立各层之间的松散耦合的关系，各层通过统一的服务接口来传递数据，形成具有高度可扩展性的应用平台架构。

（二）技术路线

第一，利用传感器网络、数据网关、前置数据中转站组成的多级硬件架构体系和分布式数据库技术，构成开放分布式实施数据采集系统及快速、实时的数据处理体系，使系统能够很好地支持不同类型的传感器。

第二，利用 SOA 的架构实现校园内部其他应用、上级主管单位业务系统与能源监管平台之间业务逻辑及数据整合，形成一个有机的多层次分布式实时数据处理系统。

第三，各个分系统之间的衔接采用松散耦合的形式，以降低整体复杂性和依赖性，使应用程序环境更敏捷，能更快地适应业务逻辑变更，降低系统风险，使系统维护更方便。

第四，采用 SOA 客户形式调用能源监管平台的数据服务并整合显示，提供用户便捷、直观的功能界面，使能源使用情况直观显示在用户界面中，帮助用户全面了解校园整体能源使用状况及趋势。

（三）数据整合

系统根据学校实际情况采取数据库接口模式和 Web Service 模式与现有数据进行整合。

1. 数据库接口模式

学校内部应用系统数据时采用数据库接口模式。数据库接口模式主要是指两个独立应用系统的数据交换，基于标准的 SQL 实现数据库的互操作。前提是两方的数据库要互相开放，而数据库的安全性则由各自系统的安全权限来控制。数据库接口模式由管理员定义需要同步的表，由数据交换接口根据管理员设置的时间完成表进行数据的交换或同步更新。数据库接口模式需校方信息管理中心同意才能执行。

2. Web Service 模式

能利用 Web Service 接口将本系统数据上传到上级监管平台、校园一卡通或向外部提供有关系统数据和系统管理的操作，获取平台有关信息。

（四）功能介绍

节能监控平台采用"1 + X"模块化设计，平台软件和各子系统或功能模块应具备标准第三方接口，以下各项子系统均可根据具体情况进行组合互联互通使用。

①基于 Web 的现场监控组态。平台客户端采用 Web 方式，在浏览器上可以实时配置平台内各种硬件信息，并能实时监控设备的运行状况。其具有数据网关管理、在线网关配置、表计管理、在线设备管理等功能。

②短信报警与查询服务平台。节能平台内有短信平台，当平台监测到异常状况时可以通过短信给相关人员报警，用户也能通过短信关键字查询平台内相关信息。

③实现专业的在线报表服务。安装报表控件后，用户可以在浏览器上实现报表的浏览、打印、导出等工作；平台自带专业的报表设计器，用户可以根据自己的需求修改平台内的统计报表。

④与第三方系统无缝衔接。平台采用 ESB 服务总线模式兼容第三方系统，平台只需为

第三方系统开发一套适配器接口，系统之间的数据和互操作指令通过 XML 文件传递。

⑤支持多样的设备通信接口。平台使用的数据网关能兼容 RS485、MBUS 的通信接口，并支持 GPRS 通信。

⑥支持通用的数据库存储管理。本平台支持 Oracle、MySQL、SQL Server、PostgreSQL 等多种国际主流关系型数据库。

⑦丰富多样界面表现形式。界面的表现形式不仅有图表显示、报表显示，还有地图数据显示，配电管理中将配电房内结构用一次接线图、二次接线图的方式显示，给水管网中将单位的用水管道以管网方式表现，并将管网以图层的方式表现在单位三维地图上。

1. 系统概述

为了实现节能管理和控制，必须在电能计量管理系统、给水管网检测系统等的基础上，通过数据融合、数据挖掘及远程动态图表生成等技术，实时从能源监管平台提取数据；通过地域导航、定位监测的方式，形成直观的数据展示和数据综合分析；通过对海量能耗数据的综合处理与运算，形成各类统计学图表，实时反映历史能耗对比与未来能耗趋势。从而实现能源指标的合理度评价、能耗走势的科学管理。

系统实现的功能与技术指标包括：

①能耗数据采集；

②综合能耗数据监管；

③能耗信息公示管理；

④能耗数据分析；

⑤能耗审计；

⑥能耗数据统计；

⑦能源数据预算；

⑧节约型单位指标考核；

⑨节约型单位指标考核能耗综合报表；

⑩考核能源手工录入。

2. 能耗数据采集

（1）数据采集层

数据采集层核心设备一般由远传电表、水表、燃气表、暖气表、数据网关、多功能测控模块、无线短距离通信模块等计量控制仪表构成。数据采集层对各监测点的能耗数据进行实时采集，再通过网络将能耗数据实时传输到数据中心。平台提供详细的电表和采集器的通信规约，只要符合规约，平台就能采集相应的能耗数据。

（2）数据传输层

传输层可分为上层传输层和下层传输层。

下层传输层即现场数据实时传输网络，采用485总线通信方式，总线有效通信距离不大于1 km。

上层传输层为有线方式或无线方式。有线方式利用网络，采用TCP/IP协议，由数据采集网关将标准通信信号转换成TCP/IP协议；无线方式作为对布线难度较大的区域一种补充，可以采用GPRS、WIFI、LORA等通信方式。

如遇到网络故障，数据网关会继续采集能耗数据，当网络恢复时将断网期间数据主动上传至数据中心实现断点续传功能。

3. 综合能耗数据监管

（1）基本信息预览

基本信息是通过图、表等形式对各组织结构基本信息（包括行业代码、用能人数、用能面积、人均能耗、面积能耗等）的罗列及描述。

（2）能耗信息公示管理

通过Web方式向公众公示各建筑的能耗情况，按照不同监测对象进行分类分项汇总和排序，生成用能、人均用能，以及单位面积用能TOP 10及对应表。

社会公示：展示导则要求所有单位信息，包括建筑基本信息、耗水耗指标、节能指标、节能改造项目等。

（3）能耗数据分析

能耗数据分析是从结构上分析各能耗情况。

单位能耗：各机关单位能耗数据（电、气及其他手工录入的能耗信息）。

人均能耗：各机关人均能耗数据（电、气、煤、石油等）。

人均水耗：各机关人均水耗数据。

（4）能耗审计

能耗指标审计，根据已经分配的能耗指标，定期对监控对象进行指标审计，随时发现能耗超标状况，提示并监督目标，调整、完善节能工作。其包括能耗指标检测、建筑能耗审计等。

综合报表用来将各能耗数据按年、月生成能耗报表及账单，并在连接打印设备的情况下支持直接打印。其包括月分类能耗、年分类能耗、月能耗账单、年能耗账单四种形式报表。也可根据用户提供的Word文件格式，自动填充动态能耗数据，生成能耗分析报告，并可导出Word文档。

能耗指标检测：对已分配了的指标用户进行用能审计及浏览。

建筑能耗审计、部门能耗审计：根据建筑或部门一年用能概况、能源设备、节能监管等工作进行审计，并生成可用的能耗审计报告以供提交上级部门进行审计工作。

（5）能耗数据统计

能耗数据统计是对各能耗实时监测数据进行统计并对其进行综合对比分析的过程。其包括同期对比、分类部门、同类部门对比、分项电耗对比等统计分析。

同期对比：对手动选择的三个需要对比年份及目标能源，以图、表的形式显示其能耗信息。

分类建筑：比较同期各建筑对某能源的耗能情况及同期某建筑下各部门对某能源的耗能情况。

能源结构：对各种能耗转换成标准热能，从而可以查看、比较不同能源的使用情况。选择需要查看的组织后，选择时间，刷新。

分项电耗：是对各种性质耗电情况的统计分析。选择需要查看的组织后，选择时间，刷新。

4. 能源数据预算

能源数据预算是系统的核心模块，它通过对各能耗进行实时监测，统计其能耗数据，分析其能耗规律，得出专家预测耗能趋势并对其加以控制。

能耗预测：通过对各能耗的实时监测，得出能源数据，并绘出历史－预测分析图的过程，用户可以通过改变查询条件查询其他能源能耗预测分析。

能源指标：通过历史能耗值走向分析制定日后能耗指标，并通过实时监测数据预测能源消耗趋势。其历史值、指标值、预测值分别以不同形式体现在图表中，可以通过设定的目标能源能耗节约指标及历史数据分析节能情况。

碳中和预算：用来计算区域内二氧化碳的排放量和植被二氧化碳吸收量的工具。

5. 系统管理与维护

（1）权限设置

权限设置是对操作员、角色、权限、模块进行分配及管理。

操作员管理：根据实际情况制定相应的角色，对不同的操作员分配相应的权限。

角色管理：根据实际情况建立角色管理，便于操作员权限的合理分配。

权限管理：界面个性化设计，主要用于开发及调试人员对不同项目的、不同需求的功能权限管理。

（2）在线网关

可以实时浏览网关运行情况以及针对数据网关抄读设置参数信息，通过网关可将控制指令及水电额度下达给相应表计。

（3）在线设备

浏览所有表计的运行情况。

四、结论与展望

建立表计之间的物联网络，采用信息化技术实现高校能源消耗的科学管理，既能督促摸排计量现状，理顺计量关系，又能提升管理水平。由于高校后勤管理信息化基础比较薄

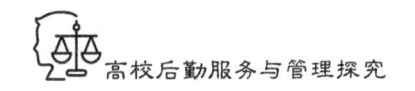

弱,数据建设水平较其他领域相对落后,后勤管理人员信息化素养参差不齐,虽走出了能源监管信息化的第一步,但在节能建设管理上仍任重道远。

(一)结论

第一,通过物联网技术建立计量表计之间的联络从而建设一个校园能源消耗监管系统是可行的。校园节能监控平台在理清表计之间计量关系和校园管网走向的基础上,通过具备信号传输功能的表计、数据采集设备、校园网络、数据服务器,建立一个实时的校园公共水电消耗监管平台,数据准确、运行稳定。

第二,校园节能监控平台能科学分析能耗数据,推进节约型校园建设。通过本平台,可对特定用户、特定区域、特定时间段水电消耗情况进行分析,及时发现供水管道跑冒和水电供配过程中的其他问题。在设定正常值和合理偏离值的基础上,系统能智能分析管道、线路及用户的异常情况,并向控制中心推送报警信息。

(二)展望

第一,完善的节能监管平台需要技术的进一步创新。在表计设备上,由于公共建筑及用户表计大多在户外,时常发生水淹土埋现象,导致表计故障率较高,如何提高表计性能,提升防水等级是一个紧急的课题,关系平台的持续、稳定运行;表计供电方式需进一步创新,目前有电池供电和市电供电两种形式,由于数据抄读频率较大,电池供电存在低温环境下不稳定和工作寿命不长的问题;由于公共部位表计(水表)很多位于户外,采用市电供电走线成本较高,研发一种稳定、可靠的电池或新的供电方式迫在眉睫。

第二,分布广泛的表计设施数据采集,需要一种新的组网方式。当前节能监管平台数据采集普遍采用485或TCP/IP协议通信,这两种通信方式有一个共同点,就是需要大量的数据采集器及优先或无线的数据传输网络,由于设施设备各类故障及管理部门维护力量不足等,表计上线率很难保障,上线率低就意味着平台数据不完整、不真实,对现实管理工作的贡献大大降低。探索一种新的组网方式,在表计之间实现无线数据传输,可让采集点分散的节能监管平台建设充分简化,因此成本大大降低。

当前LORA技术发展迅猛,LORA是LPWAN通信技术中的一种,是美国Semtech公司采用和推广的一种基于扩频技术的超远距离无线传输方案。这一方案改变了以往关于传输距离与功耗的折中考虑方式,为用户提供一种简单的能实现远距离、长电池寿命、大容量的系统,进而扩展传感网络,通过在表计上集成LORA通信模块,理论上可实现5000米以内的无线传输。

第三,基于地图技术的节能监管平台建设。将节能监管平台与高校校园地图整合,将表计及传输设备布局在校园地图上,让系统显示真实友好、设备维护方便快捷。

第四节 校园泵站安全管理系统建设实践

一、概述

(一) 项目概述

校园泵站是为水提供势能和压能,解决无自流条件下的排灌、供水和水资源调配问题的唯一动力来源。一旦遭到人为破坏,将造成难以估量的损失。如果后期管理不善,可能直接导致供水设施的功能降低甚至丧失或存在投毒等重大安全隐患。因此,校园泵站的经济运行和安全管理尤为重要。

现代通信技术和视频技术的迅速发展,为泵站管理建设的数字化提供了技术上的有力保证。基于多种通信技术的远程视频监控系统和控制,管理部门可以实现24小时不间断地实时查看供水设施及泵站内部、周边安全状态。实行泵站智能化管理技术改造是必然趋势,一大批泵站将迎来专业化、规范化改造,届时远程数据监控、安全防范将成为每个泵站的标准化配置。

(二) 建设目标和内容

1. 建设目标

(1) 智能化系统集成

平台架构按照多层网络结构进行设计,能够对泵站设备监控、安全视频监控系统、周界报警系统、抓拍系统、门禁控制系统进行统一管理。在管理中心通过综合管理平台进行统一监控管理,包括警情处理、数据报表分析、远程管理、集中存储等任务。

(2) 全方位联动管理

安全监控系统中不仅提供前端作业区实时视频浏览,还可实现与异常入侵报警联动等多种操作,同时可将报警信息上传到网络管理中心,也可以由网络管理中心进行远程指导或者操作排除险情,做到事故及时处理。

(3) 现代化决策管理

通过前端泵站视频监控,可以实时观测泵站内设备以及涵闸的运行情况,为领导决策提供了直观的图像信息,同时可以改善观测、测量工作人员的工作环境,减少工作人员,真正体现泵站的现代化管理、智能化操作。

(4) 灵活简便的操作方式

采用网络视频,系统授权用户可以直接在电脑上利用图形化界面软件对各设备进行操作,进行各种控制和处理,友好的图形化软件界面使得对视频监控系统的各项操作更加简单易行,也可以在计算机网络内进行操作管理。

(5) 大容量、分布式的存储结构,管理查询检索方便用户可以按照时间、视频源、告警联动视频源等条件检索录像资料，或者自定义条件检索录像资料。采用数字化录像可以做到"所看即所录"，回放清晰度和实时调看时完全一样，录像资料的可利用性非常高，而且可以直接利用各种图像处理软件对图像进行加工、转存和处理。

（6）易于和其他系统集成

数字化后的图像可以直接在电脑上操作和管理，通过软件接口可以很方便地和其他相应系统对接集成。

2．建设内容

校园泵站安全解决方案主要包含如下几个子系统：

（1）视频监控子系统

各个监控点位针对其环境和场景的需求设置，在泵站室进口区域布设安装1台200万像素红外一体化网络枪形摄像机，对室内区域过道布设安装200万像素红外一体化网络枪形摄像机，合计2台；水池区域对角分别布设安装200万像素红外一体化网络球形摄像机各1台，两个水池区域合计4台。

（2）人脸抓拍子系统

泵站室内水泵机组核心区域设置安装人脸抓拍机，两个区域合计4台。

（3）门禁子系统

根据泵站现场情况，在进站门口以及水池区域出入口分别布设安装双门门禁系统各1套，合计3套，对重要出入口实行安全防范管理的有效措施。

（4）周界报警子系统

在泵站室外水池围墙区域，四面分别设置4个防区，能够对各种入侵事件及时识别响应、主动防御，以防非法入侵。

二、系统总体设计

系统充分考虑到泵站管理智能化的需求，提出了一套完整的高可靠性解决方案。泵站智能化管理系统是集硬件、软件、网络于一体的大型联网系统，以平台软件为核心，实现联网及跨区域监控，在监控中心即可对前端系统集中监控、统一管理，为校园用水保驾护航。

（一）网络拓扑结构

计算机网络拓扑结构是指网络中各个站点相互连接的形式，在局域网中就是文件服务器、工作站和电缆等的连接形式。

（二）前端采集系统设计

1．视频监控系统设计

视频监控系统采用全网络传输、数字化存储，主要由前端摄像机设备、视频存储设备、相关应用软件及其他传输、辅助类设备组成。

部署智能摄像机可以对泵站内的运行情况做可视化监控，机房泵站管理人员通过室内球形摄像机和一体化枪形摄像机，实现全景监控和机组指示灯颜色的识别和监控。通过中心监控平台的预置规则，两者间可实现智能联动，并辅以可视化复核。

视频监控系统具备全面的智能侦测分析功能，可以有效提升视频监控系统的投资效果，降低监控人员工作量，支持的智能侦测手段如下：

①越界侦测；

②区域入侵侦测；

③进入/离开区域侦测；

④徘徊侦测；

⑤人员聚集侦测；

⑥快速运动侦测；

⑦物品遗留/拿取侦测。

2. 微信门禁管理系统设计

在安全预案中，门禁管理系统对于学校泵站附近特殊区域的出入控制及通道管理显得尤为重要。门禁管理系统可以有效地控制每个人可通过的通道和进出的场所，并有效地进行安全区域隔离管控。

从学校泵站的实际应用出发，建立一套方便、实用的微信智能门禁管控系统。门禁控制系统通过读卡器辨识，只有经过授权的人才能通过受控的区域门组。读卡器能读出卡上的信息并传送到微信门禁控制器，如果允许出入，微信门禁控制器中的继电器将操作电子锁开门。

该系统由感应卡、感应读卡器、门组、微信门禁控制器组成。微信门禁主要工作模式如下：

①门禁扫二维码开门模式：通过门禁设备扫描手机上的二维码，这种方式一般称为二维码开门。二维码开门流程如下：

在进入学校泵站前先关注该学校或部门的微信公众号，通过填写相关信息以及在线缴费等操作，获取开门二维码（通常来说，如果是通过微信公众平台来操作的，就会直接将开门二维码下发到手机微信客户端）。

②手机扫二维码开门模式：通过手机微信扫描门禁设备上的二维码开门，这种方式一般称为微信扫码开门。微信扫码开门流程如下：

当需要进入泵站大门时，首先应关注该分校或者部门的微信公众号，关注成功后，进入相应的微信公众号，点击微信公众平台上的扫描开门按钮，对准门禁设备上的二维码扫一扫就可以直接打开门禁系统（适用于服务号或已认证的订阅号）。

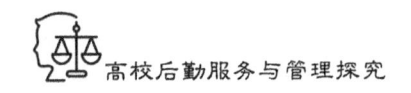

3. 周界报警系统设计

脉冲电子围栏是传统的普通围墙与报警系统的完美结合，在具有普通围墙的阻挡作用的基础上，增加报警功能，误报率极低，同时又具有威慑入侵者的作用，因此，脉冲电子围栏系统弥补了传统周界防护报警系统的不足，具有物理屏障、主动反击、延迟入侵、准确报警、安全防护等特性。

脉冲电子围栏系统有别于传统的高压电网，其可识别有意入侵和无意入侵，能智能识别出入侵位置并给予有效阻拦，不会造成人身伤害。脉冲电子围栏主机电压输出符合国际标准/国家标准的各种指标，低频低能量高电压的脉冲电压（5000~10000 V），其作用时间极短，不会给人造成伤害。脉冲电子围栏主机可通过网络报警主机或控制软件，实现多级联网，以确保某一区域出现临时情况而不影响其他防区的正常使用。

周界报警系统采用网络报警主机，通过485通信线作为总线与前端脉冲电子围栏主机通信，接入平台统一管理。平台可通过网络报警主机实现对各个脉冲主机的远程管理。可以实现远程状态查询、设备布撤防、脉冲大小调节等功能。同时，可以实现手机App访问及短信推送。根据学校信息化建设的整体水平，可以将电子围栏系统无缝接入综合管理平台。

4. 人脸抓拍系统设计

在学校泵站的重点场所或者主要通道设置人脸抓拍系统，可以有效地采集经过的人脸对象信息，通过人脸检测算法、人脸跟踪算法、人脸质量评分算法及人脸识别算法，可以帮助用户快速地进行人脸检索、定位、黑名单布控，找出人员的活动轨迹，识别出嫌疑人员，为学校泵站的安保管理打造出智慧的数据采集、信息识别手段。

人脸抓拍系统主要由抓拍机、人脸实时报警服务器、管理平台等设备组成。

人脸抓拍机：主要部署在各个抓拍位置，需要严格按照指定位置进行安装。人脸抓拍机内置智能分析算法，实现对进出人员的人脸进行自动捕获、跟踪、抓拍的功能。同时具备人脸区域自动曝光功能，以实现各个抓拍位置逆光环境下也能捕捉到较为清晰的人脸抓拍。

人脸实时报警服务器可对人脸抓拍机传送过来的人脸照片进行建模。同时实时和黑名单数据库的人员进行比对，如发现异常，则及时报警并向管理员推送异常信息。支持抓拍人脸图片的查询和检索功能。

管理平台为Web客户端，实现黑名单报警信息管理及抓拍图片的检索。

人脸抓拍系统可以在合适的光线、角度下，对静止或运动的人员进行高质量的人脸采集，人脸抓拍系统会自动选取质量最好的一张图像进行记录，以便后续的比对、查询、使用。

5. 监控中心设计

监控中心部署有监控平台的服务端及客户端，可管理学校泵站的所有设备，接收由泵站上报的设备和环境信息,满足监控中心值班人员现场视频、环境及设备工况信息管理的需求。

维护中心部署有监控平台的客户端,满足维护中心值班人员现场视频、环境及设备工况信息查看、设备遥控的需求。

系统操作人员可以通过操作人员客户端和手机监控管理客户端实现远程管理和调度,可实现诸如实时监控、录像查询、地图布控、报警联动等相应功能。

(三)系统实现功能

1. 高清智能监控支持高清视频监控、智能视频监控,全面提升视频质量和安防水平。

2. 微信数字门禁认证可通过设备发放动态二维码,在门口主机扫码识别,实现临时人员进出的全方位数字化管理。

3. 脉冲电子围栏系统可识别有意入侵和无意入侵,并能智能识别出入侵位置,给予有效阻拦。

4. 可视运行管理可按需配置泵站视频巡检预案,同时能够实现可视化视频复核,当出现环境异常、设备异常或进行遥控操作时,可关联对应的视频图像。

三、管理平台设计

(一)平台简介

基于"高内聚、松耦合"设计原则和顶层模块化设计的思想,平台采用了 SOA 架构,提供统一的服务管理,各个应用或子系统,以及功能模块的服务端皆以独立服务方式提供并注册到平台,具备良好伸缩性和业务扩展能力,以确保系统符合信息技术发展的趋势并适应未来应用动态升级的需要。

(二)平台总体架构

平台支持主流操作系统、Web 中间件、数据库产品以及其他的第三方标准中间产品的开发和运行环境,具备很强的可移植性。

基础平台层对操作系统、数据库、安全加密、多媒体协议的封装,屏蔽差异,实现上层应用的平台无关性,提高开发效率和系统兼容性。

1. 物理资源层

该层主要包含各安防系统的设备资源、网络传输系统等。物理资源层是综合管理平台功能实现的基础,通过稳健、高速、合理的网络传输架构,所有系统前端设备将采集数据上传数据资源层,并接收上层下发的控制信令执行相应动作,营造一个可靠、有效、安全的信息收集与传输通道。

2. 数据资源层

该层由关系数据库、多媒体信息库等综合信息资源库组成,对操作系统、数据库、安全加密、多媒体协议等进行封装,屏蔽差异,为上层应用提供标准接口,实现上层应用的

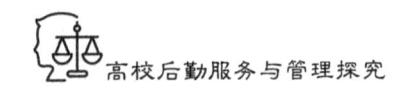

平台无关性，提高运行效率和系统兼容性。

3. 应用支撑层

该层提供各类服务，包括数据配置管理、视频数据采集分发、统一身份认证、一卡通服务等，为视频、报警、一卡通业务等提供核心服务和逻辑支持，由部件化的服务模块和相应的二次开发接口组成。

4. 应用业务层

该层通过将安防众多业务系统进行整合，负责提供在软件框架之上的各类应用，在实现原有各系统业务功能的基础上，为平台集成的最终展现提供统一规划和决策支持。该层由操作业务层和管理业务层组成。

5. 操作业务层

操作业务层针对具体的功能实现，提供统一应用框架之上的各类应用，包括实时监视、云台控制、报警管理、录像查询回放、电子地图、语音对讲等。为业务展示层的操作员客户端提供功能支持。

6. 管理业务层

管理业务层基于应用支撑层为各系统提供统一配置，丰富安防综合应用功能，实现了各系统间的统一管理。其包括视频存储管理、视频分发管理、拼接控制管理、智能管理、报警配置、系统配置管理、用户权限管理等。

7. 业务展示层

平台通过 Web Service 接口使用平台提供的各种服务，将具体的业务展现给终端用户。平台支持 C/S 客户端、B/S 客户端、大屏客户端、网管客户端以及手机客户端，优化用户的体验效果。

（三）管理功能

1. 智能分析

平台软件通可以实现周界防范（进入区域、离开区域、穿越警戒面、物品遗留等）等高端智能分析功能。

智能系统将一般监控系统的事后分析变成了事中分析和预警，它能识别可疑活动（例如，有人在泵站附近遗留了可疑物体，或者有人在敏感区域停留的时间过长），在安全威胁发生之前就能够提示安全人员关注相关监控画面以提前做好准备，还可以使用户更加确切地定义在特定的安全威胁出现时应当采取的动作，并由监控系统本身来确保危机处理步骤能够按照预定的计划精确执行，有效防止在混乱中由于人为因素而造成的延误。

2. 人脸抓拍

平台可以接入人脸抓拍的设备与数据，实现对学校泵站重要场所、部位的人脸数据采集、存储、检索、布控等应用，帮助用户高效进行学校泵站人员的管理，同时为了更好地服务于政府学校泵站管理，平台支持将数据对接共享给公安等部门，更好地发挥系统建设的成效，充分实现数据的共享。

3. 基础应用功能

（1）报警中心

接收到报警后，可以自动联动预先定义的关联监控点视频在客户端显示；可以自动启动快球预置位；可以手动选择附近监控点图像进行视频验证复核和录像，或启动语音对讲功能，实现跟前端报警源的语音通话；可以实现邮件与短信的联动，通过邮件与短信接收的方式更及时地接收报警信息；也可以联动设备的报警输出，产生报警声音、报警联动抓图等。

同时收到多个报警信息时，能够按照警情级别优先显示，同级别报警排队显示，值班人员可以输入出警信息、警情确认人信息并保存。

（2）网络对讲

网络对讲功能包括用户与用户的语音对讲、用户与设备的对讲，可实现监控中心之间的语音对讲，实现监控中心和前端单一设备或多台设备进行语音对讲或语音广播。

支持用户与用户、用户组之间的文字发送。

支持中心与用户、设备进行双向语音对讲的录音、播放、保存和回放。

支持设备广播，可实现中心语音发出、设备语音接收。

支持用户群组对讲，发起者可与任意参与者双向语音互通，参与者也可与发起者双向语音互通。

支持跨网域设备对讲或设备广播。

四、系统优势亮点

（一）智能的系统级联动

通过系统平台，实现各系统深度融合，集成摄像机、门禁、报警等各个子系统，各子系统根据预案进行联动：水池区域一旦有异常入侵，周界报警系统可触发室外高清监控联动，智能分析并跟踪目标；室内机组阀门供水区域出现异常入侵，人脸识别机会锁定目标，进行清晰的人脸抓拍，并联动触发后台报警。

（二）开放的"互联网+"应用模式

结合新兴移动互联网技术，将门禁管理系统移植到手机应用，通过微信、QQ等社交软件分享二维码，实现远程开门，满足用户对移动门禁的需求，提升使用者与门禁系统的交互使用体验。

（三）先进的人脸识别与智能分析技术

系统采用人脸检测算法、人脸跟踪算法、人脸质量评分算法及人脸识别算法，可以帮助用户快速地进行人脸检索、定位、黑名单布控，找出人员的活动轨迹，识别嫌疑人员。

Smart系列摄像机可以对多种行为进行视频分析，它能够识别不同的运动物体；能够实现全天候工作，大大减轻平台值班人员的工作强度；能够发现监控画面中的异常情况，并以最快和最佳的方式发出警报和提供有用信息，提高报警处理的及时性，从而更加有效地协助安全人员处理危机，并最大限度地降低误报和漏报现象。

（四）智慧物联网技术

通过系统平台，实现各系统深度融合，集成摄像机、水位传感器、闸机继电器等，各子系统根据预案进行联动：当水位传感器检测出水位超过预定阈值时，平台能够配置相关联动预案，实现阈值报警联动视频图像的功能，实现人为对视频图像进行复核，并可以联动闸机继电器进行开闸放水；当水位传感器检测出水位低于预定阈值时，平台能够配置相关联动预案，实现阈值报警联动视频图像的功能，实现人为对视频图像进行复核，并可以联动闸机继电器进行落闸蓄水。在此过程中可以人为干预闸门的开关。

（五）科学的 SOA 系统平台架构

软件平台整体设计上按照多层网络结构进行设计，在前端泵站使用无人值守工作站，采用嵌入式本地监控系统，确保工作稳定的前提下，能够对泵站设备监控、安全视频监控系统，周界报警系统，门禁控制系统，语音对讲系统进行统一管理。同时在管理中心通过无人值守综合管理平台进行统一监控管理，包括警情处理、数据报表分析、远程管理、集中存储等。

参考文献

[1] 陆宝萍. 高校学生公寓管理及文化建设初探[M]. 北京：北京理工大学出版社，2021.

[2] 梁丽肖. 教育信息化背景下高校管理机制探究[M]. 长春：吉林人民出版社，2021.

[3] 吴春笃，陈红. 新时代高校服务育人理论与实践[M]. 镇江：江苏大学出版社，2021.

[4] 刘仙梅. 后勤管理工作流程与制度手册[M]. 北京：人民邮电出版社，2021.

[5] 谢董汉. 互联网视域下高职院校后勤管理模式研究[M]. 北京：中国纺织出版社有限公司，2021.

[6] 黄颖. 后勤工作规范管理与创新[M]. 北京：中国电力出版社，2021.

[7] 陶建兰，叶阳. "三全育人"视域下同济大学后勤服务育人实践探索[M]. 南京：江苏人民出版社，2021.

[8] 王哲强. 迈向一流的高校后勤文化[M]. 青岛：中国海洋大学出版社，2020.

[9] 申清. 高校后勤改革与管理探索[M]. 长春：吉林科学技术出版社，2020.

[10] 张文军，李熠. 新时代高校后勤党建和宣传思想政治工作探索与实践[M]. 武汉：武汉大学出版社，2020.

[11] 苏喜生. 物联网与后勤保障[M]. 北京：电子工业出版社，2020.

[12] 谭茂森. 云南大学行政后勤管理综述[M]. 昆明：云南大学出版社，2019.

[13] 路正社，冯旭东. 高校后勤服务与管理规范·饮食卷（修订版）[M]. 西安：陕西师范大学出版总社，2019.

[14] 王大伟. 高校后勤管理的理论与实践研究[M]. 北京：中国纺织出版社，2019.

[15] 瞿维中. 新形势下的高校后勤管理[M]. 长沙：中南大学出版社，2019.

[16] 芶生平. 高校公寓管理服务的探索与实践[M]. 成都：电子科技大学出版社，2019.

[17] 李书丽. 高校维修改造工程管理实务研究[M]. 成都：电子科技大学出版社，2019.

[18] 陈雪玲，魏寅. 管理案例丛书高校管理案例与启示：第3辑 [M]. 武汉：华中师范大学出版社，2019.

[19] 程蓓. 学校供餐计划评估框架研究 [M]. 长春：吉林出版集团股份有限公司，2019.

[20] 石国兵. 高校后勤管理信息化研究及实践 [M]. 武汉：武汉大学出版社，2018.

[21] 焦美莲. 互联网时代高校后勤管理模式探索 [M]. 北京：九州出版社，2018.

[22] 冯旭东，路正社. 高校后勤服务与管理规范物业卷（修订版）[M]. 西安：陕西师范大学出版总社，2018.

[23] 陈凤玉. 高校后勤工作实务 [M]. 北京：中国农业科学技术出版社，2018.

[24] 赵晓军. 高校后勤"服务育人"三十年 [M]. 北京：中国财政经济出版社，2018.

[25] 陈超超. 新形势下高校后勤管理探索与实践研究 [M]. 武汉：武汉大学出版社，2018.

[26] 张强，张玉新. 高校后勤多元化育人的创新与实践北京师范大学后勤"三进"工作研究课题文集 [M]. 北京：北京师范大学出版社，2018.

[27] 王胜本. 现代大学后勤服务育人共同体研究 [M]. 济南：山东大学出版社，2018.

[28] 陈军，杨宝君，刘芳. 高校后勤管理理论与实践 [M]. 哈尔滨：黑龙江科学技术出版社，2017.

[29] 石磊. 教育后勤互联网之光 [M]. 西安：陕西师范大学出版总社，2017.